CHRISTIANE ZSCHIRNT

Keine Sorge, wird schon schiefgehen

Autorin

Christiane Zschirnt wurde 1965 in Bremen geboren. Sie studierte Anglistik, Kunstgeschichte und Germanistik in Hamburg. 2001 veröffentlichte sie das »Shakespeare-ABC« und 2002 das viel beachtete »Bücher. Alles, was man lesen muss«. Christiane Zschirnt lebt als Autorin in Berlin.

Christiane Zschirnt

Keine Sorge, wird schon schiefgehen

Von der Erfahrung
des Scheiterns – und der Kunst,
damit umzugehen

GOLDMANN

1. Auflage
Taschenbuchausgabe März 2007
Wilhelm Goldmann Verlag, München,
in der Verlagsgruppe Random House GmbH
Copyright © der Originalausgabe 2005
by Wilhelm Goldmann Verlag, München,
in der Verlagsgruppe Random House GmbH
Umschlaggestaltung: Design Team München
KF · Herstellung: Str.
Druck und Bindung: GGP Media GmbH, Pößneck
Printed in Germany
ISBN: 978-3-442-15421-0

www.goldmann-verlag.de

In Erinnerung an meinen Vater,
Werner Zschirnt

Immer versucht. Immer gescheitert. Einerlei.
Wieder versuchen. Wieder scheitern. Besser scheitern.

Samuel Beckett. *Worstward Ho*

Inhalt

Die Welt, in der wir scheitern

Einleitung

Wir sprechen nicht gern über das Scheitern. Wir denken auch nicht gern darüber nach. Wir mögen dieses Wort nicht besonders: *scheitern*. Wir mögen es so wenig wie das, was es bezeichnet: Erfolglosigkeit, verlorene Träume, Desillusionierung.

Aber das Scheitern gehört zum Leben dazu, sagt man. Möglichst nicht zu unserem eigenen Leben, natürlich. Nur, wir hören überall davon. Von geplatzten Karriereaussichten, von einer kaputten Ehe. Von einer beendeten Beziehung – gerade, als der Nachwuchs unterwegs ist. Von Arbeitslosigkeit und der Angst vor Statusverlust oder Armut. Wir haben vom Traum von der eigenen Firma gehört, der zum Albtraum wurde. Und von den einst schönen Aussichten auf Haus und Kinder und Erfolg. Die Abendnachrichten meldeten die Blamage eines bekannten Politikers, dessen Bilderbuchlaufbahn, in der alles immer so glatt zu laufen schien, nun beendet ist. Und im Freundeskreis durchlebt jemand eine Lebenskrise, die plötzlich alles, was er erreicht hat, was er besitzt und was er geworden ist, in Frage stellt.

Der amerikanische Soziologe Richard Sennett bezeichnete das Scheitern Ende der 90er Jahre als das letzte große Tabu der modernen Gesellschaft. Er hat Recht. Wir behandeln das Scheitern wie die Untertanen der Königin Viktoria das Thema Sex: Alle denken ständig daran, keiner spricht darüber. In unserer hochtourigen Erfolgsgesellschaft, in der die Frage *Erfolg oder nicht?* nur eine einzige Antwort kennt, ist das Scheitern immer da, wie ein lästiges Hintergrundgeräusch: als Angst vor dem Ver-

sagen, als Angst vor Armut, als Angst, den Status nicht aufrecht-
erhalten zu können. Als Angst, nicht gut genug zu sein, oder als
Angst, das eigene Niveau nicht halten zu können.

Im sexfeindlichen 19. Jahrhundert konnte es im Extremfall
passieren, dass im bürgerlichen Wohnzimmer die gedrechselten
Beine eines Flügels mit Stoff verhüllt wurden, damit ihr hölzerner, aber doch wohl auch irgendwie femininer Charme niemanden auf falsche Gedanken bringen konnte – aber zur selben Zeit existierte, als komplementäres Element zur Prüderie,
eine nicht allzu geheim gehaltene Kultur der verbotenen Lüste
und Perversionen, mit Bordellen, pornografischer Literatur
und SM-Clubs, den so genannten »Flagellation-Clubs«. Auch
das gegenwärtige Schweigen über das Scheitern hat eine solche Gegenkultur hervorgebracht: Im selben Maße, in dem das
19. Jahrhundert seine unterdrückte Lust übersteuerte und im
Verborgenen wuchern ließ, produziert heute die große Angst
vor dem Scheitern eine medienwirksame Geschwätzigkeit, die
das Schweigen nicht bricht, sondern höchstens den Voyeuris-
mus befriedigt. Das öffentlich zelebrierte Scheitern von Fußball-
spieler-Ehen oder Politikern und die exhibitionistischen Erleb-
nisberichte gescheiterter Start-ups aus den vergangenen Jahren
sind Medienereignisse und dienen unserer Unterhaltung. Die
Massenmedien lieben eine ordentliche Fallhöhe, aber sie können natürlich nicht erklären, was es bedeutet zu scheitern, und
sie können auch nicht sagen, was uns davon abhält, selbstbewusst mit unserem persönlichen Waterloo umzugehen. Frei nach
der Devise des englischen Dandys, Max Beerbohm, das Scheitern sei viel interessanter als der Erfolg, präsentieren sie dieses
Phänomen als bunten Strauß aus Peinlichkeiten und generieren
so die Schwierigkeit, darüber zu sprechen.

Normalerweise geben unsere Erfolge die Themen für den sozialen Umgang miteinander vor, nicht unsere Misserfolge.
Wer kennt nicht die freundlich taxierende Frage, die Partygäste
einander stellen: »Was machen Sie denn?«, die in Wirklichkeit

heißt: »Sind Sie etwa erfolgreicher als ich?« Wir erzählen kaum einmal unseren Freunden von unseren Fehlschlägen, wir sprechen nicht offen über das, was wir offensichtlich nicht können oder was uns danebengegangen ist. Wir schweigen und kippen Sand auf das, was darunter weiterschwelt, denn mit den psychischen, finanziellen oder existenziellen Folgen müssen wir so oder so klarkommen.

Je dramatischer, je tief greifender die Folgen unseres Scheiterns, desto unwahrscheinlicher, dass wir darüber sprechen. Wir behalten unser Versagen für uns, wir offenbaren anderen nicht die Nachweise unserer Unfähigkeit – es sei denn, es handelt sich dabei, rückblickend, um Anekdoten auf dem Weg zum Erfolgreichsein. Dass B. sechsmal durch die Aufnahmeprüfung an der Schauspielschule geflogen ist, erzählt sich gut, wenn sie bereits auf dem besten Weg ist, ein Star zu werden. Dass K's Roman jahrelang niemand haben wollte, verrät sich leicht, nachdem er sich 30 000-mal verkauft hat. Dass M. 1984 das Abi nicht geschafft hat, muss nicht mehr verheimlicht werden, wenn die erste Million verdient ist. Doch der Satz: »Ich bin in diesem oder jenem Punkt gescheitert«, kommt uns grundsätzlich nicht über die Lippen, solange das Ende noch offen ist. Und es ist wohl – unter den gegebenen Umständen – auch nicht ratsam, ihn überall auszusprechen und sich damit schutzlos einer Umwelt auszuliefern, in der das Scheitern als etwas Blamables, etwas Unaussprechliches gilt. Man scheitert eben nicht. Oder doch?

Der gewaltigen Flut von Selbsthilfebüchern über das Erfolgreichsein, die uns das Blaue vom Himmel versprechen, steht eine Hand voll von Veröffentlichungen gegenüber, die helfen wollen, wenn es trotz der guten Ratschläge *nicht* geklappt hat – mit dem Reichwerden und/oder dem Geliebtsein. Und blicken wir in die Seminare der Universitäten. Die Literatur kennt seit ihren Anfängen zwei wiederkehrende Themen, die Liebe und das Scheitern. Aber die Doktorarbeiten und Habilitationen der Literatur*wissenschaftler* werden vorzugsweise über andere Themen geschrieben, jedenfalls nicht darüber, was es bedeutet, wenn Menschen mit ihren Ambitionen und Wünschen an eigene oder fremde Grenzen stoßen. Man schreibt hier lieber über die erzähltechnischen Besonderheiten des Turmmotivs. Und nicht anders verhält es sich im Berufsleben. Viele Personalberater sind heute längst nicht mehr ausschließlich fixiert auf schöne, in einer makellosen Linie nach oben deutende Lebensläufe. Sie machen aus der Not eine Tugend und gehen kreativ mit den eher unrühmlichen Ereignissen einer Biographie um. Aber niemand sollte sich deshalb ermutigt fühlen, das Kind in einem Assessment-Center beim Namen zu nennen. Er oder sie sollte stattdessen von Herausforderungen oder Flexibilität oder Lernbereitschaft sprechen, in jedem Fall nicht dieses Wort benutzen, das mit *Sch* beginnt.

Während ich an diesem Buch arbeitete, bekam ich täglich frisch eine Liste von fünf bis zehn Internetseiten, auf denen es ums Scheitern ging. Die Auswahl war dem Medium entsprechend wahllos, allerdings tauchte Scheitern auf den deutschsprachigen Seiten stets in denselben Kontexten auf. Es ging um das Scheitern von Gipfelgesprächen, das Scheitern der Bildungspolitik, das Scheitern von Ich-AGs unter ökonomischen Gesichtspunkten – aber in all den Wochen und Monaten, in denen ich jeden Morgen erfuhr, wo ein Projekt im Sand verlaufen oder wo politische Verhandlungen ergebnislos geblieben waren, gab es nicht den geringsten Hinweis darauf, dass das Scheitern auch in Lebensläufen vorkommen kann.

Die Internetseiten, die aus Amerika kamen, waren anders. Etwa ein Drittel von ihnen thematisierte das Scheitern als dramatischen Einbruch in die Biographie. Was dann im Einzelnen geraten wurde, um mit den Problemen umzugehen, war ganz unterschiedlich und hing davon ab, ob die Seite von einer Baptistengemeinde stammte, von einer Universität oder einem Karriere-Coach. Der größte gemeinsame Nenner war bei allen amerikanischen Seiten jedoch, dass sie das Scheitern als Folge nicht erbrachter individueller Leistungen sahen und die Meinung vertraten, jeder könne sich selbst aufgrund eigener Anstrengungen aus seinem persönlichen Jammertal herausbringen, um anschließend den ersehnten triumphalen Erfolg zu erleben. In welchem Maße dies etwas über einen empfehlenswerten Umgang mit dem Scheitern aussagt, oder über die amerikanische Kultur, werden wir sehen. Doch zweifellos: im Unterschied zu Deutschland steht das Thema »Scheitern in Biographien« in den USA auf der Tagesordnung, und damit dort, wo es auch bei uns hingehören sollte.

Zu scheitern bedeutet, an eine Grenze zu kommen, an der es nicht weitergeht, jedenfalls nicht so wie bisher. Wer scheitert, der trifft mit seinen Ambitionen auf etwas, was er nicht gewollt hat, gegen das er sich nicht wehren kann. Die beiden großen Metaphern für das Scheitern brachten diese Grunderfahrung seit jeher zum Ausdruck: im Bild vom Schiffbruch und im Bild vom tiefen, schicksalhaften Fall eines einzelnen Menschen. Seit der Antike drückten beide Bilder einen dramatischen Einbruch im menschlichen Leben aus und führten sinnbildlich vor, was geschieht, wenn einzelne Menschen unberechenbaren Gewalten hilflos ausgeliefert sind. Auch heute sprechen wir vom »Schiffbruch« und »Absturz« und fürchten die Unberechenbarkeit des Scheiterns.

Scheitern ist immer eine schreckliche Erfahrung. Eine Welt bricht zusammen, es ist danach nichts mehr so, wie es vorher war; ganz egal, ob es die Beziehung ist, der Beruf, das Studium oder ein lang gehegter Traum, der aufgegeben werden musste. Es ist beängstigend und entmutigend, und es stellt außerordentliche Ansprüche an den, der das erlebt. Er oder sie muss dann weitermachen, irgendwie, ohne klar definiertes Ziel und ohne Plan, denn es liegt in der Struktur des Scheiterns, dass man nicht wissen kann, wie es danach weitergehen soll. Scheitern lässt die Zukunft für eine Weile abhanden kommen. Ausgerechnet das, was man nun am dringendsten braucht – einen Plan, eine Perspektive –, ist nicht zu haben, weil mit dem Erleben des Scheiterns die eigene Vergangenheit und die Gegenwart mit erschüttert sind. Es gibt dann erst einmal keine sichere Position mehr, von der aus sich etwas entscheiden ließe. Dies ist das gewaltige Dilemma. Und dies kommt, wie ich zeigen werde, in der beliebten Floskel vom »Scheitern als Chance« nur sehr verhalten zum Ausdruck.

Wer heute an eine Grenze stößt, die unüberwindbar scheint oder es auch ist, der kommt damit nicht gut klar. Das liegt nicht nur daran, dass niemand gerne Schwächen oder Fehleinschätzungen eingesteht. Einer der Hauptgründe dafür ist, dass wir in einer Gesellschaft leben, in der Grenzen immer nur dann sichtbar werden dürfen, wenn es darum geht, sie zu überschreiten. Fast jeder urban lebende, global denkende Zeitgenosse zwischen zwanzig und fünfzig ist ein Virtuose der Grenzüberschreitung. Wir können Weltmusik hören, in der sich afrikanische Rhythmen mit französischen Chansons vermischen, wir können, wenn nötig, die Grenzen der Geschlechterrollen überspringen, wir zucken auch nicht mit der Wimper, wenn wir Fusion-Food essen sollen, Sushi mit Steckrübenragout. Wer es sich leisten kann, bucht Helikopter-Skiing im Himalaja, alle anderen haben wenigstens noch das *Guinnessbuch der Rekorde*. Wir testen ständig irgendwelche Grenzen und denken dabei: wie hoch, wie weit, wie viel, wie schnell, wie lang – und meinen eigentlich: Darf es noch ein bisschen mehr sein?

Den Marathonlauf nach 38 Kilometern vor Erschöpfung abbrechen zu müssen, das unverfilmte Drehbuch für immer in der Schublade verschwinden zu lassen, nach einem Bewerbungsgespräch eine Absage erteilt zu bekommen: das sind schmerzhafte Niederlagen, die wir anders wahrnehmen als irgendeinen alltäglichen Misserfolg. Was bestimmte Situationen des Unvermögens unerträglicher macht als andere, ist das Bewusstsein der Grenzerfahrung. Scheitern ist nicht das Malheur, Missgeschick und Pech, die Panne oder der Irrtum. Es ist etwas anderes als der ganz normale Schlamassel des Alltags, zu dem es beispielsweise gehört, dass man sein geparktes Auto nicht auf Anhieb wiederfindet, sich morgens Marmelade aufs Hemd kleckert oder vergeblich versucht, die Rückwand aus Pappe in ein Ikea-Möbel zu schieben.

Scheitern spielt sich in anderen Dimensionen ab, wer scheitert, wirft kein Wasserglas um. Es geht um mehr: Es ist eine Grenzerfahrung, die das ganze Leben in Mitleidenschaft zieht. Die Folgen können von Fall zu Fall unterschiedlich dramatisch sein, aber in jedem Fall verändern sie die Vorstellung davon, wer man ist, was man kann, was man hat. Die Vorstellung von einer alles erschütternden Grenzerfahrung im menschlichen Leben hat die europäische Kultur seit der Antike erschreckt, und vor allem: fasziniert. In der griechischen Tragödie wurde das ganze Publikum Zeuge eines gewaltigen Untergangs des Protagonisten auf der Bühne. Dort war das Scheitern noch das fragwürdige Privileg des Helden. Erst mit Anbruch der Moderne wird es eine Erfahrung, die jeder Mensch machen kann, weil sich nun einzelne Menschen fragen mögen: Wer bin ich, was kann ich, was habe ich? Wenn solche Fragen an sich selbst möglich sind, riskiert man bei dem Versuch, eine Antwort darauf zu finden, erschüttert zu werden.

Weil sich jeder in der modernen Welt ständig diese Fragen stellen kann (oder muss), fallen auch die Antworten darauf entsprechend unterschiedlich aus, je nachdem, wer sie sich an welche Stelle seines Lebens stellt und unter welchen Bedingungen. Wenn wir in der modernen Welt vom Scheitern sprechen, haben wir es also mit einem gewaltigen Spektrum zu tun. Während sich der eine als gescheitert empfindet, weil er in seinen Ambitionen nicht dort angekommen ist, wo er hätte ankommen können, liegt ein anderer in jeder Hinsicht am Boden. An dem einen nagt der Zweifel des Erfolgs, weil er zwar Universitätsprofessor geworden ist, nicht aber der Wissenschaftsstar, der er hätte werden wollen; ein anderer kann seine Miete nicht bezahlen. Das Erleben des Scheiterns ist beiden vertraut.

Hinter diesen individuellen Erfahrungen persönlicher Tiefschläge steht eine Kultur des Scheiterns, die wir kaum kennen.

Diese selten betretenen Räume werde ich beschreiben, denn wir sollten mit der Kultur der Niederlagen in jedem Fall besser vertraut sein als mit der Angst vor Niederlagen, damit sich unsere Perspektive beim Blick auf das Scheitern nicht völlig verzerrt. Statt ein diffuses und ungutes Gefühl beim bloßen Gedanken an das Wort »scheitern« zu durchleben, können wir uns genauso gut an der Fülle von Bildern, Figuren und Erzählungen schadlos halten: an Ikarus, am tiefen Fall des Helden in der antiken Tragödie, am Schiffbruch, am gescheiterten Genie, an der ironischen Freude am kaputten Leben, an der Lebenslüge, am Comeback. Wenn wir das Scheitern auf diese Weise mit Distanz betrachten, können wir erkennen, was daran schrecklich ist (und was nicht), und wenn wir dies erst einmal tun, kann es zumindest nicht mehr beschämen. Wenn wir das Scheitern als Teil unserer Kultur verstehen, brauchen wir auch nicht mehr automatisch den Boden unter den Füßen zu verlieren, wenn es uns zustößt. Gescheitert müssen wir uns dann auch nicht ausgestoßen fühlen, oder so, als habe man uns die Existenzberechtigung entzogen. Wenn wir auch begreifen, wie die Angst vor dem Scheitern konstruiert wurde und woher sie stammt, verliert sie ein wenig von ihrer Macht über unsere Schreckensphantasien. Niemand kann das Scheitern wollen, aber man kann versuchen, es zu verstehen, um – vielleicht – irgendwann souveräner damit umzugehen.

In diesen Wochen im Frühjahr 2005, in denen ich diesen Text schreibe, könnte man in Versuchung geraten, »Scheitern« mit Arbeitslosigkeit kurzzuschließen. Aber hinter der Idee, ein Buch über das Scheitern zu schreiben, stand nicht die Zahl von über fünf Millionen Arbeitslosen in Deutschland. Und es wäre auch nicht angemessen, Scheitern mit Arbeitslosigkeit gleichzusetzen, weil nicht jeder, der arbeitslos wird, schon automatisch gescheitert ist und weil natürlich auch nicht bloß jene scheitern, die ohne Arbeit und Geld sind. Scheitern kann, aber muss nicht, identisch sein mit Statusverlust oder Armut. Dass wir Scheitern mit beruflichem Misserfolg identifizieren, hat natürlich seine Gründe: In einer Gesellschaft, in der nur die Partnerwahl romantisch begründet sein muss, während alle weiteren großen Entscheidungen des Lebens wenigstens vordergründig am Geld hängen können, haben wir uns angewöhnt, das Gelingen einer Biographie daran zu bemessen, wie erfolgreich jemand im Beruf ist oder gar, wie viel er verdient. Wo die kulturellen Hintergründe für diese traute Zweisamkeit von beruflichem Misserfolg und der Angst vor dem Scheitern zu vermuten sind, werde ich zeigen. Sie zu verstehen ist wichtig, aber noch längst nicht alles, was es über das Scheitern ans Licht zu holen gibt.

Als ich die Idee hatte, ein Buch über das Scheitern zu schreiben, wollte ich etwas anderes sichtbar machen. Scheitern ist die Erfahrung von Modernität in Biographien. Scheiternd erfahren wir eine Welt, deren Komplexität wir nicht bewältigen können, im eigenen Leben. In der globalisierten Gesellschaft gibt es *für jeden* Gelegenheiten zu scheitern. Das unterscheidet unsere Biographien von Lebensläufen vorangegangener Jahrhunderte. Das Scheitern ist allgegenwärtig, vermutlich, weil wir gelernt haben, uns vorzustellen, alles erreichen zu können. Aber wir erleben auch, dass alles ganz anders kommen kann.

Wir werfen Lebenspläne wieder um. Wir werden arbeitslos, obwohl wir dachten, eine Banklehre sei eine sichere Sache. Wir bauen uns was auf, ein eigenes Haus, und es fällt um oder stürzt ein, weil drinnen die Beziehung kaputtgeht. Wir trennen uns von unseren Partnern und Kindern, weil es das Beste für alle Beteiligten ist und weil die Gesellschaft uns nicht mehr zwingt, das ganze Leben mit derselben Person zu verbringen. Unsere Kinder haben, wenn sie die Schule verlassen, pro forma so viele Möglichkeiten, »etwas aus sich zu machen«, wie noch keine Generation zuvor – die ganze Welt steht ihnen offen –, aber der Arbeitsmarkt teilt ihnen zur selben Zeit etwas völlig anderes mit, und wir wissen, dass es »den Kindern« einmal *nicht* »besser gehen« wird, weil die alte Erzählung von der sozialen Aufwärtsmobilität über mehrere Generationen ein ganz neues Ende bekommen hat. Wir versuchen uns an allen möglichen Rollen, können dies sein und das: Superstar, Lebensretter, Powerfrau, Mutter, Vater – was wir wollen. Wir probieren die in den Massenmedien erfundenen Idealverläufe von Biographien samt der dazugehörenden Verhaltensweisen und bewegen uns am Ende in der dauerhaften Illusion, der oder die andere sei noch viel wichtiger, noch cooler, noch erfolgreicher als wir selbst. Oder aber wir sind richtig gut und bekommen trotzdem keine Chance.

Dies ist ein Buch über die Erfahrung des Scheiterns in Biographien, und nicht über die politischen oder wirtschaftlichen Gründe, die dazu führen (wie sollte man die auch in einem einzigen Buch je beschreiben können). Es zeigt, was Scheitern eigentlich ist, was es zu unterschiedlichen Zeiten bedeutet hat, und betrachtet es aus immer wieder neuen Blickwinkeln. Es ist kein Beitrag zu den immergleichen Schlachtrufen jener Lebensratfibeln, die uns in den Erfolg führen, notfalls auch über Klippen. Dieses Buch behandelt ein Thema, für das uns meistens die Worte fehlen, obwohl es uns unter den Nägeln brennt. Es stellt Fragen über das Verhältnis von Erfolg und Misserfolg, die wir in der Erfolgsgesellschaft mit semireligiöser Entschlossenheit immer schon für beantwortet halten. Was bedeutet Scheitern, welche Vorstellung haben wir davon? Warum ist es ein Tabu-Thema? Gibt es eine Typologie des Scheiterns, und wie sieht sie aus? Wie gehen wir damit um? Warum unterscheiden wir schuldhaftes und unverschuldetes Scheitern? Können Amerikaner besser scheitern als Europäer? Warum drückt uns die Angst vor dem Scheitern im Zeitalter der Machbarkeit? Kennt das Scheitern andere Alternativen als die des Erfolgs? Warum ist Scheitern im Beruf verwerflich, scheitern als Vater jedoch ein Kavaliersdelikt?

Ich würde nicht ein Buch über das Scheitern schreiben, wenn ich der Meinung wäre, dass man nicht darüber nachdenken sollte, nicht darüber sprechen kann und dass uns das Thema nichts angeht. Das Scheitern ist näher an uns herangekommen, als das kokette Etikett der Erfolgsgesellschaft oder der Leistungsbegriff uns dies glauben machen wollen. Aber ich denke nicht, dass dies ein Grund zur Panik ist.

Warum wir alle scheitern können

Moderne Biographien sind prekäre Biographien. Es sind unruhige Angelegenheiten: im Wesentlichen instabil, ständig offen für Veränderungen und anfällig für Überraschungen. Die Probleme, die dies mit sich bringt, werden seit langem benannt; mit Schlagworten wie »Patchworkfamilie«, »Flexibilität am Arbeitsplatz« oder »modernes Nomadentum«. Wir wechseln unsere Partner und die dazugehörigen Familienmitglieder, unseren Arbeitsplatz und wenn nötig auch unseren Beruf, und wir sind jederzeit bereit, die Stadt zu wechseln, oder das Land, um unsere Zelte irgendwo anders aufzuschlagen, falls es die Liebe oder die Arbeit erfordern sollten. Und normalerweise halten wir das auch ganz gut aus, schließlich sind wir moderne Menschen und daran gewöhnt, die Perspektive zu verändern und die Kontexte zu wechseln.

Nicht zufällig stand im Sommer 2002 wochenlang ein Roman auf den Bestsellerlisten, der den Titel *Die Korrekturen* trägt. Jonathan Franzen erzählt darin von drei in den 60er Jahren geborenen Kindern aus einer amerikanischen Mittelschichtfamilie. Denise, Gary und Chip Lambert sind Ende dreißig und damit beschäftigt, einen Weg durch das Labyrinth der amerikanischen Gesellschaft am Ende des 20. Jahrhunderts zu finden. Dies gelingt ihnen nicht immer auf Anhieb; und wenn doch, dann, weil sie etwas Grundlegendes im Leben ändern. Sie korrigieren ihre Erziehung, ihre Geschlechteridentität, ihre Lebenspläne, ihre Karrieren und ihre Partnerschaften. Sie korrigieren die 60er-Jahre-Tugenden der Eltern, weil die Krise des amerikanischen Mittelstandes in den 90er Jahren es notwendig

DAS STUFENALTER DER FRAU

gemacht hat, das naive Vertrauen in die Konsumgesellschaft noch einmal zu überdenken. Sie sind Paradebeispiele für die Abkömmlinge des modernen Wunderlands der Möglichkeiten, und ihre einzige, einigermaßen funktionierende Lebensmaxime lautete: *Korrigiere!*

Um zu sehen, wie störanfällig heutige Lebensentwürfe von Anfang an verlaufen, muss man sie mit traditionellen Auffassungen von Lebensläufen vergleichen. Bevor der Fortschrittsgedanke des 19. Jahrhunderts die zielgerichtet verlaufende Aufsteigerbiographie propagierte, beschrieb eine alte europäische Tradition das Leben eines Menschen zirkulär. Das Leben war wie der Verlauf der Jahreszeiten: Frühling, Sommer, Herbst und Winter, eines folgte aufs andere, nach dem Werden kam die Blüte, nach der Blüte der allmähliche Verfall, und am Ende schloss sich der Kreis, und das Leben und Sterben begann, mit der Zuverlässigkeit einer von göttlicher Hand gefügten, vollkommenen Ordnung, wieder von vorn. Man verstand diese Ähnlichkeit von Jah-

DAS STUFENALTER DES MANNES.

reszeitenzyklus und Lebenszyklus ganz wörtlich, man glaubte wirklich, das Leben eines Menschen sei genauso zeitlich strukturiert wie der Verlauf der Welt, ein ewiges Wiederkehren von Werden und Verfall.

In Shakespeares Sonetten, die im letzten Jahrzehnt des 16. Jahrhunderts geschrieben wurden und die von Liebe handeln – und damit nahezu zwangsläufig auch von Jugend und Vergänglichkeit –, findet man diese Äquivalenz in Hunderten von Bildern und Vergleichen. Der Frühling ist die Jugend, der Blüte des Lebens entspricht der Sommer, mit dem Herbst kommt das Alter, und mit dem ersten Frost kündigt sich irreversibel an, dass nun nichts Neues entstehen wird, das Alter beginnt, und so wie Schnee die Natur in Starre unter sich begräbt, bringt auch der Winter des menschlichen Lebens am Ende den Tod. Im großen Weltzusammenhang, in den jeder einzelne Mensch eingebunden war, begann nach dem Winter der Kreislauf von vorn. Vierhundert Jahre später haben wir erhebliche Schwierigkeiten, eine solche Gleichmäßigkeit in unseren Biographien wiederzufinden: Wir kennen plötzliche Frosteinbrüche im August, Dürre im Frühling und den Übergang vom Mai in den Herbst. Und dann heißt es mit achtunddreißig: »Zurück auf los!«

In der bürgerlichen Gesellschaft beschrieb man das Leben idealerweise als ein Treppchen, das man bis zur Mitte des Lebens hinauf- und dann wieder hinabsteigen musste. Dieses Lebensmodell, das (mit unterschiedlich starken Modifikationen) vom 18. Jahrhundert bis in die 50er Jahre des 20. Jahrhunderts Bestand hatte, kannte man im 19. Jahrhundert als das so genannte *Stufenalter* des Menschen. Es bezog sich nicht mehr auf Jahreszeiten, also Naturgesetze, sondern auf soziale Rollen.

Weil Männer und Frauen unterschiedliche Rollen spielten, sah das *Stufenalter* zwei grundsätzlich unterschiedliche Verläufe vor. Der Mann warb als Jüngling um eine Frau, wurde, sobald er Kinder gezeugt hatte, mit dreißig Jahren »zum Mann«, hatte mit vierzig erreicht, was er erreichen konnte, und stand mit fünfzig auf dem Gipfel seines Schaffens. In der Mitte des Lebens war ein ansehnlicher Zenit erreicht, und von nun an ging es mit Würde wieder bergab, recht gemächlich, Stufe für Stufe, ganz so, wie das Alter den Körper zu beugen und den Geist in Mitleidenschaft zu ziehen begann. Das Stufenalter der Frau war durch die Mutterschaft geprägt und ließ kaum mehr als die Beschäftigung mit Kindern zu. Sie war erst potenziell Gebärende, dann Mutter, schließlich Großmutter.

Gemäß diesem Ideal sah der Lebenslauf immer gleich aus: Es gab einen Aufstieg, einen Höhepunkt und einen Abstieg. Viel Raum für Überraschungen oder für Abweichungen gab es nicht. In der ersten Hälfte unterlag das Leben dem Diktat sozialer Erwartungen, die sich dann erfüllt hatten, wenn der Mann beruflich erfolgreich und die Frau zur Mutter geworden war; in der zweiten Hälfte unterlag es dem Alter mit seinen Gebrechlichkeiten. Ein »eigenes Leben« war unter diesen Bedingungen kaum denkbar, alternative Konzepte standen nicht zur Debatte, und zu den gerade noch halbwegs tolerierten Abweichungen gehörte es, nicht zu heiraten. Dafür standen zwei Rollen bereit, wenn auch unbeliebte: die der »Alten Jungfer« und des »Hagestolzes«.

Wer aber in dieser sozialen Ordnung scheiterte, fiel völlig aus dem vorgesehenen Rahmen, und diese Abweichung konnte unter keinen Umständen toleriert werden. Zu scheitern war dramatisch und musste geahndet werden, weil die bürgerliche Gesellschaft sich im Wesentlichen dadurch stabilisierte, dass soziale Rollen konsequent eingehalten werden sollten. Abweichler (Aussteiger, Hippies, Punks) konnte man sich daher nicht leisten. Man muss sich diesen Unterschied zu heute ganz klar vor Augen führen. Die sprichwörtliche moralische Strenge, mit der vorangegangene Generationen erzogen und damit aufs Leben eingestellt wurden, war nicht (nur) die Perfidie verkrampfter Zeitgenossen, sondern sie korrelierte mit einem Gesellschaftsmodell, das nur sehr, sehr geringe soziale Schattierungen vertrug. Wer in dieser sozialen Ordnung einmal von einer der Treppenstufen gefallen war, dem war es so gut wie unmöglich, sie wieder zu erklimmen. Er oder sie lief Gefahr, für immer unrettbar tief zu stürzen. Die Rede von der »gescheiterten Existenz« entstammte dieser Kultur, ebenso wie das Bild der »gefallenen Frau«. Beide, die gescheiterte Existenz und die gefallene Frau, waren aus den für sie vorgesehenen Rollen gefallen. Man strafte beide mit moralischer Verachtung und mit dem Ausschluss aus »der Gesellschaft«. Weder die Frau, die gegen »Anstand und Sitte« verstoßen hatte, noch der bankrott gegangene Unternehmer im abgewetzten Mantel und mit schief abgelaufenen Absätzen waren das, was man »gesellschaftsfähig« nannte.

Die beiden Grafiken aus der 2. Hälfte des 19. Jahrhunderts zeigen idealtypische Lebensverläufe, wie man sie sich für Männer und Frauen der Mittel- und Oberschicht vorstellte. In der Realität sah das immer noch etwas anders aus, dennoch galt auch in der Wirklichkeit, dass jeder Mann und jede Frau das Leben vor sich liegen hatte wie einen ausgetretenen Trampelpfad, über den hier und dort ein stacheliges Gewächs rankte und den man nur selber entlanglaufen musste.

Wer heute sein Leben plant, denkt dabei weder an die Jahreszeiten noch an ein Treppchen, auf dem er oder sie lauter Lebensphasen hintereinander anordnen muss, um am Ende vom Leben runzelig und erfüllt in einen Ohrensessel zu sinken. Lebensläufe und -wege sind oft alles andere als Verläufe und Wege. Statt Kindergarten, Schule, Ausbildung, Heirat, Karriere, Kinderkriegen, Hausbau und so weiter wie auf einer Schnur fein säuberlich hintereinander aufzufädeln, reißt der Faden spätestens nach dem Ende der Schulzeit jäh ab. Von da an wird man vor die unglaublich schwierige Aufgabe gestellt, ab sofort mit mehreren Dingen gleichzeitig zu jonglieren: Beruf, Karriere, Liebe, Sex, Freizeit, Kinderwunsch, Finanzen und Lifestyle. Irgendwie muss das nun alles miteinander kombiniert und koordiniert werden, und zwar so, dass man selbst zufrieden werden kann und die Anerkennung der Umwelt findet. Wie (oder ob) das dann geht, stellt sich immer erst heraus, wenn man schon mittendrin steckt.

Vermutlich würde kein Mensch zwischen den heutigen Lebens-

Lebenszyklus   Stufenleiter   Heute

formen, die immer für eine Überraschung gut sind, und jenen, die kaum eine Abweichung möglich machten, tauschen wollen. Unsere Freiheit zur individuellen Lebensgestaltung ist ein hohes Gut (und das schreibt sich aus weiblicher Sicht noch wahrer, als es ohnehin schon ist). Aber wir bezahlen diese Freiheit mit Unsicherheit, mit Enttäuschungsanfälligkeit und unter Umständen auch mit der Möglichkeit zu scheitern.

Nicht jede Irritation im heutigen Lebenslauf ist auch gleich ein Scheitern, aber wir sind näher daran, die Erfahrung des Scheiterns zu machen, als das je für eine Generation zuvor denkbar war. Auf der Gegenseite aller modernen Versprechungen von besseren Chancen, mehr Glück, größerem Erfolg, reicherer Erfüllung stehen andere Erfahrungen. Unsere wandlungsfähigen Lebensentwürfe werden immer anfälliger für Enttäuschungen. Wir haben nicht nur große Aussichten, sondern müssen auch Brüche, Unvorhergesehenes, erzwungene Richtungswechsel, Orientierungslosigkeit und Stillstand aushalten.

Dass sich die vielen möglichen oder erwünschten Lebensziele mitunter gegenseitig stören, macht die Sache nicht leichter. Man weiß nicht, ob es die Beziehung wert ist, den guten Job in dieser Stadt aufzugeben, weil man in der nächsten unter Umständen keinen bekommen wird, man weiß aber auch nicht, ob man den Job wirklich so wichtig finden soll, dass man dafür die Beziehung riskieren kann. »Selbstverwirklichung« kann man das allmählich kaum noch nennen, denn die Ansprüche, Bedürfnisse und Erwartungen treten viel schneller auf, als man sie wirklich werden lassen kann. Der Soziologe Norbert Bolz hat mit Blick auf derart widerspruchsreiche Lebenslagen erklärt: »Wer angesichts dieser Lage nach der besten Lösung sucht, verschwendet nur kognitive Ressourcen.«

Während ich an diesem Buch schrieb, kam auf Deutschlandradio eine Anrufersendung. Hörer konnten darin ihre Kommentare zu einer vorgegebenen Frage abgeben, die diesmal lautete: »Können wir unsere Ziele erreichen?« Der erste Anrufer kam aus Hamburg, ein sechzig Jahre alter Buchhändler mit eigener, exklusiver Buchhandlung. Er erklärte: Ja, selbstverständlich müsse man sich ein Lebensziel setzen, und es könne gar nicht hoch genug sein. Er selbst sei auch mittlerweile dort angekommen, wohin er immer gewollt habe. Schon während seiner Ausbildung zum Buchhändler habe er sein »Ziel angepeilt«, dann habe er seinen »Weg zielstrebig verfolgt«. Jeder solle daran arbeiten, immer perfekter seinen einmal gefassten Plan umzusetzen, um schließlich immer zufriedener zu werden, sagte er.

Das klang wie die Botschaft aus einer fernen, längst vergangenen Welt. Der weitaus größere Teil der Menschen, die ich persönlich kenne, würde sich lieber nicht festlegen wollen, wie und wo und mit wem er denn in fünf oder zehn Jahren leben werde. In unsere Lebenspläne hat sich eine gewisse Irrationalität eingeschlichen, eine Un-Logik, die wir nicht durchschauen – und deshalb halbherzig diffusen Gesetzmäßigkeiten des Arbeitsmarkts zuschreiben. Denn es scheint keinen Grund dafür zu geben, dass H. (46), der seit über zehn Jahren als Redakteur im öffentlich-rechtlichen Rundfunk arbeitet, im nächsten Jahr von seinem Sender abgefunden werden wird, oder dass G. (41) Webseiten baut, obwohl er Musiker ist, oder dass C. (32) nun schon zum dritten Mal arbeitslos ist, oder dass M. (48) demnächst 170 Kilometer zur Arbeit fahren muss (weil ihre Fachhochschule »abgewickelt« wird) und noch nicht weiß, wie sie dann ihre Kinder zur Schule bekommen wird. Das sind natürlich alles noch keine Geschichten vom Scheitern. Es sind Beispiele für prekäre Lebensläufe, die nach dem Prinzip des *trial and error* funktionieren: Mal sehen, was geht und wie lange. Und das am längsten funktionierende Lebensmodell ist jenes, das nicht ein ganzes Leben lang halten muss.

Wer inzwischen die Schule oder das Studium beendet, beginnt das Arbeitsleben als Experiment auf Zeit: als *Praktikum*, als Beruf auf Probe. Auf den dem Zeitgeist am nächsten stehenden Visitenkarten liest man keine Berufsbezeichnungen mehr, sondern Tätigkeiten, die sich bei Gelegenheit ausüben lassen (meist mehrere, meist zusammengesetzte Substantive): Man *ist* nicht »Petra Müller, Betriebswirtin«, sondern man ist eine Petra Müller im Konjunktiv, die Public Relations, Konzeptrealisation und Organisationsberatung übernehmen würde, falls es irgendwo Bedarf dafür geben sollte. Ein Freund erzählte mir von einer Unterhaltung mit einer jüngeren Freundin, die gerade ihre Ausbildung beendet. Irgendein großes Ziel in weiter Ferne? Nicht wirklich. Sie stelle sich ihr Leben so vor: Irgendwie werde es weitergehen wie jetzt, verschiedene Jobs, alleine leben, vielleicht aber auch nicht, eine kleine Wohnung, wahrscheinlich in der Stadt bleiben, in der sie gerade ist, wenn es geht, vielleicht auch nicht. »Das ist mein Leben«, habe sie lapidar gesagt.

Am Ende der Anrufersendung meldete sich ein Abiturient aus Schwerin, und er hatte das letzte Wort. Er sagte, er finde es schade, dass die gesellschaftlichen Erwartungen immer schon so vorformuliert seien, dass nur berufliche Aspekte Lebensziele vorgeben könnten, dass also alles um die Fragen kreise: Was will ich arbeiten, und was will ich darstellen und besitzen. Er selbst habe sich ein anderes Ziel gesteckt: Er selbst wolle »in Erinnerung« bleiben – aber nicht der ganzen Welt durch eine historische Großtat, sondern seinen Freunden und denen, die ihn kannten. Wahrscheinlich ist es kein Wunder, dass die Lebensziele garantiert unüberprüfbar werden, wenn das Gefühl überhand nimmt, reale Ziele anzusteuern (erst Studium, dann Beruf, dann Haus) könnte sich im Handumdrehen als frustrierend entpuppen. Bevor die ersten Etappen erreicht sind, kann jederzeit etwas dazwischenkommen.

Große Erwartungen

Nur drei Jahre nachdem Florian Illies das Porträt seiner Generation skizziert und unter dem Titel *Generation Golf* im Jahr 2000 zum Bestseller gemacht hatte, war es Zeit für die erste Revision. Die *Generation Golf* war nicht mehr das, was sie einmal gewesen, nach drei Jahren sah alles anders aus. 2003 wurde *Generation Golf zwei* veröffentlicht, diesmal mit einem ins Schlingern geratenen VW-Golf auf dem Buchumschlag. Im Fortsetzungsband ging es um die Erfahrung tief greifender Veränderungen im eigenen Leben, die innerhalb kurzer Zeit auch die eigene Selbstwahrnehmung verändert hatten. Die Stimmung war jetzt schlechter:

Einst selbstironisch und zufrieden, klang die Generation Golf jetzt enttäuscht und mutlos. Der erste Wohlstand war erreicht worden und, nachdem 2000 die große Seifenblase des E-Kommerz geplatzt war, schon wieder *perdu*. Die ersten langen Beziehungen waren beendet, auf erste Festanstellungen waren erste Entlassungen gefolgt. Ein klein wenig Larmoyanz war ja vielleicht auch dabei, als Illies feststellte, seine Altersgenossen hätten geglaubt, »das Beste« liege noch vor ihnen, und nun sähe es ganz so aus, als sei der Kuchen, von dem man eigentlich ein großes Stück abhaben wollte, bereits verspeist. Im Wesentlichen ging es aber um etwas anderes. »Und was werden wir dann sagen, wenn uns die Älteren oder die Jüngeren, die jetzt noch am Boden krabbeln, fragen werden zu unserer Biographie? ›Das lässt sich kurz machen. Abitur 1990, Hobbys: telefonieren und Freunde treffen, dann Studium, Beruf, Heirat.‹ Oder werden wir sagen: ›Was willst du wissen? Wann wir geheiratet haben? Oder auch, wann wir uns haben scheiden lassen? Wann ich den tollen Job bekommen habe? Oder wann ich ihn verloren habe?‹« Das Gefühl der Grundunsicherheit, das hier, erschrocken und etwas gekränkt, zum Ausdruck gebracht wird, ist die Erfahrung von Modernität in der eigenen Biographie. Denn es handelt sich um eine Modernitätserfahrung, wenn man zu spüren bekommt, dass sich im eigenen Leben immer wieder alles ändert, und zwar ohne dass man voraussehen kann, wie.

Ein anderer Blick auf die jüngeren Geschwister der Generation, die Illies beschrieben hat, stammt von der englischen Schriftstellerin Zadie Smith. Smith, Jahrgang 1975, war im Jahr 2000 der Shootingstar des englischen Literatur- und Medienbetriebs und versteigert seitdem zu Summen, von denen Buchautoren normalerweise nicht zu träumen wagen, ihre Manuskripte an den meistbietenden Verlag. Ihr zweiter Roman, *Der Autogrammhändler* (2003), handelt von etwas, das Zadie Smith selbst gestreift hat, wenn auch nur oberflächlich: von Ruhm, von gigantischem Erfolg, der, vielleicht, unsterblich macht.

Der Held des Romans, Alex, betreibt ein Geschäft mit den Zeichen der Berühmtheit anderer: Er ist der Autogrammhändler. Er ist Anfang zwanzig und wurstelt sich so durchs Leben. Mäßig erfolgreich, lebt er in einem unscheinbaren Vorort Londons, hat eine wunderschöne schwarze Freundin, die er betrügt, und drei treue Freunde aus Kindertagen, die er regelmäßig brüskiert. Seinem banalen Alltag versucht er krampfhaft eine Spur von Bedeutung zu verleihen, indem er einer obskuren Hollywooddiva täglich einen Fanbrief schreibt. Irgendwann besucht Alex einmal seinen Freund Adam. Und schlagartig erkennt er an Adam etwas, das ihm, Alex, fehlt. Adam, der Spielkamerad von einst, ist zufrieden. Fasziniert denkt Alex über Adam nach. Wie ist Adam bloß zu der Person geworden, die er heute vor sich sieht?

He, Moment mal, *wie ist denn das gekommen?* Attraktiv, intelligent, aufgeklärt, schlank – wo ist dieser dicke, eigenartige, schwarze Judenjunge geblieben? Der jeden Sommer von einer schlecht passenden »Identität« zur nächsten getaumelt ist; der Hippiephasen durchgemacht hat, Grunge, Caféhausgangster, *Back to the Roots*, (Black is Beautiful, Repatriierung, Rastafarismus), Anglophilie, Amerikanisierung, Afros, glatt gezogen, rastalockig, kahl geschoren, weite Jeans, knallenge Jeans, weiße Mädchen, schwarze Mädchen, jüdische Mädchen, Goj-Mädchen, Konservatismus, Sozialismus, Anarchismus, Feten, Drogen, Eremitendasein, Ausgeflipptsein, Resozialisierung – wie ist er von da *hierher* gekommen? Wie ist er so *glücklich* geworden?

Zadie Smith skizziert in dieser Passage eine ganz und gar moderne Lebensgeschichte zwischen Einschulung und beginnendem Erwachsenendasein. Es gibt keinen Übersichtsplan in Adams Leben, es gibt nur Kurswechsel. Adams Identität ist das Ergebnis eines wahren Sammelsuriums aus ziellosen Versuchen und Testläufen, aus probeweise geliehenen Rollen und Vorbildern, aus Zitaten, die man aus dem Fernsehen kennt, an denen man sich ja mal versuchen kann, um zu sehen, ob sie einem stehen oder überhaupt etwas bedeuten. Sein Flickwerk-Ich ist nicht weniger prekär als das Lebensgefühl jener Altersgenossen, die Illies beschreibt, doch was bei Illies beunruhigend erscheint, ist bei Zadie Smith ein Spiel: ein Puzzle und ein Wechsel der Verkleidungen. Zadie Smith führt uns in der Person von Adam das *Gelingen* einer prekären Biographie vor Augen. Sie tut das mit faszinierender Leichtigkeit und zeigt, dass die Erfahrung von Modernität in der eigenen Biographie weder automatisch als lebensbedrohlich empfunden werden noch verzweifelt stimmen muss.

Adams Lebensentwurf ist geprägt von der Selbstverständlichkeit, jederzeit alles – jede Rolle, jede Idee, jedes Styling – für sich selbst in Anspruch nehmen zu können. Jeder Lebensentwurf ist für ihn jederzeit frei verfügbar, und er braucht nur zuzugreifen, wenn ihm der Sinn danach steht. Diese Souveränität im Umgang mit Möglichkeiten gibt ihm jene energiegeladene Potentialität, die seinen Freund Alex so tief beeindruckt und in Staunen versetzt. Alex selbst steht jedoch auf der anderen Seite des Spektrums. Er kommt mit der Fülle von Möglichkeiten nicht klar. Er ist unglücklich, orientierungslos, und dieselbe Flut von Möglichkeiten, aus der Adam schöpft, um sie erfolgreich für sich zu nutzen, wirkt sich auf Alex lähmend und einschüchternd aus. Alex ist damit übrigens das, was für eine Romanschriftstellerin ein echtes Risiko ist: eine total langweilige Figur. Sein Leben ist durch innere Leere gekennzeichnet. Aber Zadie Smith musste diese total langweilige Figur erfinden, um zu zeigen, dass das Leben einer jungen Generation, die *jederzeit alles* aus sich machen kann, eine düstere Gegenseite hat, auf der plötzlich gar nichts möglich zu sein scheint. Nicht zufällig tragen Adam und Alex Namen, die man ohne weiteres leicht verwechselt. Die Übergänge zwischen den Lebensformen, die sie verkörpern, sind fließend. In einer Welt der unbegrenzten Möglichkeiten, in der man »alles« aus sich machen kann, gibt es auch immer noch diese bedrohliche Möglichkeit: aus all den Möglichkeiten »zu wenig« oder »nichts« zu machen.

Während die Moderne möglich gemacht hatte zu denken: *Jede Rolle ist potenziell von jedem einnehmbar*, haben erst die Massenmedien die Bedingungen geschaffen, um auf die Idee kommen zu können, dies nun auch tatsächlich zu versuchen. Erwartungsgemäß sind die Helden und Antihelden bei Zadie Smith Kinder des Medienzeitalters. Sie sind mit dem Fernsehen groß geworden, mit dem Kino, mit MTV, und das heißt vor allem: mit Bildern. Sie haben sich angewöhnt, ihr Leben nach Bildern und Vorbildern zu modellieren: Sie kopieren die coolen Gesten der Popstars, kennen den Habitus der Protagonisten in TV-Kultserien, probieren Ideologien, die in Retro-Filmen nachgespielt werden, und Formen des Lifestyles an sich aus. Adam und Alex und alle anderen Kinder des Medienzeitalters tragen ein unerschöpfliches Reservoir von Bildern mit sich herum. Sie wissen, wie es aussehen muss, erfolgreich, glücklich, angesehen zu sein, wie es beispielsweise aussieht, ein erfolgreicher Berater zu sein, ein richtiger McKinsey-Superhero (wie muss das Auto, die Frisur, der Anzug, die Aktentasche, die Brille sein …). Sie wissen auch, wie es sein wird, eine Entwicklungshelferin in Kabul zu sein, oder ein Fotograf oder ein Star, sie haben das alles hundertmal in Filmen gesehen, sie müssen es nur machen. Und wie das dann aussieht, wissen sie auch: *Just do it.*

Solche jederzeit für jeden frei verfügbare Bilder wecken Ambitionen und spornen an. So wird der eigene Lebensentwurf zu einem Versprechen, das man sich selbst geben kann, ohne bereits wissen zu müssen, wie man es einlöst. Doch wenn die Differenz zwischen der Art zu leben und der, wie man leben *möchte* oder glaubt, leben zu *können*, immer größer wird, läuft man Gefahr zu scheitern. Dies war die traurige Lektion, die Don Quixote die westliche Kultur lehrte: Verführt durch Fiktionen versuchte er zu sein, was er nicht sein konnte.

Nirgendwo sonst wird das Motto »Du kannst alles aus dir machen« so laut posaunt wie in der internationalen Zeichensprache der Popkultur. Deren bevorzugtes globales Massenmedium ist MTV, und die Begehrlichkeiten, die beim Blick auf die schnellen Schnitte der kurzen Filme geweckt werden, lauten: Du könntest dies sein, du könntest hier stehen, du könntest jenes haben. Doch wo der *Hype* der Popkultur jedem verspricht, ein Star oder ein Supermodel werden zu können, fällt man bereits aus ungeahnten Fallhöhen, wenn man es von der örtlichen Realschule bloß bis an die Kasse des nächsten Supermarktes geschafft hat. Gescheitert ist man unter den Extrembedingungen des *Hype* bereits, bevor man überhaupt die Chance gehabt hat, ein einigermaßen realistisches Ziel auch nur anzuvisieren.

Überall, wo der *Hype* Bilder produziert, die nicht nur unerfüllbare, sondern auch einander widersprechende Erwartungen wecken, wächst die Unlust der jungen Erwachsenen, an der Welt der unbegrenzten Möglichkeiten überhaupt noch ernsthaft teilzunehmen. Und so ist es denn kein Wunder, dass die deutsche Popgruppe *Wir sind Helden* aus dem Nichts auftauchte und sang, was alle längst heimlich dachten, aber niemals auszusprechen gewagt hätten: »Aber wenn ich könnte, wie ich wollte, würd ich gar nichts wollen, ich weiß aber, dass alle etwas wollen sollen.«

Unter den verschärften Bedingungen des *Hype* der Popkultur wird das Scheitern sogar dort möglich, wo wir es nie vermutet hätten. Sei alles: der Erste, der Beste, sei beliebt, unangepasst, schön, sei cool. Scheitere nicht. Die falschen Jeans? Du bist draußen. War scheitern je so leicht und doch so folgenschwer?

Als ich begonnen hatte, dieses Buch zu schreiben, und auf die Frage, woran ich denn jetzt arbeite, antwortete: »An einem Buch über das Scheitern«, bekam ich immer wieder diese Reaktion: »*Ahhh*, Scheitern, da kenne ich mich aus, da bin ich Experte.« Mich überraschte diese Antwort, denn obwohl ich ja längst der Meinung war, dass das Scheitern allgegenwärtig und ein Thema für uns geworden ist, hatte ich nicht damit gerechnet, dass es sich auch gleich wie ein Kastenteufelchen gebärden würde, das gar nicht warten kann, bis es endlich einmal zu Wort kommen darf.

Bei einem Großteil der Leute, mit denen ich über das Scheitern sprach, herrschte das diffuse Gefühl vor, sie seien Spezialisten auf diesem Gebiet. Das war insofern wirklich erstaunlich, als sie ein schönes Dach über dem Kopf hatten, manchmal sogar lösungsmittelfrei versiegeltes Parkett auf langen Fluren, regelmäßige Gehälter bezogen, akademische Titel trugen sowie vorzeigbare Partner und Kinder zu bieten hatten. Es gab überhaupt keinen ersichtlichen Grund anzunehmen, dass sie sich als *gescheitert* wahrnehmen würden, eigentlich stimmte bei ihnen alles.

Es scheint eines der bestgehüteten Geheimnisse unserer so genannten Erfolgsgesellschaft zu sein, dass alle, die versuchen, sich darin einzurichten, sich irgendwann fragen, ob sie nicht total gescheitert sind. Man kann ein erfolgreicher Lehrer sein, aber vielleicht hätte man als Arzt ohne Grenzen ein erfüllteres Leben gehabt? Schließlich wäre auch das möglich gewesen. Je mehr Wahlmöglichkeiten und je tiefer verinnerlicht die Idee von Machbarkeit, desto unausweichlicher die Vorstellung, irgendwann im Leben an entscheidender Stelle die falsche Entscheidung getroffen zu haben.

Und je weitreichender das Vertrauen in die eigenen Fähigkeiten, je kostbarer das Vertrauen in die persönliche Autonomie, desto schlimmer die Grenzerfahrung des Scheiterns. Wenn gilt, dass auch die falschen (genauso wie die richtigen) Entscheidungen in Freiheit getroffen werden, wird die Einsicht, etwas falsch gemacht zu haben, ganz besonders bitter. Vorbeugend muss das eigene Leben permanent auf latente Schwach- und Fehlstellen abgesucht werden. Auf diese Weise kann man der Angst vor dem Scheitern begegnen – und dadurch, dass man sich als Experte auf dem Gebiet möglicher Tiefschläge ausweist. Das ist bloß teilweise Koketterie. Denn die Frage, wo man ankommen und was man erreichen kann, wird unter den Vorzeichen der massenmedial aufbereiteten Erfolgsgesellschaft ins Unendliche verschoben. Wenn man »alles« aus sich machen können soll, ist man bereits im Ansatz gescheitert, weil selbstverständlich kein Mensch alles aus sich machen kann.

Als die Erfolgsgesellschaft im 19. Jahrhundert ihre groben Umrisse bekommt, hat sie hinter sich das Erbe der Aufklärung und vor sich die tief greifenden sozialen Umwälzungen, die im Zuge der Industrialisierung die Welt verändern. Beide Seiten steuern eine ähnliche Idee bei: die Vorstellung eines universellen Fortschritts, der die Gesellschaft und jedes Individuum in unaufhörlicher, zielsicherer Bewegung zu ihrem Besseren aufwärts und voranbringen wird. Bis heute ist dies eine der Grundfesten des Erfolgsbegriffs: unumkehrbarer, unaufhaltsamer materieller Fortschritt. Der Erfolg hat nur eine Richtung, die lautet: vorwärts, er hat nur eine Zeit, Zukunft, und nur eine Form, eine unbeirrbar aufsteigende Linie. Unterbrechungen, Einschnitte, erst recht Stillstände, Irrwege waren in der Erfolgsideologie noch nie vorgesehen – im Gegenteil, sie wurden nahezu zwangsläufig als Irritationen und Bedrohungen empfunden.

Mit der europäischen Aufklärung setzte sich auch die Idee durch, dass die Welt ein Ort ist, der sich verändern und somit verbessern lässt. Jahrhundertelang hatte man an die alles ordnende Hand Gottes geglaubt. Menschen hatten in Gottes gewaltige und perfekte Schöpfung keine wesentlichen Eingriffe vornehmen können, sie waren, ebenso wie die Natur, Teil einer Welt, die auf unergründliche Weise durch eine Macht außerhalb ihrer selbst geordnet war. Diese Ordnung durfte (und konnte) nicht hinterfragt werden, und das eigene Leben war bloß der kleine, flüchtige Reflex in einem Universum, das rätselhaft, aber auch richtig war.

Im 17. Jahrhundert änderte sich dies dramatisch. Die großen politischen Denker der Aufklärung, Hobbes, Locke und Rousseau, formulierten einen revolutionären Gedanken von gewaltiger Tragweite. Sie erklärten, die Gesellschaft sei für Menschen da und müsse daher auch von ihnen zu ihrem eigenen Wohl gestaltet werden können. Während die politischen Vordenker der Aufklärung die Frage nach besseren Regierungsformen diskutierten, propagierten Philosophen die Vervollkommnung des Menschen: Menschen waren von Geburt an gleich – das war der erste Satz des Glaubensbekenntnisses aller Aufklärer –, aber sie waren *perfektibel*, und zwar im Hier und Jetzt, und das war der zweite Satz im Glaubensbekenntnis der Aufklärer. Niemand musste jetzt noch aufs Himmelreich warten, um aufzusteigen – jeder (vorausgesetzt er war männlich) konnte aufgrund der ihm gegebenen Fähigkeiten immer mehr, immer weiter über sich selbst hinauswachsen, solange er lebte. Er musste nicht warten, bis er (aber das war eigentlich unwahrscheinlich) in den Himmel kam, um glücklich zu werden, das war nun bereits im Diesseits möglich. Jeder konnte hier seines eigenen Glückes Schmied sein.

Wir sind heute »perfektibler« denn je, wenn auch nicht mehr ganz im Sinn der Aufklärer, die darunter vor allem zwei Dinge verstanden hatten: erstens, dass Menschen sich ihres Verstandes bedienen und ständig dazulernen können, und zweitens, dass sie moralisch belehrbar seien. Inzwischen scheint das Konzept gewissermaßen aus dem Ruder gelaufen zu sein. Der Workout im Sportstudio sorgt für unsere perfekten Körper, das reichhaltige Angebot religiöser oder spiritueller Inspirationen aus aller Welt vervollkommnet unsere Seelen, die naturwissenschaftliche Forschung vervollkommnet unser biologisches Leben und befreit es von Krankheiten und Tod, und unser Einkommen vervollkommnet idealerweise den Rest.

Die Aufklärungsidee der Perfektibilität gehört zu den bedeutendsten und einschneidendsten Veränderungen des Denkens in der westlichen Welt. Ihr verdanken wir die Vorstellung, dass Menschen sich zu ihrem Besseren verändern können. Weder die Pädagogik und Psychotherapie noch Konzepte wie Selbstverwirklichung oder Lebensqualität wären ohne sie denkbar. Die beiden Gesellschaften, die in der Tradition der Aufklärung stehen, Europa und die USA, tragen der persönlichen Entfaltung des Einzelnen Rechnung. Sie bemühen sich, mit wechselhaftem Erfolg und unterschiedlicher Vehemenz, Bedingungen zu schaffen, unter denen Menschen »etwas aus sich machen können«. Das ist gut. Aber diese Gesellschaften haben eine Schattenseite: Sie sind frustrierend.

Unsere Vorbilder sind Sisyphos und Robbie Williams: Sisyphos musste ständig einen großen Stein einen Berg hinaufrollen, und wenn er den Gipfel erreicht hatte, rollte der Stein wieder hinab, und Sisyphos begann von vorn. Wem Sisyphos zu düster oder zu weit weg ist, lenkt seinen Blick lieber auf das kreative Schaffen der Popstars, der modernsten aller modernen Existenzformen, bei der jeder Aufstieg immer schon den Fall mit thematisiert und der Sturz auf den nächsten Aufstieg warten lässt.

Ausweglosigkeit

Unter den Leuten, die zu mir sagten, sie seien Experten im Scheitern, war auch G., aber als ich G. traf und wir uns unterhielten (»Was machst du denn gerade? … Ein Buch? … Worüber denn? … Ach, das Scheitern, da kenn ich mich aus.«), sprangen für einen kurzen Moment Tränen in G's Augen, obwohl er beim Reden lachte. Ich kenne G. seit Jahren, er lebt von Sozialhilfe. Bei allem, was die moderne Gesellschaft an Möglichkeiten für uns parat hält, gibt es also auch immer noch das Scheitern, das nicht ohne weiteres umkehrbar ist: Trauer über für immer verlorene Träume, das Verschwinden von Hoffnung, die Evidenz der Sackgasse.

Wenn ich mich in diesem Buch über die Erfahrungen des Scheiterns nicht auf solche Momente der Mut- und Hoffnungslosigkeit beschränke, dann tue ich das nicht aus blindem Optimismus, der munter verkündet, in jedem Scheitern stecke auch eine Chance. Das wäre blanker Unsinn, denn es gibt sie, die rohe Brutalität des Scheiterns ohne Ausweg, und wir können sie jeden Tag um uns herum sehen.

Es geht um etwas anderes. Wenn ich das Scheitern als Erfahrung von Modernität in der eigenen Biographie beschreibe, dann nicht, um ein unbeliebtes Thema irgendwie intellektuell attraktiv aufzubereiten, sondern um deutlich zu machen, dass das Scheitern jeden von uns betrifft.

Als ich das Manuskript im März 2005 zu Ende brachte, zeigte sich die Allgegenwärtigkeit des Scheiterns (und die lähmende Angst davor) in der Rede von der »neuen Unterschicht«, die plötzlich in den Feuilletons aufgetaucht war. Den Begriff hatten wir lange nicht gehört, was daran lag, dass die Soziologie in den 90er Jahren des letzten Jahrhunderts erklärt hatte: Die Gesellschaft der Gegenwart ist viel zu komplex geworden, als dass man sie noch als Schichtengesellschaft begreifen kann. Jeder kann jetzt (theoretisch!) an allen Bereichen der Gesellschaft teilhaben, aber darüber ist das Verorten von Personen in soziale Schichten zum schier unlösbaren Problem geworden, weshalb wir nicht wissen, wo wir den habilitierten Physiker, der von dreihundert Euro im Monat lebt, in der sozialen Hierarchie dauerhaft ansiedeln sollten, was der dauerarbeitslose »Häuslebauer« darstellt und warum in einer Gesellschaft, in der für jeden »alles möglich« ist, Lesen lernen für einige Kinder unerreichbar geworden ist. Wo stehen sie: oben, unten, in der Mitte, draußen?

Die Rede von der »neuen Unterschicht« im März 2005 vermochte also überhaupt nichts *Neues* über die komplizierte

Architektur unserer Gegenwartsgesellschaft auszusagen. Statt eines Problembezugs, der notfalls sogar die eigene Ratlosigkeit zur Sprache gebracht hätte, drückte sie eine innere Haltung des Sprechers aus. Es war die Haltung desjenigen, der nicht nur klar machen will, dass er sich selbst natürlich nicht zur »neuen Unterschicht« zählt, sondern sich qua besonderer Eigenschaften und mittels moralischer Hygiene gegen allzu tiefe Stürze und das harte Aufschlagen am Boden gewappnet sieht. Diese Haltung kehrt sich früher oder später gegen all jene, die scheitern oder bereits am Boden liegen. Sie lässt sie schlecht aussehen, sie verweigert ihnen den souveränen Umgang mit dem Scheitern. Sie schürt die Angst und bannt im selben Zug das Schreckliche des Misserfolgs, des Absturzes und der Enttäuschung in einen symbolischen Raum, der die Angst isolieren soll, dorthin, wo sie einen selbst nicht mehr berühren kann, dorthin, wo immer andere den Makel tragen.

In der modernen Welt können alle scheitern. Wenn wir damit klarkommen wollen, müssen wir die Perspektive wechseln, etwa so, wie der englische Autor Robert Louis Stevenson das schon im 19. Jahrhundert beschrieb: »Es ist nicht unsere Aufgabe, in dieser Welt erfolgreich zu sein, sondern weiterhin frohen Mutes zu scheitern.«

Wie Alexis Sorbas. Der griechische Arbeiter und Draufgänger mit Hang zum Philosophieren ringt mit dem Leben, als sei er einem antiken Epos entsprungen und wolle es mit den Göttern selbst aufnehmen. Am Ende der berühmten Verfilmung des Romans mit Anthony Quinn in der Hauptrolle steht eine wunderbare Filmszene. Sorbas' ehrgeiziges Projekt, eine Seilbahn einen Berg hinunter zum Meer zu bauen, die Baumstämme befördern soll, scheitert kläglich. Alle haben sich zur feierlichen Einweihung am Strand versammelt, das ganze Dorf ist gekommen, und sogar die Mönche des nahe gelegenen Klosters sind auf ihren Eseln herangeritten, um das Werk zu weihen. Die ersten Baumstämme rasen schon ins Tal hinab, da gibt plötzlich einer der Holzpfosten nach und die Konstruktion bricht zusammen, ein umstürzender Pfeiler reißt den nächsten mit, und wie ein riesiges Dominospiel fallen die Pfosten um, einer nach dem anderen, minutenlang, den Berg hinunter. Die Dorfbewohner stieben in Panik auseinander, und Sorbas und sein Freund, der Schriftsteller Basil, dessen Vermögen in der Seilbahn steckt, die soeben in Trümmer gefallen ist, bleiben schließlich allein zurück. Der Traum ist zerplatzt, die Enttäuschung überwältigend, und als gälte es in diesem Moment nur noch, an die einfachsten Dinge zu denken, an das, was Menschen am Leben hält, wie Essen und Trinken, schneidet einer der beiden Männer mechanisch Fleisch von einem Hammel, der für das geplante Fest am Spieß steckt. Plötzlich aber springt Sorbas auf und lacht los. »Chef, hast du schon einmal etwas so wunderschön zusammenbrechen sehen?«, brüllt er über die Bucht und beginnt einfach zu tanzen.

Scheitern als Chance

Der Fremdwörterduden erklärt *Chance* als: »1. a) Glückswurf, Glücksfall; b) günstige Gelegenheit. 2. [gute] Aussicht«. Niemand, der Konkurs anmeldet, einen Laufpass bekommt oder durchs Examen fällt, wird sich also sagen: »Toll! Ich bin gescheitert, so eine *Chance* bekomme ich nie wieder.« Scheitern ist kein Glücksfall, sondern beängstigend. Nach dem Scheitern ist das Leben erst einmal ungleich mühsamer als davor, und bestimmt nicht aussichtsreicher.

Dennoch bezeichnen wir das Scheitern als *Chance*. Jeder weiß natürlich, was damit *eigentlich* gemeint ist: nicht die Goldmedaille, sondern der hässliche Trostpreis, den nie jemand bekommen möchte; nicht Sesam-öffne-dich, sondern ein schlammiger Trampelpfad; kein Schnäppchen, sondern eine Hypothek. Und trotzdem kommt uns dieses »Scheitern als Chance« leicht über die Lippen, und in der Regel ist es dann sogar schon alles, was uns zum Thema Scheitern überhaupt einfällt. Es ist also gewissermaßen die »offizielle Formel« fürs Scheitern. Wer scheitert, bekommt sie zu hören; wer erfährt, dass ein anderer gescheitert ist, gibt sie an ihn weiter. *Scheitern als Chance* – darin erschöpft sich schnell die Verständigung über den erlittenen Schiffbruch; und nicht zuletzt mögen wir die Floskel deshalb so gern, weil sich darin ein Sinn des erlittenen Übels präsentiert, über den wir nicht lange nachdenken müssen. Doch die Chance, die sich im Scheitern verbirgt, ist eine Chance mit Makel. Was also hat es mit der Rede davon auf sich?

In den meisten Fällen, in denen vom *Scheitern als Chance* gesprochen wird, verbirgt sich dahinter eine Beschwörungsformel. Sie dient dazu, die Tabuisierung des Scheiterns zu schützen. Sie verwandelt den Misserfolg wie durch einen Taschenspielertrick in etwas, was er nun einmal nicht ist, in eine günstige Gelegenheit, in einen nahen Verwandten des Erfolgs, in eine Chance eben. Solange wir das Scheitern als »Glücksfall« verhandeln, braucht es aber niemand wirklich ernst zu nehmen. Wer seinem am Boden liegenden Gesprächspartner die einschlägige Redewendung zur Rettung anbietet, tut das sicher nicht, um ihn aufzurichten, sondern weil ihm selbst die Knie zittern, aus Angst, das Scheitern des anderen könne ansteckend sein. Die Floskel zu verwenden ist dann etwa so, als würde man sagen: »Darüber rede ich nicht.«

Und in einer Gesellschaft, in der das persönliche Scheitern tabuisiert ist, macht es sogar in vielen Situationen Sinn, sich so zu verhalten. Wer selbst gescheitert ist, dem bleibt oft gar keine andere Wahl, als seinen Mitmenschen zu vermitteln, er betrachte seinen Schiffbruch nicht als Katastrophe, sondern als eine viel versprechende Aussicht. Er oder sie wahrt auf diese Weise das Gesicht in einer Welt, in der Misserfolg peinlich ist.

Es gibt kaum eine wirksamere Art, sich der ernsthaften Auseinandersetzung mit dem Scheitern zu entziehen, als prompt zu verlangen: *Nimm's als Chance.* Kaum etwas bringt unsere

Sprachlosigkeit im Angesicht des Versagens und des Misserfolgs klarer zum Ausdruck. Kaum etwas zeigt unerbittlicher die Übermacht der modernen Erfolgsideologie in allen Lebenslagen. Und kaum etwas macht deutlicher, dass wir uns angewöhnt haben, das Scheitern als negative Seite des Erfolgs zu sehen, das sich eben einfach dessen Logik unterzuordnen hat. Betrachtet man die Rede vom *Scheitern als Chance* also einmal mit etwas Distanz, zeigt sich an ihr unser großes Dilemma im Umgang mit dem Scheitern: Wir sind aufgefordert, es gut zu bewältigen, aber wir dürfen nichts darüber wissen.

Scheitern ist weder eine Chance – noch deren Gegenteil. Es ist weder ein Glücksfall noch per se ein unüberwindliches Hindernis. Es ist etwas komplizierter, es ist paradox.

Wer scheitert, empfindet das als: »*Jetzt ist alles zu Ende*«, und sagt sich im selben Moment: »*Wie soll es jetzt weitergehen?*«. Im Scheitern fallen ein Ende und ein Anfang in eins zusammen, es ist also immer beides zugleich: eine Chance *und* eine Sackgasse. Zu scheitern setzt damit einer widersprüchlichen Erfahrung aus, die zwei miteinander unvereinbare Extreme im selben Moment aufeinander treffen lässt. Der Grat, auf dem man sich dann bewegt, ist entsprechend schmal: zwischen Zusammenbruch und Neubeginn, Resignation und Hoffnung, Verzweiflung und Lebensmut. Eine solche Erfahrung versperrt sich einem eindeutigen Entweder/Oder. Wer scheitert, ist stark und schwach, schrumpft in seiner Selbstachtung zusammen und hat allen, die nicht gescheitert sind, für immer etwas voraus. Er oder sie kann nicht weiter und hat erst jetzt etwas Neues vor sich.

Im Schattenreich des Scheiterns wurde diese grundlegende Erfahrung der Paradoxie des Scheiterns immer schon durch Bilder und Metaphern zum Ausdruck gebracht. Überall dort, wo in der Literatur oder Malerei das Scheitern einzelner Personen im Mittelpunkt stand, wurde es als die Erfahrung eines tief greifenden Widerspruchs beschrieben: Ödipus muss erst unermesslich tief sinken, um in der Achtung des Publikums zu steigen. Odysseus erleidet Schiffbruch, aber er geht nicht unter. Hamlet sieht sein Reich in Trümmer gehen, aber er zerbricht nicht daran. In allen drei Beispielen oszilliert der Held zwischen Untergang und Aufstieg. Sein Schicksal faszinierte (und fasziniert) das Publikum durch die Mischung aus bedrohlicher Grenzerfahrung und atemberaubender Verwandlung.

Auch wir erleben das Scheitern, wie Ödipus, Odysseus oder Hamlet, als einen Widerspruch, als eine Blindheit, die sehend macht, als einen Tod mitten im Leben. Aber anders als Ödipus oder Hamlet gehen wir nicht als »gefallene Helden« oder als »große Verlierer« in die Ahnengalerie der Kulturgeschichte ein. Wenn wir fallen, geschieht das ohne die Weihen der Kunst. Kein Maler, Dichter oder Opernkomponist überhöht unseren Sturz und macht ihn so erträglich. Kein Kunstwerk veredelt unser Scheitern und macht uns auf diese Weise unsterblich. Wir scheitern auf dem harten Boden der Tatsachen. Und wir müssen unseren Misserfolg auch dort bewältigen.

Aber wie? Es lohnt, sich genauer anzusehen, was passiert. Die Arbeitgeberin, der Partner, das Bankkonto oder das eigene Talent signalisieren: »Nichts geht mehr« – aber diese Botschaft mitten im Leben ist so vollkommen inakzeptabel, dass zugleich ein anderes Signal auftaucht, und das lautet: »Jetzt muss sofort etwas verändert werden.« Dieses zweite Signal kann entweder von innen oder von außen kommen. Es kann also eine Erkenntnis sein, die in den Entschluss mündet, das Leben ändern zu müssen; aber es kann auch bloß durch die kruden Anforderungen der Realität diktiert sein, etwa als Notwendigkeit, sich einen neuen Job zu suchen oder eine eigene Wohnung. Und es ist dann übrigens *dieses* komplizierte Arrangement aus Bedrohung und Aufbruch, Hindernislaufen und Entdeckung neuer Möglichkeiten, das wir so gern beschönigend mit *Scheitern als Chance* umschreiben.

Das bedeutet noch nicht, dass mit dem Scheitern nicht auch tatsächlich etwas Neues, anderes entstehen kann, das sich dann im Rückblick sogar als etwas Besseres entpuppt. Aber die Chance im Scheitern ist immer eine Chance mit Widerhaken. Denn es kommt noch etwas anderes hinzu: Wer scheitert, *muss* weitermachen, irgendwie. Das, was daran ein Neuanfang oder eine Verbesserung sein kann, offenbart sich nicht auf den ersten Blick. Was immer sich später für Möglichkeiten auftun werden, es sind dies immer *erzwungene* Veränderungen, solche, die man eigentlich gar nicht wollte. Schließlich ist, wer scheitert, kein Aussteiger, der sein Leben umkrempeln will, sondern jemand, dem etwas widerfährt, das er so nicht gewollt hat. Dem Neuen und anderen, das nach dem Scheitern bejaht und positiv gesehen werden muss, geht die negative Erfahrung des Scheiterns voraus. Die Entscheidung: »Da mache ich jetzt etwas draus« muss von jedem Einzelnen mit dem Blick auf Trümmer getroffen werden. Das macht die Bewältigung des Scheiterns so schwierig.

Wie verschieden der Umgang mit dem Scheitern aussehen kann, beschreiben die drei folgenden Geschichten mit drei ganz unterschiedlichen Reaktionen. In der ersten macht der Betroffene etwas, was in der Leistungsgesellschaft eher verpönt ist. Genau genommen macht er nämlich gar nichts, er lässt Zeit verstreichen und verharrt eine Weile ohne Ziel. In der zweiten bleibt dem Protagonisten keine andere Wahl, als zu kämpfen und zu handeln. In der dritten verwandelt eine Frau ihre gescheiterte Liebesbeziehung zu einem wunderschönen Text über das Verlassenwerden.

Eins: Auf einer Bahnfahrt unterhielt ich mich mit einem jungen Orchestermusiker. Nach seinem Studium hatte er sich drei Jahre lang um eine Stelle als Klarinettist bemüht, er war kreuz und quer durch Deutschland gereist, hatte überall vorgespielt und überall Absagen kassiert. Schließlich war er davon so frustriert, dass er nicht einmal mehr wusste, ob er überhaupt Musiker sein wollte, und stellte sein Instrument ein halbes Jahr lang in die Ecke. Als er nach einem halben Jahr immer noch Musiker sein wollte, fing er wieder an zu üben, und irgendwann stellte er sich wieder bei Orchestern vor. Diesmal dauerte es nicht lange, und er bekam eine Stelle in einem Orchester in einer deutschen Großstadt.

Zwei: Der amerikanische Spielfilm *Kramer gegen Kramer* (1979) ist ein Klassiker unter den modernen Geschichten des Scheiterns, und er zeigt – so realistisch, wie die Dramaturgie eines amerikanischen Spielfilms das eben zulässt –, was anschließend noch möglich ist. Dustin Hoffman spielt einen ehrgeizigen Werbegrafiker, der in seiner Ehe kläglich versagt hat und der nun von seiner Frau, gespielt von Meryl Streep, in einem (etwas hysterisch wirkenden) Akt der Verzweiflung verlassen wird. Kramer bleibt mit seinem siebenjährigen Sohn im schicken New Yorker Apartment allein, und da er als viel beschäftigter Grafiker in den vergangenen sieben Jahren nicht allzu viel mit dem Jungen zu tun hatte, scheitert er nun auch in der neuen Rolle als Vater. Während Kramer sich allmählich in diese neue Aufgabe findet, bricht darunter aber die Karriere zusammen, und er wird von seiner Agentur gefeuert.

Kramer und seine Frau lassen sich scheiden, Vater und Sohn lernen zusammenzuleben, Kramer besorgt sich einen neuen, schlechter bezahlten Job. Als seine Exfrau das Sorgerecht für ihren Sohn verlangt, treffen sich Kramer und Kramer vor Gericht. Der Vater verliert den Prozess, das Sorgerecht wird der Mutter zugesprochen. Das ist nun nicht unbedingt das Paradebeispiel eines Happy Ends. In den letzten Sequenzen des Films wird erzählt, wie aus diesem Scherbenhaufen etwas Neues entsteht.

Die Mutter entscheidet, dass es zwar nicht das Beste für sie, aber für ihr Kind ist, wenn es beim Vater wohnen bleibt. Und wenn sich die Eltern in den letzten Minuten des Films zum ersten Mal wieder fair und freundschaftlich gegenübertreten, dann weiß man, dass sich die Probleme jetzt noch lange nicht schlagartig in Luft aufgelöst haben, aber dass sich etwas grundlegend verändert hat und dass sie angefangen haben, lösbar zu werden.

Drei: In den 20er Jahren schrieb eine junge Französin, Marcelle Sauvageot, einen langen Brief an ihren Geliebten. Sie war wegen Tuberkulose in ein Lungensanatorium nach Hauteville gereist. Als sie dort angekommen war, erhielt sie die Nachricht ihres Geliebten, er werde eine andere heiraten.

Sauvageots Reaktion war der besagte Brief, doch der entwickelte sich zu viel mehr als einer handschriftlichen Antwort an den Geliebten. Es wurde ein kleines, etwa 70-seitiges sprachliches Kunstwerk daraus. Dieser Brief wurde nie abgeschickt, aber nach dem frühen Tod der Verfasserin Mitte der 30er Jahre in Frankreich unter dem Titel *Laissez-moi* veröffentlicht; er rief bei vielen französischen Schriftstellern, beispielsweise bei Paul Valéry, große Bewunderung hervor. Auf Deutsch erschien er erst im Frühjahr 2005 unter dem Titel *Fast ganz die Deine*.

In dem Brief, der also eigentlich keiner ist, betrachtet Sauvageot ihre gescheiterte Liebe, als hätte sie sie unter ein Mikroskop gelegt. Sie analysiert die vergangene Beziehung mit einem Mann, der auch ihr die Ehe versprochen hatte. Wie mit einem Seziermesser in der Hand geht sie dabei vor: mal mit dem distanzierten Blick einer Gerichtsmedizinerin, mal so, als wolle sie sich mit der scharfen Klinge in ihrer Hand selbst wehtun. Sie sieht den Mann und sich, als hätte sie mit beiden Personen nichts zu tun, und im nächsten Moment stürzt sie sich todesmutig in das Chaos ihrer Gefühle: Wut, Kränkung, Eifersucht auf die andere, Trauer. Mal benennt sie den Schmerz, mal verklärt sie die vergangene Liebe, mal durchschaut sie kühl die zerstörerischen Mechanismen der Beziehung, mal ist sie stolz, mal liegt sie am Boden. Sie wechselt virtuos das Tempo und verändert die Stimmlage, reflektiert ihre Empfindungen und poliert ihre Sätze, bis jedes Wort an der richtigen Stelle steht, und indem sie dies tut, rückt das Geschehene immer weiter von ihr weg. Es wird zur Kunstform, zur kurzen, eleganten Erzählung, und für Sauvageot wird es damit zu der einzigen Form, in der ihr das Scheitern der Liebe erträglich sein kann. Sie schreibt es sich förmlich vom Leib und verwandelt es zu einer glänzend geschriebenen, gerundeten Geschichte. Sie komponiert eine Geschichte der Trennung und bringt auf diese Weise die Verletzung des Verlassenwerdens, die sie im ersten Moment passiv erdulden musste, unter ihre eigene Kontrolle. An den Beginn des Textes setzt sie einen Moment der Starre. Dies ist die Ohnmacht, die sie empfunden hat, als sie den Brief ihres Geliebten gerade gelesen hatte: »Es war wie ein angehaltener Film, dessen noch nicht abgespulter Teil keine Bilder enthält; und die Figuren auf den bereits gesehenen Aufnahmen waren zu Holzpuppen erstarrt – sie hatten keinen Sinn mehr.« Doch aus dieser Versteinerung schreibt sie sich unmerklich ins bewegte Leben zurück. Das Buch endet mit einer durchtanzten Ballnacht: »Wenn sich der Körper in einem Rhythmus regt, erhebt sich ein neues Leben, die Welt ist verwandelt und kreist um diese eine Stelle mitten in der Brust, wo sich die klingenden Rhythmen der Instrumente und die federnden Schwingungen der Glieder zu treffen scheinen. Tanzen, das ist der glücklichste Rhythmus des Lebens; Tanzen, wenn man glaubte, man würde es nie wieder tun, ist ein errungener Sieg.«

Die nach einem Scheitern errungenen Siege sind mühsam errungene Siege. Die Rede von der Chance drückt das nur unvollkommen aus, denn sie sagt nichts darüber aus, wie es nach dem Scheitern weitergeht. Die drei Geschichten zeigen, dass dies auf ganz unterschiedliche Art geschehen kann. Der eine wird zum Sieger, indem er vor allem viel Zeit vergehen lässt, ein anderer, indem er kämpft, die dritte, indem sie das Scheitern so lange in ihren Gedanken bewegt, bis es nicht mehr ihr eigenes ist.

Das Scheitern anderer betrachten

Fliegen und tief fallen:
Pieter Bruegel, Sturz des Ikarus

Es gibt ein berühmtes Gemälde, das zeigt, was Scheitern ist. Es macht fast alles sichtbar, was wir für unser Verständnis von Scheitern in der modernen Welt benötigen. Das Bild stammt aus der zweiten Hälfte des 16. Jahrhunderts, und es wurde mit großer Wahrscheinlichkeit von dem Niederländer Pieter Bruegel (1525–1569) gemalt.

Ein Meer, das bis zum Horizont reicht. Zu beiden Seiten erstrecken sich sandsteinfarbene, felsige Inseln, links liegt eine Hafenstadt. Es handelt sich um eine Ideallandschaft, diese Küste gibt es nirgendwo in Wirklichkeit, am ehesten sucht man sie in Süditalien oder Griechenland. Im Vordergrund befindet sich eine Landzunge, hier gehen Männer ihrer Arbeit nach. Ein Bauer zieht mit einem Pferdepflug Furchen in den Acker, etwas unterhalb seines Feldes steht ein Hirte und blickt angestrengt in den Himmel; unten am Wasser hockt ein Angler. Alles scheint in schönster Ordnung, doch die Idylle trügt, denn nur wenige Meter von den drei Männern entfernt ertrinkt ein Mensch. Es sieht so aus, als sei er einfach vom Himmel gefallen und, so wie ein Kind, das sich mit Wucht ins Schwimmbecken wirft, im Wasser gelandet, mit dem Gesäß zuerst. Man sieht gerade noch die zappelnden Beine und eine Hand, es sieht etwas lächerlich aus. Ein Handelsschiff zieht vorbei und hält Kurs auf den nächsten Hafen, und es hat nicht den Anschein, als würde es beidrehen, um den Ertrinkenden vielleicht noch zu retten.

Lapidar und ironisch, *en passant*, führt der Maler uns vor

49

Augen, was ebenso gut zu einem bühnengerechten Spektakel hätte werden können. Aber statt uns einen von Tragik umwölkten gefallenen Helden zu zeigen, erteilt Bruegel eine erste Lektion über die Bedeutung des Scheiterns in der modernen Gesellschaft. Sie lautet: Wer fällt, ist allein, er oder sie macht dabei keine gute Figur, und das außerordentliche Unglück, das dieser Sturz für den bedeutet, der ihn erlebt, geht – im wahrsten Sinn des Wortes – in der Banalität des Alltäglichen unter.

Das Bild wirkt auch heute noch ergreifend, nicht zuletzt wegen seines Verzichts auf jedes Pathos. Es ist eine traurige Geschichte, und das Schlimmste daran ist wohl das Gefühl der Ohnmacht, das sich beim Betrachten des Bildes einstellt. Niemand unternimmt etwas, um den Ertrinkenden zu retten, man kann selbst nur von ferne zusehen, und jeder Impuls zu helfen ist zum Scheitern verurteilt. Doch das Bemerkenswerte an Bruegels Bild ist nicht nur, dass es die Gefühle hervorruft, die der Anblick des Scheiterns verursacht, sondern zugleich begreiflich werden lässt, was Scheitern eigentlich ist.

Als das Gemälde zu Beginn des 20. Jahrhunderts entdeckt wurde, schrieb man es Pieter Bruegel zu. 1912 kaufte es das Kunstmuseum in Brüssel, und schon bald wurde die melancholisch stimmende Figur des einsam Fallenden zu einem Magneten für die Künstler der Moderne. Gottfried Benn und der englische Lyriker W. H. Auden sahen in ihm das Sinnbild des in die Krise geratenen modernen Menschen, insbesondere des Künstlers: einsam, isoliert, verlassen, verzweifelt, unglücklich, verloren, zum Scheitern verurteilt.

Das ursprüngliche Thema des Gemäldes war aber nicht diese Verzweiflung des modernen Künstlers, sondern der Mythos vom Sturz des Ikarus. Dies verraten dem aufmerksamen (und in der Ikonologie antiker Mythen einigermaßen beschlagenen) Betrachter die herabschwebenden Federn, die sich auf die Wellen legen, als wollten sie den Untergang sanft besiegeln.

Der Mythos des Ikarus erzählt das Gleichnis von einem Menschen, der tief gefallen ist, weil er sich zu hoch hinausgewagt hat.

Ikarus war der Sohn des Dädalos, eines begabten Erfinders, der einen Konkurrenten aus Eifersucht tötet und darauf des Mordes angeklagt wird. Er findet Zuflucht auf der Insel Kreta und baut dort das berühmte Labyrinth, das den Minotaurus, ein Menschen fressendes Ungetüm mit dem Körper eines Stieres und dem Kopf eines Mannes, vor den Augen der Welt verbergen soll. Dädalos hält sich auf Kreta gewissermaßen als ein privilegierter Gefangener des König Minos auf, und als ihn das Heimweh packt, ist ihm der Rückweg in die Heimat über das Wasser versperrt. Also besinnt sich Dädalos auf den Luftweg und beginnt, für sich und Ikarus zwei Flugapparaturen aus Vogelfedern und Wachs zu bauen. Als sie fertig sind, belehrt Dädalos seinen Sohn noch, er solle weder dem Wasser noch der Sonne zu nah kommen, da die Feuchtigkeit des Wassers die Flügel schwer machen und die Glut der Sonne sie entflammen könnte. Doch Ikarus schlägt den väterlichen Rat übermütig in den Wind, er fliegt höher und höher und kommt der Sonne dabei so nah, dass das Wachs, das die Flügel zusammenhält, schmilzt. Ikarus stürzt ins Meer.

Der klassische Fundort des Ikarusmythos war seit der Antike das achte Buch von Ovids *Metamorphosen*. Bruegel hat die entsprechende Stelle gekannt, denn er bildete ab, was man bei Ovid lesen konnte. Der beschrieb, wie Vater und Sohn sich in die Lüfte erhoben hatten und wie ein Fischer, ein Hirte und ein Pflüger ihren Augen kaum trauen, als sie die beiden am Himmel über sich hinwegfliegen sehen.

Man könnte nun denken, Bruegels Bild sei bloß die Illustration dieser Szene und es stelle eben dar, was Ovid beschrieben hatte. Aber beim zweiten Hinsehen kann man sehen, dass das Bild auch ein paar Rätsel aufgibt. Wo ist Dädalos? Warum würdigen der Bauer, der Angler und der Hirte den abstürzenden Ikarus keines einzigen Blickes? Warum ist das titelgebende Hauptgeschehen, der Sturz des Ikarus, zu einem winzigen Detail geschrumpft, in die rechte, untere Bildecke verbannt und damit an genau der Stelle platziert, an welche der Blick des Be-

trachters gewöhnlich erst ganz zum Schluss wandert – wenn überhaupt?

Der Ikarusmythos fungierte jahrhundertelang, auch noch in christlicher Zeit, als warnendes Beispiel für das Ende, das demjenigen drohte, den der Hochmut packte, der seinen Ehrgeiz nicht zügelte und zu hoch hinauswollte. Auch Bruegels Bild stand in dieser Tradition der moralischen Belehrung. Bruegel, ein Moralist, dessen Bilder (zum Beispiel das *Schlaraffenland*) an eine maßvolle Lebensführung mahnten, hatte sicher auch mit dem Ikarusbild einen Erziehungsauftrag im Sinn. Wer es betrachtete, sollte zur Bescheidenheit ermahnt werden und daran denken, dass es einem Menschen nicht anstand, Ziele anzupeilen, die viel zu weit von ihm entfernt lagen.

Aber man kann noch viel mehr auf dem Bild sehen. Wenn Bruegel wirklich nur im Sinn hatte, ein moralisches Exemplum gegen das Laster Ehrgeiz zu statuieren, dann malte er jedenfalls auch noch etwas ganz anderes in die Szene hinein. Denn der *Sturz des Ikarus* ist auch ein Bild über Grenzen. Es zeigt, wie Grenzen nicht nur eingehalten werden müssen, sondern auch, dass sie überschritten werden können.

Sehen wir uns das Bild genau an. Drei Motive sind von besonderer Bedeutung: der Bauer im Vordergrund und das Schiff sind am besten sichtbar, Ikarus verschwindet fast, ist aber die eigentliche »Hauptperson«. Jedes der drei Motive steht für eine besondere Art der Grenze.

Der Bauer ist noch ganz in der traditionellen Gesellschaft verhaftet, er trägt die flämische Bauerntracht und übt auf heimischer Scholle eine Tätigkeit aus, die ihm durch Geburt vorherbestimmt ist. Er wird eine Frau aus seinem Dorf heiraten, sofern er das nicht schon längst getan hat, wahrscheinlich die Tochter eines anderen Bauern, und er wird Kinder zeugen, die Bauern werden oder andere Bauern heiraten. Die Frage nach Erfolg oder Scheitern stellt sich in seinem Leben nicht, für ihn gilt nur die Unterscheidung zwischen guten Ernten und Missernten, er kennt nur den ewigen Kreislauf der Natur, und den kann er nicht beeinflussen. Das Leben dieses Bauern in seinem leuchtend roten Hemd untersteht ganz den schicksalhaften Mächten der Natur und dem Willen Gottes. Er überschreitet weder Grenzen noch stößt er daran, denn er bleibt innerhalb des engen Rahmens, den die ständische Gesellschaft des 16. Jahrhunderts ihm gesetzt hat.

Ganz anders steht es dann aber mit dem unten in der Bucht segelnden Handelsschiff. Das Schiff war seit der Antike das Symbol der Grenzüberschreitung, schließlich drohte vor dem endlosen Horizont des Meeres ständig die Gefahr der Entgrenzung. Aber mit dem Anbruch der Neuzeit bekam die einst bedrohliche Grenzenlosigkeit des Meeres nun auch eine ganz neue Seite, denn sie war zunehmend zu bewältigen. Seefahrer, Entdecker und die reisenden Kaufleute der Neuzeit verfügten über immer bessere Seekarten und Navigationsinstrumente. Und die moderne Entgrenzung der Welt hatte eine ganz neue Seite: Sie brachte Wissen, Wohlstand, Luxus und Status.

Zu Bruegels Lebzeiten waren die niederländischen Provinzen mit dem Handel im Baltikum reich geworden, ein halbes Jahrhundert später eröffnete sich die ganze Welt durch den Handel in Südostasien. Dieser Überseehandel der ersten kapitalistisch wirtschaftenden holländischen Händler des 16. und 17. Jahrhunderts hatte einen beispiellosen Effekt. Der legendäre Reichtum der niederländischen Provinzen, der Holland für knapp zwei Jahrhunderte zur reichsten Nation der Welt machte, entstammte der Überlegenheit der Holländer in der Seefahrt. Wegen seiner ausgezeichneten Schiffe wurde Holland im 17. Jahrhundert die erste bedeutende Welthandelsmacht und hatte das erste erfolgreiche moderne Wirtschaftssystem der Welt. Die Zeitgenossen sprachen stolz vom Goldenen Zeitalter, einem mythischen Idealzustand der Gesellschaft, von dem in Europa während der Neuzeit immer dann die Rede war, wenn sich Nationen in Phasen des Friedens und Wohlstands befanden.

Der Überseehandel machte die holländischen Händler nicht nur sehr reich, sondern auch sehr mächtig. Phasenweise kontrollierte Amsterdam den gesamten europäischen Markt. Amsterdamer Kaufleute hatten ein Monopol auf Gewürze, italienische Seidenstoffe, Zucker, Parfumöle und Salpeter, das zur Herstellung von Schießpulver verwendet wurde. Wenn sie die Waren zurückhielten, stieg ihr Preis, wenn sie den europäischen Markt plötzlich mit Massen davon überfluteten, ruinierte das die englische und portugiesische Konkurrenz. Antwerpen, dort, wo Bruegel arbeitete, hatte sich innerhalb weniger Jahre, zwischen 1500–1550, von einer unbedeutenden Stadt am Meer zum größten europäischen Umschlagplatz für Getreide gewandelt.

Bruegels stolze Karavelle, die in der pastoralen Landschaft ziemlich deplatziert wirkt, lässt an diese merkantile Überlegenheit denken: an ein neues, Handel treibendes, städtisches Bürgertum, an dessen Reichtum und gesellschaftlichen Einfluss und an dessen soziale Mobilität. Die viel beschworene »Blüte« der niederländischen Malerei im 16. und 17. Jahrhundert war selbst ein Symptom dieser Kultur. Auch die Maler der Niederlande profitierten vom verhältnismäßigen Wohlstand der neuen Mittelschichten und von einem modernen Kunstmarkt, den es zuvor noch nicht gegeben hatte. Bruegels Schiff steht also nicht mehr für das unerlaubte Überschreiten von Grenzen, sondern für eine legitime Entgrenzung der Welt, die Wissen, Kultur und Reichtum bringt.

Aber dann ist da ja auch noch Ikarus. Er ist in diesem Bild derjenige, der zweifellos an Grenzen stößt, und zwar in doppelter Hinsicht. Er unternimmt das Verbotene und das Nichtmachbare; sein Versuch, sich der Sonne zu nähern, ist nicht nur eine ungeheuerliche Anmaßung und ein moralischer Frevel, sondern auch ein Beweis seines Unvermögens. Der Höhenflug gelingt nicht, denn die Flugapparatur ist dem Unternehmen nicht gewachsen.

Warum malte Bruegel ein Bild, in dem Grenzen und ihre unterschiedliche Bedeutung beobachtet werden können? Die Frage nach Grenzen hatte zu seiner Lebenszeit begonnen, interessant – und kompliziert – zu werden. Jahrhundertelang hatte man sich nicht darum kümmern müssen, wo Grenzen verliefen, denn sie waren ohnehin unverrückbar und nicht zu überschreiten. Erst mit dem Anbruch der Moderne wurden sie durchlässig. Als das Bild entstand, befand sich Europa auf dem Weg der Modernisierung. Bruegel lebte und arbeitete in einer krisengeplagten Übergangszeit. Gewaltige Umbrüche und Veränderungen standen bevor: Religionsspaltung zwischen Katholizismus und Protestantismus, die Bildung von Nationalstaaten, der Aufbruch ins Zeitalter der Entdeckungen und Weltumseglungen und der Anfang des Kapitalismus. Diese Welt hatte begonnen, zu einer Welt zu werden, die sich ständig veränderte. Es war eine Welt, in der die alten Ordnungen überprüft und umgebaut wurden.

Werfen wir einen kurzen Blick zurück. Von der Antike bis in die frühe Neuzeit stellte man sich die Welt noch als eine hierarchisch gestufte Ordnung vor. An der Spitze stand Gott, auf der untersten Ebene endete die Weltordnung mit den Mineralien. Dazwischen befanden sich die Tiere, die Pflanzen, die Menschen. Jedes Lebewesen hatte in dieser Ordnung seinen festen Platz: Der Bauer stand unter dem Landedelmann, und der stand unter dem König, und niemand hatte die Möglichkeit, seinen Rang im Laufe seines Lebens zu verlassen, denn Gott hatte ihn oder sie dorthin gesetzt. Daran zu zweifeln, dass man als Bauer an genau der richtigen Stelle in Gottes gewaltiger Schöpfung platziert war, hieß, die Perfektion dieser Schöpfung anzuzweifeln.

Nur wenn die Dinge und Menschen an dem Platz standen, den Gott ihnen in seiner unergründlichen Weisheit zugewiesen hatte, erfüllten sie ihren Zweck und Sinn. Menschen waren nicht göttlich und durften sich deshalb nicht in intellektuelle Höhen aufschwingen und die Welt wissenschaftlich erklären wollen, weshalb das, was Galilei tat, Ketzerei war. Frauen waren keine Männer und durften sich deshalb nicht so benehmen wie Männer, weshalb Jeanne d'Arc auf dem Scheiterhaufen endete. Bauern waren keine Aristokraten und mussten deshalb körperlich arbeiten und konnten nicht ihre persönliche »Ehre« einklagen, wenn man sie beleidigt hatte – und ein einschlägiges, historisch überliefertes Beispiel für den Fall eines Bauern, dem Unrecht geschah, gibt es nicht, weil unter den Zeitgenossen niemand es für nötig erachtet hätte, so etwas für die Nachwelt festzuhalten. Nur sehr wenige Menschen kamen auf die Idee, gegen diese Ordnung zu rebellieren oder darüber nachzudenken, ob sie richtig und gerecht war. Sie war Gottes Werk, und deshalb war sie gut. Der tiefe Fall von Königen in den Tragödien der Antike und bei Shakespeare ist daher auch immer das Zeichen einer Welt, die völlig aus den Fugen geraten ist, und kommt einem Weltuntergang gleich: Wenn Ödipus, Lear oder Macbeth mit sagenhafter Blindheit in ihr Unglück rennen, ruinieren sie damit nicht nur ihre eigenen Existenzen, sondern bringen einer ganzen Gesellschaft Unheil und Tod.

Man kann diese Selbstbeschränkung des Mittelalters sehr gut an seinem berühmtesten literarischen Werk ablesen: an Dantes *Die Göttliche Komödie*. Die Grundidee der *Göttlichen Komödie* basierte auf dem hierarchischen Weltbild seiner Zeit (1265– 1321) und beschreibt die Welt als einen Pfad, der Menschen hinab- und hinaufführt. Von diesem Pfad abweichen zu wollen war undenkbar, denn Dantes Versdichtung führt den mittelalterlichen Leser auf eine Reise zu Gott. Diese spirituelle Reise beginnt bei Dante mit einem Abstieg in die Hölle, führt durch das Fegefeuer und gipfelt im Aufstieg zum himmlischen Paradies.

Den Weg dieser geistigen Wanderung, den die *Göttliche Komödie* durchschreitet, säumen historische Berühmtheiten von der Antike bis zur Lebenszeit Dantes. Unter Hunderten von Namen trifft man in der Hölle auch auf den des berühmten Seefahrers Odysseus. Der war dem Mittelalter immer etwas unheimlich, weil er in Homers *Odyssee* Jahre in einer grenzenlosen Welt verbracht hatte – auf dem Meer nämlich –, ohne dabei Schaden zu nehmen.

Dante gab der Odysseus-Geschichte eine neue Wendung. Er spielte dabei auf ein Entdeckungsreiseabenteuer an, das aus seinem eigenen historischen Umfeld stammte: 1291 waren die beiden aus Florenz stammenden Brüder Vivaldi von Marokko aus zu einer Afrika-Umseglung aufgebrochen. Für die Nachwelt endete das Unternehmen bereits wenige Kilometer vor der nordafrikanischen Küste, dort waren die Forschungsreisenden zum letzten Mal gesichtet worden. Dante erzählt seine Odysseus-Episode in Anlehnung an das Schicksal der Brüder Vivaldi und anders, als es in Homers Epos zu lesen ist. Odysseus sei zu einer letzten Reise aufgebrochen: an Gibraltar vorbei in den südlichen Atlantik, dann sei er in einen Sturm geraten und mitsamt seiner Mannschaft untergegangen.

Und nun sitzt der arme ertrunkene Odysseus (alias die Brüder Vivaldi) in der Hölle und leidet in einer ewig züngelnden Flamme. Dies, fand Dante, war der angemessene Ort für Seefahrer, denn in seinem moralischen Universum hatten die neugierigen und Abenteuer suchenden Weltumsegler verbotenerweise Grenzen überschritten (wobei der Aufbruch gen Süden der frevelhafte Versuch war, nicht nur die geographische Welt zu erkunden, sondern auch in unbekannte Gebiete des Wissens vorzudringen). Dafür mussten sie nun büßen.

Ihr Schiffbruch – bzw. ihr Tod – machte in der Welt des Mittelalters die verbotene Grenzüberschreitung nicht schon wett, wie wir, an die Psychologie von Hollywoodfilmen gewöhnt, in denen alles gut geworden ist, wenn die Frevler gestorben und somit bestraft worden sind, denken könnten. Bei Dante ist auch noch der Schiffbruch *Teil* des Vergehens und fällt daher unter göttliche Strafe. Denn in einer von Gott gefügten, perfekten Welt, bedeutet schiffbrüchig zu werden (oder zu scheitern), sich gegen ihre Ordnung zu versündigen. Für Dantes Odysseus und die Brüder Vivaldi gibt es keinen Unterschied zwischen dem Überschreiten von Grenzen, dem Schuldigwerden, dem Scheitern, dem Untergehen und dem Büßen. Deshalb landen die Schiffbrüchigen in der Hölle.

Zurück zu Bruegels Welt der anbrechenden Moderne. Jetzt lässt sich erkennen, wie ungleich komplizierter es hier ist, die Bedeutung von Grenzen zu bestimmen! Welche Grenze *kann* überschritten werden? Welche *darf* überschritten werden? Welche *sollte* oder *muss* überschritten werden? Welche Grenzüberschreitung birgt *Gefahren*? Welche Grenzüberschreitung muss *bestraft* werden?

Da gibt es also den Bauern, der nie eine einzige Grenze überschreiten wird – er ist als Bauer geboren, er wird als Bauer sterben, und mit großer Wahrscheinlichkeit wird er sein Leben lang einen Radius von 50 Quadratkilometern nicht überschreiten. All dies ist zu Bruegels Zeiten auch gar nicht anders vorstellbar, denn auch die holländische Gesellschaft des 16. Jahrhunderts erlaubt auf dem Land noch sehr wenig soziale Mobilität. Für den Bauern heißt es: Es ist so, wie es ist.

Andererseits sind da aber auch die Handelsschiffe, welche die geografischen Grenzen der Wirtschaft aufheben. Sie segeln einer viel versprechenden Zukunft entgegen, dem Goldenen Zeitalter – oder dem Kapitalismus – mit seinem grenzenlosen wirtschaftlichen Reichtum. Holländische Schiffe, darüber besteht zu Bruegels Zeiten kaum ein Zweifel, sind segensreiche

Einrichtungen, sie entgrenzen die Welt und bringen Wohlstand. Doch die Sache hat einen Haken: Handelsschiffe sind zweifellos gut und wertvoll, aber sie sind nicht gegen Stürme gefeit, sie können jederzeit untergehen.

Und schließlich gibt es noch Ikarus: Auch er hat Grenzen überschritten, aber es waren offensichtlich die falschen; er hat sich des Hoch- oder Übermuts schuldig gemacht. Dafür muss er mit dem Tod büßen. Etwas gefällt dem Betrachter an seiner Bestrafung nicht. Bruegel malte keinen Frevler, der seiner gerechten Bestrafung entgegensieht – so wie Dante fand, Odysseus sei in der Hölle am richtigen Platz untergebracht. Ikarus' einsamer Fall macht auf uns nicht den Eindruck, als brächte er die Welt wieder ins rechte Lot. Im Gegenteil. Aber die modernde Welt, in der Ikarus untergeht, hat sich auch mit der Möglichkeit des Falls arrangiert; niemand sieht hin, als Ikarus ertrinkt.

In der modernen Gesellschaft werden Grenzen kontinuierlich überschritten, aber damit besteht auch für den Einzelnen die Notwendigkeit, sich selbst Grenzen zu setzen und immer wieder zu entscheiden, ob oder wann er welche Grenze überschreiten will oder kann oder soll. Gleichzeitig aber wird die Bestimmung von Grenzen nahezu unmöglich. Denn Grenzen werden durchlässig, verschoben, unsichtbar, sie werden wie Gummibänder, sie können, dürfen und müssen überschritten werden, sie existieren nur noch virtuell – aber zu keiner Zeit lösen sie sich in Luft auf. In dieser Welt wird das Scheitern hochwahrscheinlich, denn während man einerseits immer mehr Grenzen überschreiten kann und soll, wird es andererseits immer schwieriger zu erkennen, wo sie verlaufen und was sie bedeuten.

Auf Bruegels Bild sieht man eine Welt, in der Grenzen nicht mehr eindeutig zu erkennen und zu deuten sind. Es gibt darin keine absoluten göttlichen, moralischen oder logischen Gewissheiten, die verkünden: »Bis hierhin und nicht weiter«, und die auch noch festlegen, was geschieht, wenn man trotzdem darüber hinwegschreitet. Hier steht die Grenzenlosigkeit unmittelbar neben der Begrenzung, das Machbare neben dem Unmöglichen, die vollen Segel neben dem kläglichen Sturz. Unsere Befürchtungen zu scheitern entstammen dieser Welt. Es ist eine Welt der grenzenlosen Möglichkeiten und der fehlenden Gewissheiten. Das Überschreiten von Grenzen ist darin erlaubt und notwendig, aber niemand kann voraussehen, wie es ausgehen wird.

Gewinner und Verlierer: Männer am Südpol

In der Nacht vom 14. April 1912 fuhr das zu seiner Zeit größte Passagierschiff, die »unsinkbare« *Titanic* mit hoher Geschwindigkeit in ein Eisfeld im Nordatlantik. Kurz vor Mitternacht rammte es einen unter Wasser liegenden Eisberg, der mehrere Löcher in den Schiffsrumpf riss. Um Viertel nach zwölf gab der Kapitän den Befehl, SOS zu funken. Innerhalb von Sekunden erhielten etwa zwölf Schiffe im Umkreis Nachricht von der Katastrophe – keines der Schiffe war nah genug, um den Tod von 1522 Passagieren zu verhindern, und das einzige Schiff, das Rettung hätte bringen können, hatte für die Nacht den Funkverkehr eingestellt. Um 1:20 erreichte ein Funkspruch der *Titanic* eine Telegraphenstation auf Neufundland, und kurz darauf ging die Meldung durch Hunderte weiterer Telegraphenstationen entlang der Atlantikküste. Nachdem die Signale in New York angekommen waren, konnten sie per Kabel über den Ozean nach Europa gesendet werden. In den frühen Morgenstunden wusste die ganze westliche Welt vom Untergang der Titanic.

Kein anderes Ereignis bringt die moderne Erfahrung von Grenzenlosigkeit und von Grenzerfahrung in einem einzigen Moment so nah zusammen wie die Katastrophe des Untergangs der *Titanic*. Nicht zufällig wurde die *Titanic* zu einer *der* populären Ikonen der Moderne. Dank modernster Kommunikationstechniken hatte die Welt innerhalb weniger Stunden erfahren können: Wo immer mehr möglich ist, ist auch immer mehr unmöglich. Kaum vom Stapel gelassen, musste das technologische Zeitalter zur Kenntnis nehmen, dass auch »unsinkbare Schiffe« untergehen können wie Nussschalen – aber diese Nachricht hatte die Zeitungsredaktionen Amerikas und Europas dank neuester Kommunikationstechniken so schnell erreicht wie noch nie eine Nachricht zuvor.

Zu Beginn des 20. Jahrhunderts gab es nicht mehr viele weiße Flecke auf dem Globus, der Südpol allerdings gehörte noch immer zu den unerforschten Gebieten der Welt – Grund genug für das Jahrhundert der Machbarkeit, ihn jetzt zu erobern. Im Sommer 1910 brachen der Brite Robert Falcon Scott und der Norweger Roald Amundsen zu zwei Expeditionsreisen nach Süden auf, jeder mit dem ehrgeizigen Ziel, als erster Mann am Südpol in die Geschichte der Entdeckungen einzugehen. In die Geschichte gingen die beiden auch ein, der eine als Sieger, der andere als Verlierer.

Scotts und Amundsens »Wettlauf zum Pol« wurde zu einem der spektakulärsten Ereignisse des 20. Jahrhunderts. Das ungebrochene Interesse, es bis heute immer wieder neu zu erzählen, liegt vermutlich darin begründet, dass in dieser Erzählung parallel eine Erfolgsgeschichte der Extraklasse und eine ebensolche Tragödie des Scheiterns vorkommen: ein Abenteuer und eine Höllenfahrt, eine menschliche Meisterleistung und ein menschliches Versagen. In den letzten Jahrzehnten haben sich ein paar Handbücher für Führungskräfte durch die scharf konturierte Typologie von Sieger und Verlierer faszinieren lassen, die man aus dem Drama am Südpol herauslesen kann. Warum trug der eine den Sieg davon – und warum versagte der andere auf ganzer Linie?, fragen sie und denken darüber nach, ob die Überlebenstechniken, die sich unter den Extrembedingungen des ewigen Eises bewährt haben, nicht auch in den Vorstandsetagen der Großkonzerne funktionieren können.

Diese neuere, unsentimentale Perspektive auf Scott und Amundsen ist interessant, und sie ist uns allen geläufig, auch wenn wir selbst keine Vorstandsvorsitzenden sind und auch nicht beabsichtigen, das je zu werden. Sie wirft einen analytischen Blick auf Scott, den Verlierer, und Amundsen, den Sieger, und fragt nüchtern: Was hat der eine falsch gemacht, und was hat der andere richtig gemacht, und was kann ich daraus lernen? Diese Sichtweise sagt eine Menge über unseren Blick auf den Erfolg und das Scheitern aus, denn dahinter steht die Überzeugung, Erfolg sei unter allen Umständen machbar, Scheitern sei unter allen Umständen vermeidbar. Sehen wir uns also zunächst an, was am Pol geschah, und sehen wir dann, was wir daraus lernen können – und was nicht.

Robert F. Scott war der Verlierer. Er machte so ungefähr alles falsch, was man auf einer Antarktisexpedition falsch machen kann. Praktisch alles, was er tat, um die Expedition vorzubereiten, lässt sich als Vorzeichen des Scheiterns lesen, so auch sein Versuch, das Fotografieren zu lernen. Im Basislager am Südpol kam Scott auf die Idee, dass es von Vorteil wäre, auch die letzte Etappe zum Pol im Bild festzuhalten. Da diesen entscheidenden Marsch nur eine Hand voll Männer antreten sollte und der offizielle Fotograf der Expedition nicht darunter sein würde, musste Scott selbst die anspruchsvollen Apparate aus der Frühzeit der Fotografie bedienen lernen. Als er ins Gröbste eingewiesen war, zog er auf eigene Faust los, um Fotos zu machen. Er kam begeistert zurück, schwärmte, er habe großartige Dinge fotografiert, die anderen würden ihren Augen nicht trauen. Aber als die Platten entwickelt wurden, sah man gar nichts, auch nicht die Andeutung eines Bildes war auf ihnen zu erkennen. Es stellte sich heraus, dass Scott immer wieder denselben Fehler gemacht hatte: die Schutzkappe auf der Linse zu lassen.

Was natürlich viel schlimmer war: Scott brachte kaum Erfahrung für ein so anspruchsvolles Unternehmen wie die Eroberung des Südpols mit, und unglücklicherweise kompensierte er seine Inkompetenz als Expeditionsleiter durch eine dünkelhafte Geisteshaltung, die englische Eliteschulen seit dem 19. Jahrhundert ihren Zöglingen angedeihen ließen. Sein Unternehmen Antarktis war so gewissenhaft vorbereitet wie ein russisches Roulette.

Die Ausrüstung spottete jeder Beschreibung. Die Zelte hatten keinen Boden. Anstelle von Eskimokleidung, die sich längst auf Nordpolexpeditionen bewährt hatte, setzte Scott auf heimatliche Produkte: schottisches Wolltuch gegen arktische Temperaturen. Die ersten Wochen im Basislager wurden mit Theaterabenden verbracht und mit fahrigen Verbesserungen der Ausrüstung.

Scotts Transportmittel sollten, neben Hundeschlitten, Ponys und drei Motorschlitten sein. Scott hatte die Ponys und die Schlitten mitgenommen, weil er sich nicht vorstellen konnte, dass Hunde in der Lage sein würden, über Hunderte von Kilometern Lasten zu ziehen; er hielt sie für zu wenig ausdauernd und irgendwie auch zu dumm. Die sibirischen Ponys litten unter den Minustemperaturen aber so entsetzlich, dass die Mannschaft sie reihenweise aus Mitleid erschoss. Einmal trieben drei verängstigte Tiere auf einer kleinen abgebrochenen Eisscholle in die antarktische Nacht. Auch die Motorschlitten erwiesen sich als Flop. Der erste war bereits beim Ausladen im Treibeis versunken; die beiden anderen gaben bei Temperaturen um minus 50 °C zügig ihren Geist auf und blieben als früher Zivilisationsmüll im ewigen Eis zurück.

Die verschiedenen Transportmittel waren dazu gedacht, die Route zum Pol vorzubreiten. Ponys und Motorschlitten sollten die Ausrüstung von einem Etappencamp zum nächsten transportieren und helfen, Nahrungsmittelvorräte in verschiedenen kleinen Proviantlagern zu verteilen, die später, auf dem Rückweg vom Pol, angesteuert werden könnten. Für den eigentlichen Heldenmarsch vom letzten Camp zum Südpol hatte sich Scott aber etwas Besonderes überlegt. Er und die Männer, die ihn begleiten sollten, würden ihre Schlitten selbst ziehen! Scott sah in dieser körperlichen Anstrengung eine Geste von Männlichkeit, und er glaubte, er sei es sich und den Briten schuldig, der Welt zu zeigen, zu welchen Taten die Nation fähig sei.

Als es dann endlich losging zum Pol, wurde in der Hektik

des Aufbruchs die britische Fahne vergessen, der *Union Jack*, der doch bald den südlichsten Teil der Erde markieren sollte. Anlässlich dieses Missgeschicks entpuppte sich die Telefonleitung als nützlich, die Scott am Südpol von einem Camp zum anderen hatte legen lassen – ursprünglich natürlich zu dem Zweck, nach der Rückkehr vom Pol die Nachricht von dessen siegreicher Eroberung so schnell wie möglich verbreiten zu können. Nun also diente die Telefonleitung dazu, den im Camp gebliebenen Männern zu kabeln, man solle bitte jemanden mit dem *Union Jack* hinterherschicken. Dass dieser Mann die Strecke, für die Scott und seine Begleiter zu Fuß mehrere Tage gebraucht hatten, auf Skiern in wenigen Stunden hinter sich brachte, ließ Scott nicht auf die Idee kommen, seine Truppe sofort auf Skier umzurüsten.

Scott und seine Leute blieben stattdessen selbst vor ihre Schlitten gespannt, liefen jeden Tag bis zur äußersten Erschöpfung, und sie kamen trotzdem kaum vorwärts. Scott hatte merkwürdigerweise im letzten Moment des Aufbruchs die Zahl der Männer, die ihn zum Pol begleiten sollten, von drei auf vier erhöht, mit der Folge, dass nun viel zu wenig Nahrung zur Verfügung stand. Die tägliche Kalorienzufuhr reichte nicht mehr aus: Bei einem Verbrauch von 6000 Kalorien pro Person gab es Tagesrationen von 4000 Kalorien, die Männer nahmen schnell ab. Das Essen war knapp, das Wetter war katastrophal, die Stimmung auch. Als Scotts Mannschaft endlich den Pol erreichte, fand sie dort bereits die Flagge der Norweger vor. Nun nicht nur zu Tode erschöpft, sondern auch demoralisiert traten sie den Rückmarsch an, aber es stellte sich heraus, dass die zuvor angelegten Nahrungsmitteldepots zu schlecht markiert worden waren, um sie alle wiederfinden zu können. Außerdem zeigte sich, dass sie schlecht bestückt waren. Scott hatte beispielsweise nicht bedacht, dass Parafin sehr schnell verdunstet, und so litt die Gruppe unter ständigem Brennstoffmangel. In ihren kühnen Hoffnungen vernichtet, starben Scott und seine Begleiter im Januar 1912 in einem tagelangen Schneesturm.

Am Pol, wo Amundsen nicht nur die norwegische Flagge aufgestellt, sondern in einem Zelt auch einen freundlichen Brief hinterlassen hatte (und glücklicherweise auch ein Paar Handschuhe – einer von Scotts Männern hatte seine inzwischen verloren), entstand ein jammervolles Foto. Es zeigt Scott mit seinen vier Begleitern: fünf Männer in ihren feuchten, ungeeigneten Kleidungsstücken, vier von ihnen mit absurd aussehenden Fellhandschuhen an den Händen, die bittere Enttäuschung in den müden Gesichtern, die britische Flagge im Hintergrund.

Der expeditionserfahrene Norweger Amundsen hatte seine Reise mit einem Höchstmaß an Weitsicht und Pragmatismus begonnen – und mit einem psychologischen Trick. Mit dem Schiff ging es im Juni 1910 Richtung Süden. Die Mannschaft war handverlesen, die Ausrüstung optimal. Überall auf dem Deck machten sich die 97 Schlittenhunde breit, die sich fleißig vermehrten (allerdings üblen Geruch verbreiteten). Amundsen hatte in Grönland monatelang Schlittenhunde studiert und sich von Eskimos beibringen lassen, wie man mit ihnen umgeht. Aber als das Schiff in Norwegen ablegte, wusste von der Mannschaft noch niemand, dass es zum Südpol gehen würde – Amundsen hatte die Expeditionspläne geheim gehalten. Nun hatte er gegenüber den Briten auch das Überraschungsmoment auf seiner Seite. Ein entsetzter und um Fassung bemühter Scott erfuhr, dass er Teilnehmer an einem Wettlauf zum Pol sein würde, als er bereits wochenlang auf See unterwegs war. Die Engländer warfen Amundsen später »Unsportlichkeit« vor, womit sie Recht hatten, nur hatte Amundsen längst begriffen, dass britischer »Sportsgeist« und Südpolarexpeditionen zwei unterschiedliche Kategorien sind, die man säuberlich auseinander halten sollte.

Die norwegische Crew verwandte Monate darauf, die Ausrüstung zu perfektionieren. Mindestens dreimal ließ Amundsen seine Männer ihr Schuhwerk umarbeiten, bis die Stiefel einwandfrei saßen und genügend Raum für Isoliermaterial boten. Als Kleidung diente eine Kluft aus Fellen, die den Eskimos abgeguckt war; wer sie trug, sah darin zwar aus wie der Yeti, aber er blieb trocken und warm.

Das Basislager in der Antarktis war ein hölzernes, gut isoliertes Fertighaus. Von hier aus begann Amundsen, die Vorratsdepots für Brennstoff und Nahrungsmittel anzulegen, die auf dem Rückweg vom Pol angesteuert werden sollten. Fünf Männer sollten die entscheidende Strecke zum Pol laufen, die Vorräte in den Depots waren aber für acht Personen berechnet, sodass es immer genug Reserven geben würde. Jedes Depot wurde mit einer Reihe ins Eis gesteckter Fahnenstöcke markiert, wobei die Fahnen auf der westlichen Seite eine andere Farbe hatten als auf der östlichen. So boten sie auch in einem Schneegestöber noch Orientierung. Schließlich brachen die fünf Männer auf, sie liefen auf Skiern, ihre Schlitten wurden von Hunden gezogen.

Die Mannschaft behandelte die Hunde gut, schließlich hingen ihr Leben und ihr Erfolg von den Tieren ab, aber sie betrachteten sie auch völlig unsentimental. Amundsen hatte genau berechnet, wann wie viele Tiere getötet werden könnten, weil der Proviant im Laufe des Marsches weniger und die Schlitten dann leichter sein würden. Die getöteten Hunde verfütterte er an die verbliebenen, was die Menge des mitzunehmenden Hundefutters von vornherein klein gehalten hatte. Amundsen hielt sich an ein striktes Pensum zu absolvierender Tageskilometer, das weder über- noch unterschritten werden durfte und das die körperlichen Kräfte der Männer nicht überstrapazierte. Um die Moral der Gruppe zu stärken, gab es Belohnungen: regelmäßige Ruhetage und ab und zu eine Zigarre.

Die Expedition verlief ohne große Zwischenfälle, am 15. Dezember 1912 erreichten Amundsen und seine Männer den Südpol und markierten ihn mit der norwegischen Fahne. Der Rückmarsch wurde von den Norwegern als eine Art Sonntagsausflug geschildert. Als die fünf Männer am 26. Januar ins Basislager zurückkehrten, weckten sie die dort Zurückgebliebenen mit der Frage, ob sie wohl einen Kaffee bekommen könnten, sie hätten einen längeren Spaziergang hinter sich.

»By failing to prepare you are prepared to fail« – wer versäumt, sich vorzubereiten, bereitet sein Scheitern vor, hatte Benjamin Franklin notiert, der mit guten Ratschlägen nie geizte, wie wir später noch sehen werden. Und in der Tat: Amundsens und Scotts Geschichten sind Paradebeispiele für den Sinn von Planung.

Vor Staatsexamina, Hochzeiten, Riverrafting oder Expeditionen zum Südpol sollte Franklins Rat unbedingt befolgt werden, sofern man nicht absolut sicher einen Reinfall erleben will. Planen ist eine anspruchsvolle Tätigkeit: Es setzt die Fähigkeit voraus, ein konkretes Ziel gedanklich zu fassen und dann zu überlegen, welche Schritte notwendig sind, um es zu erreichen. Wer plant, darf den Überblick über eine Vielzahl von Möglichkeiten nicht verlieren. Planen bedeutet, die Konsequenzen seines Handelns abzusehen, mögliche Störungen vorauszusehen und Alternativen bereitzuhalten. Im Extremfall heißt es dann auch, einen Plan abzubrechen, wenn er sich als undurchführbar erweisen sollte.

Amundsens Erfolg basierte auf einer perfekten Planung, die

alle notwendigen Aspekte berücksichtigte: Das Ziel (der Südpol) stand fest, die räumlichen und zeitlichen Rahmenbedingungen (Winter oder Sommer in der Antarktis) waren bedacht worden, einschließlich möglicher Störungen (Schneestürme). Das strikte Einhalten des täglichen Pensums schuf einen stabilen Rahmen, schloss Zeitdruck aus und verschaffte den Männern Sicherheit in einer ansonsten bedrohlichen Umwelt. Die kleinen Belohnungen, die Amundsen regelmäßig verteilte, sorgten für eine – den Umständen entsprechend – gute Stimmung. Nicht zuletzt spielte für seinen Erfolg aber auch die Demoralisierung von Scott durch den gelungenen Überraschungscoup eine Rolle. Scotts Scheitern basierte dagegen auf seiner unglaublich schlechten Vorbereitung und einer Grundeinstellung, die am Südpol nichts zu suchen hat: schottisches Wolltuch und »britische Männlichkeit«!

Mit Blick auf die Beispiele von Scott und Amundsen zeigt sich, dass gute Planung Scheitern vermeidet. Wer mit Wollpullovern durch die Antarktis wandert und trotz körperlicher Höchstleistungen täglich 2000 Kalorien zu wenig isst, muss sich nicht wundern, wenn sein Unternehmen übel ausgeht. Problematisch wird diese Erkenntnis, wenn man nun versucht, den Umkehrschluss daraus zu ziehen: Denn nicht jedes Scheitern ist die Folge schlechter Planung, und auch wer gut plant, kann immer noch scheitern. Das ist, zugegeben, verwirrend – und tatsächlich auch ziemlich unbefriedigend. Doch die Suggestivkraft einer Universaltugend wie der von Benjamin Franklin – »Wer versäumt, sich vorzubereiten, bereitet sein Scheitern vor« – verblasst, so schön es auch wäre, *wenn* sie wahr wäre, vor den tatsächlichen Erfahrungen des ganz normalen Lebens.

Moderne Menschen verfolgen selten nur ein Ziel allein. Wie unangenehm ein Marsch durch die Antarktis zweifellos auch sein muss – er ist in mancher Hinsicht *nichts* gegen die Unvorhersehbarkeiten des ganz gewöhnlichen Alltags. Wir können unser Leben nicht in jedem Schritt vorausplanen, und häufig müssen wir schon die groben Umrisse, die wir unseren Biographien gegeben haben, nach kurzer Zeit wieder revidieren.

So hat sich unter den Bedingungen des modernen Lebens ein gewisses Misstrauen gegenüber der Rationalität lückenloser Vorbereitung eingeschlichen. Im täglichen Sprachgebrauch äußert sich dies durch die lockere Rede vom »Plan B« – oft flapsig dahingesagt, um das Schwerwiegende der Situation zu verschleiern. Dieser »Plan B« ist die umgangssprachliche Antwort auf das, was in der Soziologie »Kontingenz« heißt: die Erfahrung, dass in der modernen Welt alles, was möglich ist, auch noch *anders* möglich ist.

Im März 1914, kurz vor Ausbruch des Ersten Weltkrieges brach der Ire Ernest Shackleton zum Südpol auf. Er war bereits zuvor in der Antarktis gewesen, war ungeheuer ehrgeizig, selbstbewusst und eine charismatische Führungspersönlichkeit – wie geboren, um schwierige Unternehmungen zu leiten. Seine Mannschaft war handverlesen, die Ausrüstung auf bestmöglichem Stand. Da der Südpol nun ja schon einmal markiert war, sollte das Ziel der Expedition diesmal die Durchquerung der Antarktis von Norden nach Süden sein.

Wenige Meilen vor der Antarktis blieb das Expeditionsschiff, die *Endurance*, im Packeis stecken und wurde manövrierunfähig. Zehn Monate driftete es durch die Landschaft aus Eis, dann wurde es vom Packeis angehoben und darin zermalmt. Die Mannschaft hatte sich schon vorher mit Schlittenhunden, drei Beibooten und einigen Zelten auf ein großes Stück Packeis gerettet. Auf diesem Packeis drifteten die Männer weitere fünf Monate gen Norden. Schließlich erreichte die Eisscholle die offene See. Alle 28 Expeditionsmitglieder stiegen in die drei Beiboote und ruderten tagelang durch eine stürmische, eiskalte See, bis sie eine kleine, felsige Insel, Elephant Island, erreicht hatten. Allerdings bestand an diesem unwirtlichen Ort der Welt keine Aussicht, je von einem Rettungstrupp oder Walfängern entdeckt zu werden. Shackleton brach also mit fünf Männern auf, um eine mehrere Meilen weiter nördlich liegende Walfangstation zu erreichen. Das bedeutete weitere vier Wochen bei arktischen Minustemperaturen auf stürmischer See, in einem nur notdürftig mit Segeltuch verkleideten Ruderboot. Und in Kleidung, die bereits am ersten Tag durch einen eisigen Brecher völlig durchnässt wurde, und die natürlich nicht mehr trocknete, solange die Männer unterwegs waren. Der Trupp erreichte unter unvorstellbaren Anstrengungen sein Ziel (die Beschreibung, welche Mühen es allein kostete, immer wieder in die klammen, eiskalten Schlafsäcke zu kriechen, ist schauerlich). Vom erreichten Ufer ging es in einem waghalsigen Marsch auf die gegenüberliegende Seite der Insel, dorthin, wo sich der kleine Hafen für Walfänger befand.

Die Rettung der auf Elephant Island zurückgelassenen Mannschaft zog sich Monate hin, es brauchte vier Anläufe, bis sie möglich war. Doch am Ende war das Unglaubliche geschehen: Alle 28 Mitglieder der Expedition hatten das Desaster überlebt. Später erinnerte sich der Kapitän der *Endurance*, der Shackleton auf der Bootsfahrt zur Walfangstation begleitet hatte und dabei für die Navigation zuständig gewesen war, an die Erlebnisse:

Die Bedingungen in der Antarktis waren so unbeständig, dass ich noch nicht wissen konnte, welcher der vielen Pläne, die ich gemacht hatte, durchführbar sein würde. Genauso wenig konnte ich wissen, ob irgendein Notfall mich zwingen würde, alle diese Pläne aufzugeben und einen ganz anderen Kurs einzuschlagen. Dies ist eine der Schwierigkeiten, mit der man auf einer treibenden Eisscholle leben muss und die einen wahnsinnig machen kann. Zunächst plant man sorgfältig ohne Unterlass, weil man monatelang keine andere geistige Beschäftigung hat und dankbar dafür ist, dass man sich auf etwas Bestimmtes konzentrieren darf. Aber immer hat man den Hintergedanken, dass all diese Bemühungen wahrscheinlich einer Laune der Natur zum Opfer fallen, die man vorher nicht berücksichtigen kann.

Natürlich ist es übertrieben, unser Scheitern mit einem Unglück von solchen Ausmaßen zu vergleichen. Aber gelegentlich eignen sich Übertreibungen ganz gut für anschauliche Verallgemeinerungen. Denn hier haben wir die Elemente zusammen, die jedes persönliche Scheitern beschreiben: das Driften. Der Verlust von Orientierung. Das Gefühl der Ausweglosigkeit. Die Unfähigkeit, einen Plan zu fassen, gerade in dem Moment, in dem genau dies überlebenswichtig wird. Das Gefühl der Ohnmacht, Kräften ausgeliefert zu sein, gegen die man sich nicht wehren kann. Aber auch: die Nähe von Scheitern und Erfolg in einer Unternehmung, die als Expedition kläglich scheiterte und als Rettungsaktion zur Erfolgsgeschichte sondergleichen wurde.

Scheitern meistern

Auf dem Weg nach Amerika

Die amerikanische Autorin Susan Sontag erzählt in ihrem Roman *In Amerika* eine Emigrantengeschichte. Ein kleiner Trupp Polen wandert Ende des 19. Jahrhunderts nach Amerika aus. Es sind nicht die typischen Auswanderer, keine Arbeiter, die in Europa keine Zukunft für sich und ihre Nachkommen sehen, sondern es ist eine Gruppe von Künstlern, Intellektuellen und Aristokraten, die sich um eine in Polen gefeierte Schauspielerin schart. Wie für alle anderen Auswanderer des 19. Jahrhunderts bedeutet Amerika für jeden in der Gruppe ein Versprechen. Für den erfolglosen Schriftsteller soll es der Ort sein, an dem er seinen bedeutenden Roman schreiben wird, für die Schauspielerin ist Amerika wie Shakespeare, *alles*, und damit wie eine neue, sehr anspruchsvolle Rolle, die sie noch nicht gespielt hat. Für die anderen ist es das Land mit den meisten Chancen oder der größten individuellen Freiheit.

Auf dem Schiff nach New York machen die Polen die erste Erfahrung mit der neuen Gesellschaft, deren Teil sie werden wollen. Das Schiff hat ein Oberdeck und ein Unterdeck. Die Reichen haben ihre Kabinen auf dem Oberdeck, sie speisen auf dem Oberdeck und machen Smalltalk. Die weniger Begüterten reisen im Unterdeck, wo die Luft stickig ist, das Essen schlecht und der Platz beengt. Die Trennung zwischen oben und unten ist klar. Sie wird ausschließlich durch die Brutalität der Fakten geregelt. Das unterscheidet sie, wie einer der auswandernden Polen feststellt, von der Grenze, die zwischen den sozialen Schichten in seinem Heimatland gezogen ist. Er überlegt: In

Polen existiert die Unterscheidung zwischen unten und oben genauso eindeutig, aber sie ist auf eine bestimmte Weise verbrämt: Man bemäntelt sie durch die gemeinsamen Traditionen, durch die Geschichte, das nationale Zugehörigkeitsgefühl und das einende Gefühl aller Polen, einer geschundenen Kultur Europas anzugehören. Diese kulturellen Hintergründe und Zusammenhänge gibt es auf dem Auswandererschiff nicht mehr. Die Geschichte und nationale Mythen, die erklären, warum man in der sozialen Hierarchie oben ist oder unten, haben die Auswanderer in ihren Heimatländern gelassen. Auf dem Schiff gibt es nur diese Tatsache: Man ist entweder oben oder unten.

In der neuen Kultur Amerikas gelten keine Geschichten mehr, die jedem erzählen (und erträglich machen), dass er sein muss, was er ist. In der Neuen Welt zählt nur diese Unterscheidung: Entweder du schaffst es nach oben, oder du schaffst es nicht. »Amerika bedeutet: Man kann mit dem Schicksal kämpfen«, notiert einer der polnischen Emigranten in sein Tagebuch. Auf dem Schiff nach New York besteht für jeden bereits die Aussicht, dass sich sehr bald ändern kann, wer in der amerikanischen Gesellschaft das Ober- und wer das Unterdeck bewohnen wird.

Ende des 19. Jahrhunderts avancierte Amerika zum Synonym für soziale Mobilität und für Erfolg. Amerika wurde zum Mythos des Landes mit den »unbegrenzten Möglichkeiten«, wo ein Mann ein »Selfmademan« sein kann, wo jeder die Möglichkeit hat, seinen »amerikanischen Traum« zu verwirklichen und wo das Märchen »vom Tellerwäscher zum Millionär« Wirklichkeit wird.

Ein halbes Jahrhundert bevor diese amerikanische Erfolgsfolklore geboren war, hatte ein junger Franzose Amerika bereist und mit nüchternerem Blick betrachtet. Er stellte fest, dass dies ein Land ist, in dem sich alles um drei Dinge dreht: um den persönlichen Erfolg, ums persönliche Vorwärtskommen und ums Geld. Der Reisende war Alexis de Tocqueville. Seine Reise durch die Vereinigten Staaten von Amerika hatte er in den 30er

Jahren des 19. Jahrhunderts gemacht – zu einem Zeitpunkt, als sich unter den europäischen Eliten der Macht, des Geldes und der Bildung noch niemand ernsthaft für die Neue Welt interessierte. Tocqueville, Anfang dreißig, Angehöriger eines französischen Adelsgeschlechts, war als Jurist im Auftrag der französischen Regierung nach Amerika geschickt worden, um einen Bericht über das dortige Gefängnissystem anzufertigen. Er interessierte sich aber weniger für amerikanische Gefängnisse, sondern eigentlich für die amerikanische Demokratie. Und er fragte sich, welche Mentalität eine Bevölkerung entwickeln würde, die in einer Massendemokratie lebt. 1831 existierten die Vereinigten Staaten von Amerika schließlich erst seit 55 Jahren. Und diese erste moderne Demokratie der Welt, und mit ihr die amerikanische Gesellschaft, war ganz anders als alles, was man in Europa kannte. Zurück von seiner Reise schrieb Tocqueville das vermutlich weitsichtigste Buch, das je über Amerika verfasst worden ist: *Über die Demokratie in Amerika.* Er begann seine Beobachtungen mit dem Satz: »Unter den vielen Dingen, die während meines Aufenthaltes in den Vereinigten Staaten meine Aufmerksamkeit auf sich gezogen haben, stach etwas besonders lebhaft hervor: die Gleichheit der Bedingungen.« Mit dem, was er anschließend beschreibt, wird klar, dass Tocqueville die Startbedingungen meint, und nicht die Lebensbedingungen.

Für den Aristokraten Tocqueville, wie für die meisten seiner europäischen Leser des 19. Jahrhunderts, war die amerikanische Gesellschaft ein faszinierendes Experiment: Hier gab es, im Unterschied zu Europa, keinen Adel und damit keine Schicht, die allein schon durch Geburt Privilegien besaß, um die sie sich nie hatte bemühen müssen. Hier gab es keine jahrhundertealte Tradition der sozialen Schichtung. Hier waren die Menschen, wie Tocqueville fand, nahezu *chaotisch* durcheinander geworfen. Es galt das krude Gesetz des Wettbewerbs, und vor dem hatten alle dieselben Chancen. Jeder Junge (vorausgesetzt, er war weiß) konnte davon träumen, alles Mögliche aus sich zu machen. Wer heute arm war, konnte morgen reich sein, aber wer heute reich war, konnte morgen auch arm sein. Jeder Vater konnte seinem männlichen Nachwuchs mit auf den Weg geben: Arbeite hart, lebe anständig, dann schaffst du es nach oben.

In Amerika, stellt Tocqueville fest, liebt man Geld über alles. Man ist besessen von dem Gedanken, immer mehr davon zu bekommen. »Jeder arbeitet hier, und die Arbeit eröffnet jedem den Weg zu allem«, beobachtet Tocqueville. Dies ist für den französischen Adeligen insofern verwunderlich, als es in seiner Heimat eine privilegierte Schicht gibt, die nicht zu arbeiten braucht und der trotzdem fast alle Wege offen stehen. Amerika aber hat keine Aristokratie, wer sich dort von anderen abgrenzen will, tut das durch Geld. Am Geld bemisst sich Erfolg, und am Erfolg bemisst sich sozialer Status. Auch diese Rechnung ist zu Tocquevilles Zeiten in Europa nicht selbstverständlich, denn natürlich bleibt dort auch ein *verarmter* Adeliger immer noch ein Adeliger und bekommt Kredit kraft seines Namens.

Niemand hört in Amerika auf zu arbeiten, wenn er so reich geworden ist, dass er sich – und sogar seinen Nachkommen – ein Leben in vornehmer Muße bereiten könnte. Man macht einfach immer weiter. Die amerikanische Gesellschaft, sagt Tocqueville, steht unter der Vorgabe »vollkommener und immer flüchtiger Perfektion«. Mit anderen Worten: Dies ist die Gesellschaft des immer weiter, besser, höher. Tocqueville fragt einen amerikanischen Matrosen, ob er ihm erklären könne, warum die Schiffe seiner Heimat so gebaut werden, dass sie keine Ewigkeit halten, und er bekommt zur Antwort: »Warum sollten wir das tun? Wo die Seefahrt doch so schnelle Fortschritte macht, dass die Schiffe von heute morgen bereits hoffnungslos veraltet sein werden!«

Dies ist der wahre Geist der Kultur, in der alle gleich sind: Es geht immer noch besser. Die Gleichheit, die hier herrscht, ist die Gleichheit des Wettbewerbs. Alle stehen ständig miteinander in Konkurrenz. Der Effekt, den dies hat, ist eine in ständigem Wandel begriffene Gesellschaft. Amerika kommt Tocqueville daher auch schrecklich unruhig vor. Hier hat jeder Erfolg, und hier scheitert jeder.

Ständige Veränderungen ziehen jeden Moment vor dem Blick jedes Mannes vorbei. Einige verschlechtern seine Position, und er begreift nur zu gut, dass ein Volk oder ein Mensch, wie aufgeklärt es oder er auch sein mag, nicht unfehlbar ist. Andere verbessern seine Lage, und er folgert daraus, dass jeder Mensch mit der grenzenlosen Fähigkeit ausgestattet ist, sich selbst zu vervollkommnen. Seine Rückschläge zeigen ihm, dass niemand vorgeben kann, das absolut Richtige entdeckt zu haben; seine Erfolge hingegen stacheln ihn an, es ohne nachzulassen zu suchen.

Tocqueville begreift Amerika als ein Land, in dem die Grenzen dessen, was erreicht werden kann, unendlich erweitert werden können. Und dies ist auch die Erfahrung, die die polnischen Auswanderer in Susan Sontags Roman machen. Wie alle Emigranten des späten 19. Jahrhunderts kommen sie mit dem Schiff in Manhattan an, der »erfolgreichen Stadt«, in der eine goldene Zukunft für jeden auf der Straße zu liegen scheint. Doch den Polen gelingt es nicht, den Erfolg von den Fußwegen der Metropole zu klauben, sie fassen in New York nicht Fuß. Da hören sie von einem Amerikaner: Wer es in New York nicht schafft, geht weiter. Amerika habe »sein Amerika«, sagt der Mann – und er meint einen Ort, der wiederum wie ein Versprechen ist, weil dort alles noch besser sei und von dem alle träumen. Dieser Ort ist Kalifornien. Also ziehen die Polen nach Kalifornien. Aber auch Kalifornien ist nicht das, was sie sich vorgestellt haben, denn Kalifornien ist ein Land, in dem jeder irgendeine Sorte Obst anbaut oder Wein, und die polnischen Schöngeister wissen natürlich nicht, wie das geht. Sie scheitern. Die kleine polnische Gemeinschaft, die sie gegründet haben, löst sich auf, nachdem sie Fehlschlag über Fehlschlag hat einstecken müssen. Die meisten der Gruppe kehren nach Polen zurück. Doch Maryna, die Schauspielerin, bleibt. Sie lernt, akzentfrei Englisch zu sprechen, nimmt anfänglich unbedeutende Bühnenrollen an und beginnt ihre zweite Karriere. Sie hat ihr Comeback in Amerika. Sie wird das, was man in

dieser Kultur »a success« nennt, jemand, der Erfolg hat. Und sie hat die Lektion Amerikas gelernt. Man gibt hier nicht auf.

Susan Sontags Roman *In Amerika* ist alles andere als eine schlicht gestrickte Hymne auf den amerikanischen Traum – schließlich gehörte Sontag ins Milieu der linksliberalen New Yorker Intellektuellen und stand simplen Siegerideologien höchst skeptisch gegenüber. Sie zeigt in ihrem Roman ein Amerika am Ende des 19. Jahrhunderts. Es ist eine Kultur, in der Grenzen unendlich weit nach vorn verschoben werden können. In einer solchen Kultur gibt es immer *noch* eine Grenze, die man *noch nicht* überschritten hat.

Die erste Grenze, die die Polen überwinden, ist eine geografische Grenze: der Atlantik, der Europa von Amerika trennt. Als sie in New York keinen Erfolg haben, ziehen sie weiter nach Kalifornien und überwinden die zweite Grenze. Diese zweite Grenze ist die so genannte *Frontier*, sie ist das mythische Grenzland zwischen dem besiedelten Osten und dem unerschlossenen

»Wilden Westen« des Kontinents. Als auch das Projekt »Kalifornien« scheitert, geht nur Maryna noch weiter: Sie überwindet die dritte Grenze, und dies ist eine ideelle Grenze. Diese Grenze verläuft durch ihr eigenes Inneres. Diese dritte Grenze überwindet man nicht per Schiff, und sie ist auch kein Grenzland, das man mit der Eisenbahn durchquert. Man überschreitet sie mit Hilfe der Tugenden der protestantischen Ethik: durch Ehrgeiz, Fleiß, Durchhaltevermögen. Weil diese Grenze durch das Innere eines Menschen verläuft, gibt es kein objektives Maß für sie. Sie lässt sich von innen heraus unendlich vervielfältigen. Wer den Glauben an die Flexibilität seiner inneren Grenzen verinnerlicht hat, für den gibt es nichts, was sich nicht doch irgendwie bewältigen ließe. Kein Scheitern, dass sich nicht meistern ließe. Kein Misserfolg, der sich nicht in einen Erfolg verwandeln lässt.

Als der Versuch der polnischen Auswanderer, in Kalifornien ansässig zu werden, seinen absoluten Tiefpunkt erreicht hat und die Einsicht in ihr Scheitern unausweichlich geworden ist, notiert einer aus der Gruppe, ein polnischer Aristokrat, in sein Tagebuch: »Der andauernde Erfolg dieser Kalifornier geht mir auf die Nerven. Ich bin an eine ausgesprochen polnische Wertschätzung der Aristokratie des Scheiterns gewöhnt. … In Amerika ist es schwierig zu glauben, dass das Scheitern seinen Adel hat.«

In Amerika *bekämpft* man das Scheitern. Man arbeitet dagegen an, man stemmt sich dagegen, man rackert, man müht sich und gibt nicht auf, man sagt sich: »Jetzt erst recht«, und man macht weiter, so lange, bis der Erfolg erreicht ist. Im Europa gegen Ende des 19. Jahrhunderts, dem Fin de Siècle, sieht das etwas anders aus, zumindest im Milieu der Künstler und Intellektuellen, dem die polnischen Auswanderer angehörten, als sie noch in Polen lebten. Im Europa des ausgehenden 19. Jahrhunderts gibt es eine morbide Kultur der vornehmen Erfolglosigkeit, eine Noblesse des Untergangs, eine Kultur des Scheiterns mit Stil. Man kann sie in Paris, London, Wien, Krakau, Prag zu Gesicht bekommen: jene Kaffeehausdichter, Bohemiens, gescheiterten Genies, jene Maler, die auf keinen grünen Zweig kommen. Es sind »Lebenskünstler« mit Orchideenbiographien. Sie sind gescheitert: als Dichter, Maler, Musiker oder auch als potenzielle Salonlöwen; es fehlt am Talent, oder sie sind untragbar für die so genannte vornehme Gesellschaft geworden, so wie Charlus, der Baron Palamède de Guermantes, aus Marcel Prousts *Auf der Suche nach der verlorenen Zeit* oder wie der englische Dichter Oscar Wilde, die beide ihre Homosexualität zu Fall bringt. Sie sind arm oder wenigstens chronisch knapp bei Kasse, werden belächelt, gelten in der Regel als nicht »gesellschaftsfähig«, und sie überleben in selbst geschaffenen Lebensräumen in den Großstädten, den Künstlercafés, den Salons, den Künstlermilieus.

Ihre Existenz mag traurig sein und das blanke Überleben mühsam – doch ihre Haltung gegenüber dem eigenen Scheitern ist ambitioniert. Scheitern adelt. Kein Bohemien würde auf die Idee kommen, sein Scheitern mit derselben eisernen Disziplin zu bekämpfen, die den amerikanischen Einwanderer antreibt. Erfolg, der sich in Geld bemessen lässt, gilt dem Bohemien als vulgär; er lebt nach dem Prinzip der hemmungslosen Verschwendung, also immer etwas über seine Verhältnisse. Die Möglichkeit in Betracht zu ziehen, Teller abzuwaschen – nur weil weit am Horizont vielleicht ein Erfolg aufscheint –, wäre für ihn absurd. Der Bohemien betrachtet sein eigenes Leben als ein Kunstwerk, und wenn der bürgerliche Publikumsgeschmack die Genialität seiner Lebensweise nicht erkennt, ist das tragisch, aber zugleich auch nobilitierend, denn als gescheitert zu gelten gibt dem Bohemien die Gewissheit der eigenen Überlegenheit. Er mag in der Achtung von Zeitgenossen, die auf Respektabilität Wert legen, ganz weit unten rangieren, und er mag in einer Dachkammer wohnen, deren Miete er nicht bezahlen kann – der Bohemien steht über solchen Dingen. Und er hat Gründe, so zu denken. Denn seine abgrundtiefe Verzweiflung erhebt ihn über alle, die weniger empfinden, weil sie die Erfahrung des Fallens nicht kennen.

Wir werden im letzten Kapitel dieses Buches weitere Beispiele solch hochoriginellen Umgangs mit dem Scheitern kennen lernen. Es wird sich dabei um Antworten handeln, die immer faszinierend zu betrachten sind, weil sie das Scheitern völlig verwandeln, es überhöhen oder stilisieren. Kunst und Künstler sind besonders gut darin. Aber in diesem Kapitel geht es zunächst um einen anderen, viel pragmatischeren Weg, mit Erfolglosigkeit fertig zu werden. Er ist uns vertrauter, es geht um das Meistern des Scheiterns, das schließlich zum Erfolg führt.

Scheitern meistern!, lautet heute der unausgesprochene Imperativ der amerikanischen oder europäischen Erfolgsgesellschaften. Wer heute scheitert, weiß sich auch ohne viele Worte dazu aufgefordert, sein Scheitern mit Macht zu bekämpfen und möglichst effektiv ins Gegenteil zu verwandeln. Der Versuch, das eigene Scheitern zu meistern, scheint nur logisch. Und natürlich ist es auch wunderbar, wenn das gelingt.

Aber wir gehorchen keinem Naturgesetz, wenn wir gegen unser Scheitern ankämpfen, um zum Erfolg zu kommen. Wir bewegen uns dabei in einem kulturellen Rahmen, der uns so sehr vertraut ist, dass wir uns gar keine andere Reaktion auf den Misserfolg vorstellen können als den Erfolg. Die Vorstellung, etwas könne uns an unserem persönlichen Erfolg hindern, ist uns unerträglich – und wenn sich zwischen uns und den Erfolg etwas stellt, dann geraten wir in ein engmaschiges Geflecht aus pädagogischen, moralischen, politischen und ökonomischen Handlungsaufforderungen, die besagen: »Du musst dagegen angehen.« Aber diese Selbstverständlichkeit, mit der wir davon ausgehen, Scheitern müsse gemeistert und in einen Erfolg verwandelt werden, gab es so selbstverständlich, wie wir darüber verfügen, nicht immer. Sie ist das Erbe einer Ideologie des Erfolgs. In diesem Kapitel werde ich zeigen, in welchem kulturellen Rahmen wir uns bewegen, wenn wir versuchen, das Scheitern zu meistern, und warum wir das tun.

Jahrhundertelang spielten die klassischen Tugenden der Erfolgsgesellschaft wie Fleiß, Ehrgeiz, Leistung und Durchhaltevermögen in der europäischen Kultur so gut wie keine Rolle. An
der Spitze der Gesellschaft stand der Adel, und der musste keine
Leistungen erbringen, denn seine Privilegien waren durch das
Geburtsrecht geregelt. Im Unterschied zu modernen Gesellschaften gab es in der ständischen Gesellschaft also immer
schon eine Gruppe, die sich um Privilegien und Ansehen nicht
bemühen musste. Ein Aristokrat verdiente Achtung, weil er
Aristokrat war. Er kam sozusagen schon erfolgreich auf die Welt.

Natürlich vollbrachten einzelne Menschen auch in der ständischen Gesellschaft individuelle Leistungen auf allen möglichen Gebieten: Eine Schlacht wurde gewonnen, eine gute
Heirat ausgehandelt, die Innenkuppel einer Kathedrale wurde
ausgemalt, ein Bein wurde lebensrettend amputiert und so weiter. Aber diese Handlungen wurden nicht der eigenen Person
zugerechnet und als Leistung verbucht, mit der man dann den
eigenen Status auf der sozialen Erfolgsskala hätte registrieren
können. Solange galt, dass der Adel Privilegien hatte, um die er
sich nicht bemühen musste, weil sie ihm angeboren waren, und
solange galt, dass es für all jene, in deren Adern kein blaues Blut
floss, vergeblich sein würde, sich um diese Privilegien zu bemühen, war Erfolg ein Begriff, den man bei der Frage um die
Verteilung von Status und anderen kostbaren Gütern getrost
vernachlässigen konnte. Macht, Besitz und Ansehen hatte der
Adel, und nur ihm stand all das auch zu. Alle Verhandlungen
und Fragen des gesellschaftlichen Ansehens – was es war, woran
man es erkennen konnte und wie man es verlieren konnte –
kreisten um dessen feudale Lebensformen.

Dann gab es noch die Abstufungen *innerhalb* des Adels. Der
gesellschaftliche Status eines Aristokraten war durch Geburt
festgelegt, niemand konnte ihm den streitig machen. Den individuellen Status unter den Gleichrangigen mussten er oder sie

sich allerdings erst zulegen, aber auch hierbei spielte ein moderner Begriff von Erfolg keine Rolle. Die Verteilung von Macht, Ansehen und Einfluss an den Höfen Europas war eine diffizile Angelegenheit. Sie setzte politisches Geschick voraus, manchmal die Bereitschaft zur Intrige, gelegentlich reichte auch physische Schönheit. Wer gerade hoch im Kurs stand und wer nicht, änderte sich mitunter plötzlich und überraschend. Das Auf und Ab des persönlichen Werts und das der anderen, wurde daher seismographisch registriert. Schließlich konnte es tödlich sein, sich mit jemandem zu verbinden, dessen Stern im Sinken begriffen war. Aber bei all dem bemaß sich das Ansehen nie an erbrachten Leistungen oder Können oder Besitz. Ansehen (oder nicht) war eine Frage, die sich unter Aristokraten auf der Ebene von Konversation regeln ließ und nicht durch Geschäfte, Reichtum, Können oder durch Wissen. (Und in gewisser Weise ähnelt dieses aristokratische Prinzip der Verteilung flüchtigen Ruhms, der wie durch Fingerschnipsen verfliegen kann, dem anfälligen Erfolg unserer so genannten Promis. Deren öffentliche Bühne ist nicht der Hof, sondern das Fernsehen, aber dort sind sie dann habituelle Selbstdarsteller, genauso wie die Aristokraten am Hofe Ludwig XIV. Nur: Das Spiel der Promis ist riskanter, als es für den Adel je war, denn der Adel verfügte per Geburt über eine Qualität, die seinen ganz tiefen Fall abfederte. Eine Eigenschaft, die niemandem sonst in der Gesellschaft zugebilligt war, mit der jeder Aristokrat auf die Welt kam und die er mit ins Grab nahm: seine Ehre.)

Der persönliche Status eines Aristokraten leitete sich aus dem Begriff der Ehre ab. Für Männer bemaß sich ihre persönliche Ehre im Wesentlichen an ihrem Mut, ihrem Geschmack und ihren Umgangsformen, für Frauen an ihrer Tugend. An den Höfen gab es hochkomplizierte Systeme, die dazu dienten, festzulegen, wem mehr Ehre geschuldet war als anderen und welches Verhalten als ehrenhaft galt und welches nicht. Zur Ausbildung eines jungen Adeligen gehörte es, diese Regeln zu lernen. Eine falsch ausgeführte Verbeugung, gar Blähungen in Anwesenheit der Königin – und eine Karriere am Hof konnte beendet sein. (Als einem Höfling ein derartiges Missgeschick einmal in Gegenwart Königin Elisabeths I. unterlaufen war, hatte ihre Majestät allerdings die Güte, noch Jahre später zu versichern: »Den Furz haben wir längst vergessen.«) Solche Vergehen waren in der Regel auch schon deshalb fatal, weil die ständische Gesellschaft eine Repräsentationskultur war: Etikette, das Zeremoniell am Hof, Konventionen waren nicht überflüssiger Zierrat, den man sich aus Lust am Theatralischen leistete, sondern sie dienten dazu, die soziale Ordnung zu zementieren. Im höfischen Zeremoniell, beispielsweise, war jedem sein fester Platz angewiesen, und jedem war vorgeschrieben, was er oder sie an diesem Platz zu tun hatte – genauso, wie das für die Ordnung der ganzen Gesellschaft galt.

So erklärt sich die Obsession vergangener Jahrhunderte mit guten Manieren. In Repräsentationskulturen dienten Benimmregeln unmittelbar dazu, Statusfragen zu klären. Die Manieren zu kennen und in allen Nuancen zu beherrschen war absolut notwendig für den, der am Hof etwas werden wollte. Die Quadrille perfekt tanzen zu können war nicht nur sehr hübsch, sondern eine Voraussetzung für erfolgreiches Überleben am Hof beziehungsweise in der Gesellschaft.

Denn der Hof repräsentierte (offiziell) die ganze Gesellschaft. Der überwiegende Teil der Bevölkerung kam in der Gesellschaft also gar nicht vor. Bauern, Bäuerinnen, Handwerker, Händler, Soldaten, Hebammen galten wenig oder gar nichts. Heute kennen wir diese extrem eingeschränkte Sicht auf die ganze Gesellschaft übrigens noch aus dem Geschichtsunterricht, jedenfalls wenn wir in den 60er Jahren oder davor geboren sind. Jahraus, jahrein mussten wir uns mit den Taten großer Männer langweilen und erfuhren nie, woher denn das Metall für die Waffen stammte, die in den Schlachten zum Einsatz kamen, deren Jahreszahlen wir lernen sollten. Dass Geschichte mehr sein kann als die Taten und Entscheidungen mehr oder weniger bedeutender Herrscherhäuser, zeigte erst der französi sche Historiker Fernand Braudel in den fünfziger Jahren des 20. Jahrhunderts. Seine *Schule der Annales* interessierte sich für all das, was in der Geschichtswissenschaft bis dahin noch nie eine Rolle gespielt hatte: Sie nahm das Leben in Dörfern und die Infrastruktur ländlicher Regionen unter die Lupe, untersuchte die Mentalität einzelner Bevölkerungsgruppen, ihre Lebensweise, die ihr zur Verfügung stehenden Technologien, die Bedeutung des Klimas und die Auswirkungen von Missernten auf die Demographie einer Region. Inzwischen kommt uns Braudels weiter Blick auf die Geschichte der Mentalitäten und des Alltags längst nicht mehr so revolutionär vor, wie er das ursprünglich war, schließlich können wir jetzt überall historische Bauernhäuser und Küchentrakte besichtigen. Aber diese Sichtbarkeit des historischen Alltags der mittleren und unteren Schichten ist eine nachträgliche Entdeckung ihrer Lebensweise. De facto spielte der größte Teil der Gesellschaft jahrhundertelang in der Gesellschaft einfach keine Rolle. Die Gesellschaft – das war die Aristokratie.

Aus diesem Grund versuchten ehrgeizige Bürger vom 16. bis ins 19. Jahrhundert notorisch, das Verhalten des Adels zu kopieren. Inzwischen ist dessen einst wichtigste Kommunikationstechnik, die Etikette, immer noch sehr schön anzusehen, aber sie ist nahezu vollständig funktionslos. Man braucht sie nicht, um Erfolg zu haben oder sich seines sozialen Status zu vergewissern. Wer sich heute dafür interessiert, hat ein exzentrisches Hobby. In der Regel kümmert man sich heute darum, die feinen Sitten zu erlernen, *nachdem* man Karriere gemacht hat, oder sobald Aussichten bestehen, dies alsbald zu tun. Und weil niemand gute Manieren als *Zugangsvoraussetzung* für die Karriere braucht, sind die Bemühungen der Ur-Ur-Urenkelinnen alter Adelsgeschlechter, uns Normalsterblichen Manieren beizubringen, eben bloß noch Entertainment für Talkshows. Sie stören im Beruf nicht und können das soziale Miteinander angenehmer gestalten, aber niemand benötigt heutzutage Umgangsformen, um seinen gesellschaftlichen Status zu klären. Unter normalen

Umständen reicht der Besitz eines feuerroten Maseratis voll-kommen aus. Statt auf Ehre und gute Manieren setzt die mo-derne Gesellschaft auf eine Kombination aus Leistung oder Ar-beit und Besitz. Und Erfolg erkennt man im Zweifelsfall dann eben an den universell gültigen Insignien.

»Jeder Mann trägt sein Glück in seinen eigenen Händen«

»Es ist beinahe so lebensnotwendig, vornehmes Benehmen und höfliche Ungangsformen zu lernen, wie sprechen oder lesen oder schreiben zu lernen«, gab der Angehörige des englischen Hochadels, Lord Chesterfield, noch im 18. Jahrhundert seinem Sohn mit auf den Lebensweg. Doch zur selben Zeit hatten in England bereits politische und ökonomische Veränderungen stattgefunden, die es einzelnen Personen möglich machten, ganz ohne »vornehmes Benehmen« eine entscheidende Rolle in der Gesellschaft zu spielen.

Im 18. Jahrhundert entstand in England der moderne Indus-triekapitalismus. Die Bedingungen dafür waren mit einer anstei-genden Warenproduktion in Manufakturen, einer entstehenden Konsumkultur, mit durch die Seefahrt vernetzten Märkten gegeben – und begünstigt durch ein Klima politischer Freiheit. Diese Kapitalisierung der englischen Wirtschaft brachte eine neue soziale Schicht hervor, die sich einem neuen Projekt wid-mete: viel Geld in kurzer Zeit zu machen. Einzelne Männer aus den Mittelschichten konnten innerhalb der Spanne ihres eige-nen Lebens zu gewaltigen Vermögen kommen. Ein neues sozia-les Phänomen entstand, die Figur des sozialen Aufsteigers. Die Besitzer von Manufakturen, Spekulanten, Kaufleute, Investoren waren die potenziellen Start-ups der ersten Generation. Wenn sie rührig und geschäftstüchtig waren, konnten einige von ihnen ein gewaltiges Vermögen verdienen – und durch wirtschaftlichen Erfolg zu Prestige und Ansehen kommen. Auch diese historische Entwicklung ist inzwischen so sehr zum Erwartungs- und Erfahrungsbereich unserer Welt geworden, dass es uns schwer fällt nachzuvollziehen, wie ungewöhnlich und verwirrend sie für die ersten Aufsteiger des Kapitalismus gewesen sein musste. Sie arbeiteten, sie taten also das, was ihre Väter und Großväter und Urgroßväter und deren Väter und Großväter und Urgroßväter immer schon getan hatten – aber *sie*, die neue Generation, wurde nun plötzlich auch mit weltlichen Ehren überschüttet. Sie wurden ungeheuer reich, und sie bekamen soziales Ansehen. Sie hatten Erfolg.

»Jeder Mann trägt sein Glück in seinen eigenen Händen«, erklärte ein Geschäftsmann aus Birmingham, William Hutton (1732–1815), und stimmte damit die neuen Töne der Zeit an. Hutton verkörperte den neuen Typus des Unternehmers, der sich aus ärmsten Verhältnissen emporgearbeitet hatte. Mit sieben Jahren hatte er als Kinderarbeiter in einer Seidenspinnerei angefangen zu arbeiten; mit vierzehn lernte er, wie man Strümpfe herstellte. Aber ob es nun eine Leidenschaft fürs Lesen war oder die Erkenntnis, dass der Buchmarkt die Unterhaltungsindustrie seiner Zeit war: Hutton setzte auf Bücher. Mit 23 Jahren eröffnete er einen Buchladen in einer Provinzstadt in der Nähe von Nottingham; als das Geschäft dort nicht lief, versuchte er es im größeren Birmingham, wo auch das Lesepublikum größer war. Sechs Jahre später eröffnete er dort einen Großhandel für Papier und war damit, trotz der Fehlinvestition in eine Papiermühle, so erfolgreich, dass er im großen Stil in Grundbesitz investieren konnte. Auf dem Land ließ er sich nun, der Sohn eines armen Wollkämmers, ein großes Anwesen errichten. In Birmingham baute Hutton ein Stadthaus, und er übernahm öffentliche Ämter, so wie sich das für einen Stadtbürger der gehobenen Gesellschaft gehörte. Als gegen Ende des 18. Jahrhunderts Arbeiteraufstände in Birmingham ausbrachen, gingen allerdings auch die beiden Häuser von Hutton in Flammen auf. Der Zorn der Massen, hieß es, habe sich an der Tatsache entfacht, dass Hutton ein Nonkonformist war, das heißt ein Puritaner. Die letzten Jahre verbrachte Hutton in seinem wieder aufgebauten Landhaus damit, seine Memoiren zu schreiben: Er notierte akribisch eine Anekdote für jeden einzelnen Tag seines Lebens, beginnend mit seinem 10. Lebensjahr. Vielleicht wollte er einfach dahinter kommen, was es eigentlich gewesen war, das ihn, den Sohn aus ärmsten Verhältnissen, so weit nach oben gebracht hatte. Wie war das, was ihm widerfahren war, möglich gewesen – vom siebenjährigen Kinderarbeiter zum reichen, angesehenen Fabrikanten mit siebzig?

Wie Hutton war Jedediah Strutt Puritaner, wie Hutton stammte er aus ärmsten Verhältnissen, und wie Hutton hatte er ein Vermögen gemacht. Am Ende seines Lebens stand auf seinem Grabstein: »Hier liegt Jedediah Strutt, der es ohne Vermögen, Familie und Freunde aus eigener Kraft zu einem Vermögen, einer Familie und einem Namen in der Welt brachte.« Der Verstorbene hatte die stolzen Worte kurz vor seinem Tod 1797 für die Nachwelt selbst formuliert. Männer wie er und Hutton waren eine neue Spezies in der europäischen Kultur, die es bis dahin so nicht gegeben hatte. Die »Familie«, zu der es Strutt gebracht hatte, setzte ihn mit der Aristokratie gleich – denn im Wortgebrauch der Zeit bedeutete »eine Familie zu haben« von hoher Abstammung sein. Aber Strutt war nicht hochgeboren, er hatte sich hochgearbeitet.

Strutt war ein englischer Fabrikant aus den Anfängen der Industrialisierung. Sein Vater war Tagelöhner gewesen. Strutt hatte eine Strickmaschine erfunden und anfangs mit Seidengarnen gehandelt. Gegen Ende seines Lebens besaß er mehrere Fabriken in der Nähe von Derby.

Mit seiner Grabinschrift hinterließ er der Nachwelt das Zeugnis seiner Leistungen: seines Fleißes, seines kaufmännischen Geschicks, seines Erfindergeistes, seiner Tüchtigkeit – der Grabstein dokumentierte die Geschichte eines persönlichen Erfolgs.

Strutt machte keinen Hehl aus seinem Selbstbewusstsein, das dem Umstand entsprang, sich seinen Erfolg selbst erarbeitet zu haben. Sein Grab war das kühle Denkmal einer inneren Haltung und der Ausdruck innerer Überlegenheit. Es sagte: Seht her, was ein Mann aus eigenem Antrieb schaffen kann, und bringt seiner Arbeit die gebührende Achtung entgegen. Strutt zeigte nicht nur, was er erreicht hatte – Geld, Ansehen und Einfluss –, er machte klar, dass er fand, er habe es auch *verdient*.

Doch woraus bezog der englische Fabrikant diese Gewissheit? Wie war es möglich, dass Strutt, der noch ein oder zwei Generationen zuvor als ein Niemand gestorben wäre, sich jetzt über den Tod hinaus gewürdigt sehen wollte? Und woher stammte sein Selbstvertrauen in das, was bisher keine Bedeutung für das gesellschaftliche Ansehen des Einzelnen gehabt hatte, nämlich den Erfolg seiner Arbeit?

Der Soziologe Max Weber hat zu Beginn des 20. Jahrhunderts eine der einflussreichsten Thesen der Kulturtheorie formuliert. Weber stellte fest: In den Anfängen des Kapitalismus im England des 17. und 18. Jahrhunderts hatte unter den erfolgreichsten Unternehmern eine bestimmte Mentalität geherrscht, die offenbar dazu geführt hatte, dass sie beruflich enorm erfolgreich wurden. Es waren Männer, die nicht nur durch ihren außergewöhnlichen beruflichen Ehrgeiz auffielen, sondern auch durch ihren strenggläubigen Protestantismus. Weber entwickelte aus dieser Beobachtung seine berühmte These, die besagt, dass der Protestantismus eine bestimmte Ethik der Arbeit gefördert hat und dass diese »protestantische Ethik« den idealen Nährboden bot, auf dem der Kapitalismus gedeihen konnte. Während die katholische Kirche Arbeit als Strafe der Menschheit für den Sündenfall gewertet hatte, verwandelte der Protestantismus die Arbeit zur persönlichen Berufung und machte sie zu einer religiösen Pflicht. Dies war ein gewaltiger Bruch mit der Tradition der katholischen Kirche.

Der entscheidende Wendepunkt war die Auslegung der Lehre der Prädestination durch die Anhänger Calvins, die in England

Puritaner oder Nonkonformisten hießen. Die Lehre der Prädestination stammte von dem römischen Kirchenlehrer Augustinus, und sie besagte, dass ein strenger und unbarmherziger Gott in seinem rätselhaften Ratschluss jedem Menschen vorherbestimmt (»prädestiniert«) hatte, ob er in den Himmel oder in die Hölle kommen werde. Welches Schicksal nach dem Tod auf einen wartete, konnte niemand vorher wissen, und so konnte man an Gottes Entscheidung auch im Laufe des Lebens nichts mehr ändern. Während diese Lehre im Weltbild des Mittelalters dem Einzelnen jeden persönlichen Ehrgeiz von Grund auf austrieb (wir werden das im nächsten Teil noch sehen), interpretierten die puritanischen Sekten des 16. und 17. Jahrhunderts die Lehre von der Prädestination völlig neu.

Der Glaube der Puritaner an die Prädestination führte zu einer ganz widersprüchlichen Reaktion. Weil sie nicht wissen konnten, ob sie erwählt waren oder nicht, begannen sie die Zeichen ihres Erwähltseins an sich zu produzieren. Sie tricksten sich quasi selber aus. Sie legten Regeln zur Lebensführung im Alltag fest, von denen sie glaubten, sie würden Gott gefallen. Aber merkwürdigerweise kamen die gottesfürchtigen Puritaner nun auch auf die Idee, schon die Ausübung dieser Regeln sei das Zeichen ihres Erwähltseins.

Puritaner glaubten nicht an die Heil bringende Wirkung eines gottgeweihten Lebens in untätiger Kontemplation. Nicht im Kloster, sondern durch seine Arbeit diente ein gottesfürchtiger Puritaner dem Herrn. Sein Gottesdienst war Arbeit, sein Rosenkranz war unermüdlicher Fleiß, seine Beichte war materieller Gewinn oder die nächste große Investition, seine Übungen in Buße waren Verzicht, Fleiß und radikale Sparsamkeit. Der ganze Alltag wurde der Arbeit untergeordnet und mit einer Strenge geregelt, die die meisten Menschen bisher nur von ferne vom Leben im Kloster kannten. Weber spricht von »innerweltlicher Askese« und zitiert einen zeitgenössischen protestantischen Theologen, der erklärte: Wer glaube, durch den Protestantismus dem Kloster entronnen zu sein, täusche sich gewaltig, denn ab nun sei jeder hart arbeitende Mensch sein ganzes Leben lang ein Mönch.

Der Gott der Puritaner war streng, aber man konnte versuchen, ihn gnädig zu stimmen, wenn man sich im Alltag bewährte. Weber zeigte, wie der Versuch des gläubigen Puritaners, gottgefällig zu leben, eine Dynamik in Gang setzte, die Männer wie Hutton oder Strutt hervorbrachte. Denn wenn sich sein Fleiß auszahlte, durfte der puritanische Gläubige seine Gewinne nicht für Luxusgüter ausgeben, sondern er sollte sie zum Ruhme Gottes vermehren. Niemand durfte sich auf seiner Arbeit einfach ausruhen. Er arbeitete weiter und investierte seine Gewinne in profitable Geschäfte, und er tat all das in der Gewissheit, Gott damit zu dienen.

Dieser paradoxe Umgang mit Geld brachte den Kapitalismus hervor. Man muss sich das einmal klar machen: Der Puritaner arbeitete wie ein Besessener, um Geld zu verdienen, aber er durfte das Geld nicht ausgeben. Er durfte es nur investieren, weil eine Investition mehr Arbeit bedeuten und in neue Gewinndimensionen führen würde. Die puritanischen Geschäftsleute machten aus Arbeit Geld und aus Geld wieder Arbeit und dann daraus noch mehr Geld. Wenn Strutt und Hutton sich schließlich große Häuser leisteten, dann taten sie das nicht, weil sie ihren Reichtum genießen wollten, sondern weil solche Anschaffungen Investitionen auf sozialer Ebene waren, ein repräsentatives Haus gehörte eben zum Rang eines einflussreichen Bürgers dazu. In dieser nüchternen Haltung gegenüber ihrem Geld unterschieden sich die frühen Kapitalisten von der Aristokratie. Für den Adeligen bedeutete Geld Luxus, er musste es förmlich verprassen, um seinen sozialen Status zu wahren, und leistete sich Luxus auch dann noch, wenn er kein Geld mehr hatte, dann eben auf Pump. Tocqueville, der selbst einer Schicht entstammte, die nie arbeitete und ihren Wohlstand genoss, hatte sich darüber gewundert: Ein Amerikaner hörte nicht auf zu arbeiten, wenn er bereits steinreich war. Darin zeigte sich ihm das ideologische Erbe der Gründerväter, denn als puritanische

Gläubige seit dem 16. Jahrhundert begonnen hatten, nach Amerika auszuwandern, weil sie in England unterdrückt wurden, hatten sie ihre protestantische Ethik im spirituellen Gepäck.

Webers These ist entscheidend für die Entstehung des modernen Begriffs von (beruflichem) Erfolg und Misserfolg. Sie macht die enge Verknüpfung von Erfolg und Geld im Kapitalismus begreiflich, und sie erklärt, warum wir dazu neigen, so ungeheuerlichen Respekt vor dem Erfolg zu haben. Weber zeigte: Der hart arbeitende Unternehmer des 17. oder 18. Jahrhunderts war der Auffassung, er verdiene sein Geld *für Gott*. Hatte er tatsächlich beruflichen, das heißt finanziellen Erfolg, konnte er dies als ein Zeichen verstehen, dass Gott seine Mühen anerkannt hatte und ihn belohnte. Hatte er großen Erfolg (das heißt machte er besonders lukrative Geschäfte), durfte er annehmen, Gott habe ihn mit besonderer Gnade bedacht. Wer Erfolg hatte, konnte also glauben, zu den Erwählten zu gehören.

Die Berufsethik der Puritaner verwandelte ihren professionellen Erfolg zu etwas Gewichtigem. Etwas, das sogar noch mehr galt als Wohlstand und sozialer Status. Denn wenn Gott die Mühen der Arbeit – Fleiß, Sparsamkeit, Bescheidenheit – mit Erfolg krönte, was anderes konnte das sein als ein Zeichen dafür, dass er sich gnädig zeigte! Beruflicher Erfolg war das untrügliche Zeichen dafür, dass Gott einen erwählt hatte! Strutts durch nichts und niemanden geschmälertes Selbstvertrauen in seinen Erfolg erklärt sich hieraus. Er wusste, dass Gott auf seiner Seite stand. Vielleicht klang aus seiner Grabinschrift auch ein wenig Verwunderung. Da hatte er sich bloß an ein paar anstrengende, aber schlichte religiöse Regeln gehalten und wurde mit ungeahnten weltlichen Gaben bedacht!

Aber wenn der Erfolg das Zeichen dafür war, von Gott erwählt worden zu sein – was bedeutete es dann, Misserfolg zu haben? Was bedeutete es, wenn man scheiterte? Was, wenn man Bankrott machte?

Scheitern war für den Puritaner ein Gottesgericht. So wie sein Erfolg war auch sein Misserfolg ein Zeichen des Herrn. Er musste ihn als sicheres Zeichen dafür nehmen, dass Gott sich von ihm abgewandt hatte. Ein Bankrott war eine Katastrophe, und eben nicht nur, weil damit viel Geld verloren ging, sondern weil Gott sich darin zornig zeigte.

Unser Gewährsmann für diese düstere Seite des protestantischen Arbeitsethos ist Daniel Defoe.

Defoe war Puritaner, sein Vater arbeitete anfänglich als Kerzenmacher und später als Schlachter. Defoe hatte Ehrgeiz. Weil er als Puritaner keine reguläre Universität besuchen durfte, ging er an eine der Akademien für Nonkonformisten. Ursprünglich sollte er Geistlicher werden, doch schon mit Anfang zwanzig hatte Defoe sich als Kaufmann in London niedergelassen. Er handelte mit Bier, Wein, Tabak und Textilien, die er aus Portugal und Amerika bezog und in England verkaufte. »Tag für Tag schießen Männer aus dem Nichts hinauf zu Reichtum«, beschrieb er später das wirtschaftliche Leben im London seiner Zeit, und er hätte genauso gut hinzufügen können: Und von Zeit zu Zeit stürzen sie wieder ab.

Mit 32 Jahren machte Defoe zum ersten Mal Bankrott. Er war ruiniert, mit der für damalige Verhältnisse unvorstellbaren Summe von 17 000 Pfund; sie entspricht heute etwa dem Hundertfachen. Als Grund für seinen Ruin sah Defoe seinen Wagemut. Er beschuldigte sich selbst – so wie es sich für einen reuigen Puritaner gehörte, der sich angesichts seines eigenen Bankrotts entsetzlich fühlen musste. Denn was anderes als eine gewaltige persönliche Schuld sollte Gott dazu veranlasst haben, jemandem einen solchen schrecklichen Misserfolg zu schicken?

Wahrscheinlich waren tatsächlich nicht alle von Defoes Investitionen absolut sichere Sachen gewesen: Einmal kaufte er siebzig Zibetkatzen in der Absicht, Moschus aus ihren Afterdrüsen zu gewinnen, ein andermal investierte er in eine Tauchglocke, um einen versunkenen Schatz zu heben. Doch an seinem Ruin war Defoe nicht selbst schuld. Er scheiterte auf eine ganz moderne Weise, auf eine Art, wie sie Millionen von Geschäftsleuten in den nächsten Jahrhunderten erleben würden. Defoe war ein Risiko eingegangen, das nicht kalkulierbar war. Und schon war es ihm zum Verhängnis geworden. In komplexen Wirtschaftssystemen wie dem Kapitalismus ist das unvermeidlich. Einzelne Personen müssen Risiken eingehen können, aber sie können diese Risiken nie vollständig überblicken, weil es zu viele unvorhersehbare Faktoren gibt, die zu berücksichtigen wären. 1692 konnte einem Kaufmann wie Defoe beispielsweise ein Unwetter, ein Piratenüberfall auf offener See oder ein plötzlich ausbrechender Krieg zum Verhängnis werden. Defoe erlebte den letztgenannten Fall: Er hatte Schiffe versichert, die in Seeschlachten zwischen England und Frankreich verloren gingen.

Mittlerweile sind dramatische Überraschungen im Beruf längst nicht mehr das Privileg risikofreudiger Unternehmer. 2005 brauchen wir offenbar nur einen Arbeitsvertrag zu unterschreiben, um kurz danach bereits nicht mehr so recht zu wissen, was daraus werden kann. In einer globalisierten Wirtschaft, in der alles mit allem vernetzt ist und sich Veränderungen auf dem chinesischen Markt unmittelbar in Lesotho auswirken können, trägt jetzt jeder ein Risiko.

Ende des 17. Jahrhunderts kamen Bankrotteure üblicherweise ins Gefängnis und mussten dort so lange bleiben, bis sie ihre Schulden einschließlich der Gefängniskosten bezahlt hatten. Defoes Gläubiger waren allerdings vernünftig genug, um einzusehen, dass sie ihr Geld wohl noch am ehesten wiedersähen, wenn Defoe die Möglichkeit bekäme, es außerhalb der Gefängnismauern zu verdienen.

Nun begann für Defoe das Leben eines Getriebenen. Die Gläubiger waren ihm auf den Fersen und blieben es – bis zu seinem Tod im Jahr 1731. Aber genauso peinigend wie die Gläubiger war das Gefühl, von Gott gestraft worden zu sein. Die gewaltigen Schulden lasteten auf Defoe als eine Schuld vor Gott. Sie zeigten ihm, dass er in Ungnade gefallen war. Defoe tat das, wovon er annehmen musste, dass es ihm wieder Gottes Wohlwollen einbringen würde: arbeiten bis zum Umfallen. Der Fleiß und die berufliche Vielseitigkeit, die er bis zum Ende seines Lebens unter Beweis stellte, sind absolut beeindruckend. Ihr Motor war die Angst, die Defoe im Nacken saß. Er hatte Angst, zu den Verdammten zu gehören – und um sich von dieser Schreckensvision zu befreien, musste er wieder Erfolg haben.

Defoe sanierte sich in den folgenden zehn Jahren mit einer eigenen Manufaktur für Backsteine und Dachziegel. Er brachte es in der relativ kurzen Zeit sogar so weit, sich ein großes Haus leisten zu können – und sogar eine eigene Kutsche. Im Besitz einer eigenen Kutsche zu sein war ein beachtliches Statussymbol – etwa von der Größenordnung eines Privatjets, und keinesfalls mit einem Auto zu vergleichen. Dann folgte der zweite Bankrott.

Defoe war wegen eines Pamphlets im Gefängnis gelandet und hatte anschließend eine Weile untertauchen müssen. (Er, der Puritaner, hatte mit beißender Ironie dazu aufgefordert, die in England unerwünschten Puritaner doch einfach zu töten, und da dieser Gedanke ungefähr dem entsprach, was die englische Regierung heimlich dachte, aber natürlich nie zu tun gewagt hätte, galt Defoe nun als Provokateur und als Aufwiegler.) Nach seinem zweiten Bankrott wurde er Spion der englischen Regierung und Reporter. Er schrieb nun wie ein Besessener, um Geld zu verdienen. Bis zu seinem Tod entstanden an die 500 Texte: politische Pamphlete, moralische Traktate, Journalismus, Reiseliteratur, Sozialgeschichte, Romane und Ratgeberbücher, darunter auch eines über Sex in der Ehe – oder doch eher über die Vermeidung von Sex in der Ehe, schließlich war Defoe Puritaner.

Mit knapp sechzig verfasste Defoe seinen ersten Roman, *Robinson Crusoe*. Das Buch war ein Bestseller zu seiner Zeit, und es hat Literaturgeschichte geschrieben. Die Handlung ist diese: Robinson ist ein »merchant adventurer«, ein Handel treibender Abenteurer, der das große Geld mit dem Sklavenhandel macht und alles durch windige Geschäfte verliert. Zur Strafe – nicht dafür, dass er Sklavenhändler war, sondern dafür, dass er seine Gewinne nicht seriöser investiert hat – lässt Gott ihn Schiffbruch erleiden. Robinson landet auf einer einsamen Insel und muss dort sehen, wie er überlebt. Vordergründig ist der Roman eine Abenteuergeschichte. Tatsächlich verbirgt sich dahinter aber eine handfeste moralische Fabel über persönliche Schuld und über den Umgang mit dem beruflichen Scheitern.

Robinson verkörpert dabei natürlich niemand anders als Defoe. Sein Schiffbruch ist Defoes Bankrott. Sein Inselschicksal ist seine Bewältigung des Scheiterns.

Defoe erzählt, wie der gestrandete Kaufmann Crusoe das Wrack des Schiffs vor der Küste entdeckt und methodisch ausschlachtet – so wie er selbst nach jedem unternehmerischen Schiffbruch versuchen musste, aus den Trümmern herauszuholen, was herauszuholen war. Robinson versorgt sich also erst einmal mit Waffen, Munition, Kleidung, aber auch mit einer Bibel und Schreibzeug. Er beginnt, ein Tagebuch zu schreiben. Darin führt er Buch über seine moralischen Verfehlungen. Er erkennt, dass er sich schuldig gemacht hat, als er sich auf windige Geschäfte und ein Abenteuerleben ohne rechtes Maß eingelassen hat, statt sich der Segnungen einer bürgerlichen Existenz zu erfreuen. Er begreift, dass Gott ihn überleben ließ, damit er sich bewähren kann. Seine Existenz auf der Insel hat also den Zweck, aus den moralischen roten Zahlen herauszukommen, so wie jeder Bankrotteur sein Schuldenkonto ausgleichen muss.

Robinson trägt seine Schuld ab. Er bewährt sich, wie Defoe, durch unermüdlichen Fleiß und harte Arbeit – es ist geradezu absurd, was er auf der einsamen Insel alles baut. Er zeigt, dass sich mit Tatkraft und Gottvertrauen auch aussichtslose Situationen meistern lassen. Allmählich wird es nun auf der Insel dank Robinsons Bemühungen immer schöner und zivilisierter. Dies ist das Zeichen dafür, dass Gott seine Mühen anerkennt und sich ihm gnädig zeigt. Robinson hat sich von dem Schicksal ewiger Verdammnis gerettet – durch harte Arbeit.

Der Unternehmer aus den Frühzeiten des Kapitalismus konnte es weit bringen – dank der Werte der protestantischen Ethik, die er verinnerlicht hatte. Hatte er Erfolg, wusste er: Gott ist für mich, hatte er keinen Erfolg, wusste er: Gott ist gegen mich. Im ersten Fall galt die Logik des persönlichen moralischen *Verdienstes*, im zweiten schlug das Gefühl einer persönlichen moralischen Schuld zu. Wir sind zwar keine Puritaner mehr, aber mit den Werten der protestantischen Ethik ist der eine mehr und der andere weniger intim vertraut. Und auch die Unterscheidung von »verdientem Erfolg« und »selbstverschuldetem Misserfolg« haben wir von Defoe und seinen Zeitgenossen geerbt. Sie überhöht unseren Respekt vor Erfolg und belastet unser Verhältnis zum Scheitern. Sie taucht heute zum Beispiel immer da auf, wo Politiker davon sprechen, Menschen, die »schuldlos in Not« geraten sind, müsse geholfen werden – wobei sie diskret unausgesprochen lassen, dass es dann ja wohl auch Menschen geben muss, die »schuldhaft in Not geraten« sind und die bestraft werden müssen, indem man ihnen eben nicht hilft. Die Frage bei diesem Verteilungsspiel von Verdienst und Schuld ist dann aber, welche Bedeutung es haben kann, die Schuldigen auszumachen. Waren die Start-ups, die 1999 auf E-Business setzten, weil alle Welt entzückt rief, hier läge die Zukunft (und mit ihr das große Geld), selbst schuld, als die Seifenblase kurz darauf platzte? Hätten sie bescheidener sein und lieber in einen Teeladen investieren sollen?

In einer Welt, in der niemand seriös vorhersagen kann, wer morgen erfolgreich sein wird und wer nicht, (und warum das so sein wird), ist die Unterscheidung von schuldig scheitern und unschuldig scheitern nicht nur so absurd wie zu Defoes Zeiten, sie ist auch vollkommen irrelevant. Sie erklärt das Scheitern nicht, sie hilft niemandem weiter, und sie räumt das Scheitern auch nicht aus der Welt.

Für uns ist etwas ganz anderes viel wichtiger zu wissen, als wer »schuldhaft scheitert« und wer nicht. Wir müssen sehen, dass in modernen Gesellschaften jeder scheitern kann; das unterscheidet sie von traditionellen Gesellschaften. Und deshalb ist es für uns viel wichtiger zu wissen, dass wir alle gut damit umgehen können.

Wir neigen dazu, unsere Erfolge ausschließlich als Eigenleistung zu erleben (statt zu sagen: Wir waren zur rechten Zeit am rechten Ort, hatten Glück, trafen auf Leute, die uns wohlgesonnen waren). Für das Scheitern aber tendieren wir dazu, die unüberwindlichen Hindernisse verantwortlich zu machen, die uns die Umwelt vor die Füße wirft. Doch wenn man erst gescheitert ist, stellt man gelähmt fest, dass es keinen Unterschied macht, wer an dem Verhängnis schuld ist. Denn klarkommen muss man damit ganz allein (und selbst wenn es Hilfe gibt, muss man sie erst finden und es dann über sich bringen, sie auch anzunehmen).

Pflichterfüllung: Samuel Smiles und Herbert Spencer

Die Puritaner des 17. Jahrhunderts betrachteten Erfolg als moralische Pflicht für ein paar Erwählte. Im 19. Jahrhundert wurde Erfolg zur sozialen Pflicht für alle. Männer wie Hutton hatten erklärt: »Jeder Mann trägt sein Glück in seinen eigenen Händen«, doch kaum war diese Freiheit einmal ausgesprochen worden, klang sie schon wie der Imperativ: »Mach etwas aus dir!«

Der Erfolgsbegriff des 19. Jahrhunderts war zutiefst moralisch verankert. Der Erfolg Einzelner galt als gut, weil er der ganzen Gesellschaft zu Gute kam. Jede Leistung eines Einzelnen würde dem Fortschritt der ganzen Gesellschaft nützen – und um gesellschaftlichen Fortschritt drehte sich im 19. Jahrhundert schließlich alles. Man betrachtete die Gesellschaft als einen Aggregatzustand aller individuellen Leistungen und argumentierte, die Zivilisation sei nur dann auf dem richtigen Weg, wenn möglichst alle an ihr Beteiligten erfolgreich seien oder sich wenigstens darum bemühten. *Individuelles Erfolgsstreben* wurde nun geradezu zur *sozialen Pflicht*. Es war die moralische Aufgabe jedes Einzelnen, durch Fleiß und Pflichtbewusstsein nach Maßgabe seiner Fähigkeiten zum Wohle der Gesellschaft beizutragen. Das klang zunächst nicht schlecht, schaffte in Wirklichkeit aber eine Alltagswelt, in der jeder persönliche Misserfolg, jedes private Scheitern als Versagen vor der Gesellschaft, gar als Bedrohung der Zivilisation gewertet wurde, und mit Missbilligung und Verachtung belegt werden musste. Als eine der größten Bedrohungen für die Zivilisation empfand man im 19. Jahrhundert daher auch die Armut der Arbeiterschichten. Man glaubte, Armut sei im Wesentlichen auf Phlegma und Trunksucht zurückzuführen, und bekämpfte daher unerbittlich die Todsünden Müßiggang und Ausschweifung. Karl Marx veränderte die Perspektive: Nicht die Arbeiterschichten bedrohten den Erfolg des Projekts *Fortschritt*, weil sie so arm sind, sondern die industrielle Gesellschaft sei bereits gescheitert, weil sie eine derartige Armut habe entstehen lassen können.

Der schottische Geistliche Samuel Smiles veröffentlichte 1859 ein Buch mit dem Titel *Selbsthilfe* (Self-Help). Seine Anleitung zum Erfolgreichsein verwandelte die protestantische Ethik in einen weltlichen Ratgeber für die Mittelschichten: Arbeite hart, erfülle deine Pflichten, und du wirst mit Wohlstand und häuslichem Frieden belohnt werden. Das Buch wurde ein internationaler Bestseller, und nach der Übersetzung ins Japanische im Jahr 1870 wurde es auch die Bibel ehrgeiziger japanischer Unternehmer, die westlichen Erfolgsvorstellungen nacheifern wollten.

Smiles' Credo war kompromisslos und simpel: Selbsthilfe sei die Wurzel des moralischen Wachstums und der Quell ökonomischen Fortkommens. Wenn jeder sich um sich selbst kümmere, ginge nicht nur er selbst gestärkt daraus hervor, sondern die ganze Gesellschaft. Niemandem sei geholfen, wenn er zu viel Hilfe von außen bekäme, lautete die Kernaussage von *Self-Help*. Fremde Hilfe würde nicht nur den Einzelnen schwach machen, sondern am Ende auch die ganze westliche Zivilisation.

Zur selben Zeit wurde in England die so genannte »Armengesetzgebung« reformiert. Die Ärmsten der Armen hatten sich bis dahin immer in einer verzweifelten Lage befunden, aber sie hatten auf eine Tradition der mildtätigen Hilfe bauen können. Karitas – also Wohltätigkeit und mitleidige Nächstenliebe – galt der Kirche jahrhundertelang als christliche Kardinaltugend, und jeder, der es sich leisten konnte und der ein wenig an seinem Seelenheil basteln wollte, war aufgefordert, gegenüber den Armen Mildtätigkeit zu üben. Wohlhabende Männer zahlten in Gemeindekassen, bauten Armenschulen oder ließen »verdienstvollen« Armen ein Sonntagsessen mit Fleisch zukommen. In der ersten Hälfte des 19. Jahrhunderts legte das so genannte »Poor Law« (1834) in England jedoch fest, dass Arme keine materiellen Zuwendungen mehr erhalten sollten. Jeder sollte lernen, sich selbst zu helfen. Auf diese Weise wollte man die immense Armut bekämpfen, die die frühe industrielle Gesellschaft produziert hatte. Smiles' Formel von der Selbsthilfe sprach aus, was viele seiner Zeitgenossen ohnehin schon dachten.

Geschickt hatte sich aber auch Smiles für sein Argument moralische Rückendeckung bei Gott geholt. Hieß es denn nicht: »Hilf dir selbst, dann hilft dir Gott?« Der Trick mit Gott funktionierte, und ein großer Teil der Mittelklasse stimmte Smiles' holzschnittartiger Ethik zu. In einem Universum hart arbeitender Christen gab es keine Entschuldigung dafür, sich dem Misserfolg zu ergeben. Der Gedanke, dass sich eine moderne Zivilisation vielleicht erst dadurch auszeichnen könne, dass die Starken die Schwachen, die Erfolgreichen die Erfolglosen mittragen können, hätte das intellektuelle Niveau dieser vitalistischen Ethik bei weitem überschritten. Diese Moral war stattdessen dazu gemacht, panische Angst vor dem persönlichen Misserfolg zu schüren. Und sie war dazu gemacht, das Scheitern von nun an nach Möglichkeit zu tabuisieren, um eine moralische »Verunreinigung« durch den Misserfolg bereits in Gedanken von sich fern zu halten. Wenn ein Thema ungeheure Angst macht, lässt man es verschwinden, indem man nicht mehr darüber spricht oder nachdenkt. Allerdings sieht man dann auch nicht mehr, wovor man eigentlich Angst hat.

Smiles' Gesellschaftsbild war eine grob zusammengezimmerte Angelegenheit, und darin lag vermutlich sein durchschlagender Erfolg. Es verwirrte seine Leser nicht durch ein allzu komplexes Wenn und Aber. Anspruchsvoller, aber dadurch nicht gerade weniger beklemmend als Smiles' Abhandlung war das philosophische System von Herbert Spencer. Spencer entwickelte die Theorie der sozialen Evolution. Er übertrug dazu das Prinzip der biologischen Evolution auf die Gesellschaft. Von ihm – nicht von Charles Darwin – stammt die Formulierung des »survival of the fittest«, des »Überlebens der Bestangepassten«.

Spencer hatte eine jener trostlosen, lieblosen und einsamen Mittelschicht-Kindheiten erlebt, für die das Viktorianische Zeitalter später berüchtigt wurde. Er ging bei seinem Onkel Thomas zur Schule, einem resoluten Verfechter des Armengesetzes von 1834, der vehement dafür eintrat, den »Müßiggang« unter den Armen zu bekämpfen. Zu diesem Zweck kürzte er seine jährliche Gemeindeabgabe von 700 auf 200 Pfund. Aber das Schicksal wendete sich 15 Jahre später mit schöner poetischer Gerechtigkeit gegen Onkel Thomas: Die Eisenbahngesellschaft, in die er die Hälfte seines Vermögens investiert hatte, machte Bankrott. Der Neffe notierte: Seit diesem Schicksalsschlag habe Onkel Thomas Spencer stets »große Zugeständnisse« gegenüber denen gemacht, die durch »unglückliche Umstände« in »erniedrigende Lebensweisen« gerieten. Unglücklicherweise entging dem Neffen bei dieser Beobachtung, dass die prompte Wandlung der Geisteshaltung seines Onkels kein Beweis für dessen menschliche Größe war, sondern für die Fragwürdigkeit der Haltung, die er zuvor vertreten hatte.

Mit 17 Jahren begann Herbert Spencer bei einer Eisenbahngesellschaft zu arbeiten, anschließend versuchte er, sich als freier Journalist zu etablieren. Dies missglückte, und Spencer arbeitete anschließend wieder bei einer Eisenbahngesellschaft. Dann versuchte er, sich als Erfinder einen Namen zu machen. Auch das ging schief, denn weder die »revolutionäre« Methode zur Herstellung von Stiefeln noch das auf komplizierte Weise verstellbare Krankenbett stießen auf Interesse. Durch die Vermittlung seines Onkels bekam Spencer schließlich den Posten eines Redakteurs bei der Zeitung *The Economist*, die den Grundsatz des »laissez-faire« propagierte – laissez-faire bedeutete Nicht-Einmischung des Staates; Eigeninitiative sollte die einzige Triebkraft für wirtschaftliche Prozesse sein.

Nach dem Tod seines Onkels Thomas, der Spencer eine Erbschaft bescherte, verbrachte er die nächsten 36 Jahre damit, sein Magnum Opus zu schreiben, ein 14-bändiges Werk mit dem Titel *System der Synthetischen Philosophie*. Spencer unternahm in diesem Werk den merkwürdigen Versuch, das traditionell christliche, allumfassende Prinzip des Göttlichen durch das naturwissenschaftliche Prinzip der Evolution zu ersetzen und alles – Natur, Gesellschaft, Psyche, Moral, den Kosmos – damit zu erklären. Es war ein ehrgeiziges Unternehmen, vorangetrieben von einem intelligenten, humorlosen Junggesellen mittleren Alters, der wenig Freude am Leben kannte und der den Schönheiten der Welt skeptisch gegenüberstand. Die Arbeit brachte Spencer mehrere Nervenzusammenbrüche und ständige Selbstzweifel ein. Das Ergebnis war eine Theorie, die von der Idee des Fortschritts der Zivilisation besessen war.

Charles Darwin hatte die Evolution als Anpassung an die Umwelt beschrieben, aber damit noch nicht automatisch eine Entwicklung im Sinne von »immer besser« gemeint. Erst Spencer setzte die Evolution ausdrücklich mit ständiger Optimierung gleich und erfand die Utopie einer sich selbst regulierenden Gesellschaft, in der die Unangepassten allmählich aussterben würden. Spencer glaubte, dieser Prozess der sozialen Auslese würde wie ein Naturgesetz ablaufen, er betrachtete ihn nicht als Vorgehen des Staates. Im Gegenteil: In einer Kultur des ausgeprägten Individualismus, die ihm vorschwebte, würde der Staat überflüssig werden. Die »Auslese der Besten« würde Schwäche, Armut, Unvermögen ausmerzen, und sie würde dafür sorgen, dass sich die Gesellschaft allmählich in einen immer höheren Zustand entwickeln würde.

In diesem Szenario musste auch das Scheitern eines Einzelnen zur Wasserscheide werden. Wenn jemand gefallen war, stand er wieder auf – oder nicht? Als Spencers Werk 1896 beendet war, zeigten sich die Londoner Intellektuellenkreise für ein paar Jahre beeindruckt. Spencer sprach aus, was der Zeitgeist dachte: Bewährung in der Härte. Selbsthilfe und Eigenverantwortung verdienten Belohnung; Versagen war bedauerlich, aber auch eine unerwünschte Abweichung von den Normen der Ethik des Erfolgs: Es mussten eben Opfer gebracht werden.

Heiter scheitern: Mr. Micawber

»Wir müssen Rückschlägen mutig entgegentreten und dürfen nicht zulassen, dass sie uns verängstigen. Wir müssen lernen, das Drama zu Ende zu spielen. Wir müssen gegen das Unglück anleben!« Diese energischen Worte stammen weder von Samuel Smiles noch von Herbert Spencer, sie stammen von Miss Betsey. Miss Betsey ist eine etwa sechzigjährige, unverheiratete Dame, die ihr weiches Herz unter einer harten Schale verbirgt und in einem blumenberankten Cottage mit Seeblick wohnt – oder eher: *wohnte*, denn zu dem Zeitpunkt, da sie diese Worte spricht, sitzt sie, gestrandet wie ein »weiblicher Robinson«, zwischen dem wenigen Mobiliar, das ihr noch geblieben ist, auf ein paar Koffern und trinkt Tee. Miss Betsey gibt dabei allerdings vor, ruiniert zu sein, in Wirklichkeit inszeniert sie das Ganze nur, weil sie ihren Neffen David ein wenig antriebsschwach findet und fürchtet, dass er beruflich erst in Gang kommen wird, wenn die Not ihn dazu zwingt.

Miss Betsey entstammt dem Roman *David Copperfield* von Charles Dickens. Dass ausgerechnet sie, eine ältliche Dame vom Lande, so entschieden die Überlebenstugenden des Viktorianischen Zeitalters zum Ausdruck bringt, entbehrt nicht einer gewissen Ironie. Dickens hielt nichts von der bigotten Kultur der Rücksichtslosigkeit, die viele seiner Zeitgenossen propagierten, und er hielt vermutlich deshalb nichts davon, weil er selbst einen Absturz erlebt hatte, als er am verletzlichsten und wehrlosesten war: als Kind. Dieses frühe Erlebnis traumatisierte ihn für den Rest seines Lebens. Doch Dickens fand seine ganz eigene Art, mit dem Trauma umzugehen und sich vor der eisigen Moral und dem Kraftmenschentum seiner Zeitgenossen zu schützen: mit vielschichtiger Komik und bizarrem Humor.

Als Dickens zwölf Jahre alt war, geriet sein Vater, ein Angestellter im Marine-Lohnbüro, in finanzielle Schwierigkeiten. Die Familie, die bisher in einem respektablen Mittelklassemilieu gelebt hatte, musste in einen der damals ärmsten Vororte Londons umziehen, nach Camden. Die Schulden wuchsen trotzdem weiter, und Dickens' Vater wurde festgenommen und ins berüchtigte Londoner Marshalsea-Gefängnis für Schuldner gesteckt. Dickens blieb mit seiner Mutter und seinen Geschwistern noch eine Weile in Camden – in einem nahezu leeren Haus, denn die Einrichtung war bereits vollständig beim Pfandleiher gelandet. Schließlich zogen Mutter und Geschwister ins Gefängnis, was durchaus üblich war, wenn die Miete nicht mehr bezahlt werden konnte und sich keine Verwandten fanden, bei denen die Angehörigen Unterschlupf finden konnten.

Nur Charles blieb draußen. Ein Onkel war auf die Idee gekommen, dass er, das älteste der sechs Kinder, selbst etwas

Geld verdienen könne. Also nahm man den 12-Jährigen aus der Schule und schickte ihn in eine Manufaktur für Schuhcreme. Sie befand sich in einem heruntergekommenen, düsteren und schmutzstarrenden Gebäude. Dort hatte der Junge die Aufgabe, Schuhputzdosen zu verschließen und zu etikettieren.

Keine Worte können meine heimliche Seelenqual ausdrücken, die ich empfand, als ich in diese Kameradschaft hinabsank, als ich diese täglichen Gefährten mit denen meiner glücklicheren Kindheit verglich und meine frühen Hoffnungen, ein gelehrter und berühmter Mann zu werden, in meiner Brust zusammenstürzen fühlte. Der tiefe Schmerz, den ich bei dem Gedanken empfand, völlig verwahrlost und hoffnungslos zu sein, die Scham über meine Lage, das Elend meines jungen Herzens bei dem Gedanken, dass Tag um Tag alles, was ich gelernt und gedacht und woran ich Freude gehabt und womit ich meine Fantasie und meinen Ehrgeiz beflügelt hatte, entschwand, um nie wiederzukehren, lässt sich nicht beschreiben. Mein ganzes Wesen war so vom Schmerz und der Demütigung solcher Gedanken durchdrungen, dass ich selbst jetzt, berühmt, geliebt und glücklich, wie ich bin, in meinen Träumen oft vergesse, dass ich ein liebes Weib und Kinder habe – selbst jetzt, da ich ein Mann bin, und verzweifelt in jene Zeit meines Lebens zurückwandere.

Dickens arbeitete nicht länger als ein Jahr in der Schuhcreme-Manufaktur, aber diese Episode seines Lebens war so absolut grauenhaft für ihn, dass er zwanzig Jahre lang mit niemandem darüber sprach. Nur in seinen Romanen tauchten immer wieder Kinder auf, die sich plötzlich in Situationen der völligen Ausweglosigkeit wiederfanden. Erst mit Ende dreißig wagte Dickens, sich an diese Zeit zu erinnern: in dem oben zitierten autobiographischen Fragment, das posthum von seinem Biographen John Forster veröffentlicht wurde.

Als erwachsener Mann war Dickens ein Star, ein Bestseller-autor von einer Größenordnung, wie man sie in Europa bis dahin noch kaum kannte. In der englischsprachigen Welt hatte zu seinen Lebzeiten jeder Zweite einen Roman von ihm gelesen. Die Romane erreichten ihr Massenpublikum, weil sie Aufstei-gergeschichten erzählen. Das Paradebeispiel ist *David Copperfield*. Der Titelheld, eine mittellose Waise, macht darin eine mustergültige Karriere. Er beginnt mit beinahe nichts und gewinnt am Ende *alles*: soziales Ansehen, treue Freunde, die Liebe einer schönen, engelsgleichen Frau, die Wärme eines behaglichen Heimes, den nationalen Ruhm als gefeierter Schriftsteller. Aber Dickens hätte nicht Weltliteratur geschrieben, wären seine Romane bloße Mittelklasse-Märchen. Sein gewaltiges Talent zeigt Dickens dort, wo er die Figur des Verlierers beschreibt: eines Mannes mittleren Alters, dem es nicht gelungen ist, in der bürgerlichen Welt des 19. Jahrhunderts Fuß zu fassen, und der sich mit seinen Marotten, die in kein gängiges Schema passen, irgendwo am Rand der Gesellschaft eingerichtet hat. Solche Figuren gibt es in allen Dickens-Romanen.

Der bemerkenswerteste Antiheld dieser Sorte heißt Mr. Micawber. Er stammt ebenfalls aus dem Roman *David Copperfield*, und er verkörpert das genaue Gegenteil der viktorianischen Erfolgsgeschichte. Mr. Micawber ist eine unglaubliche Figur, man kann ihr kaum gerecht werden, wenn man sie nacherzählt. Man muss eigentlich selbst lesen, wie Dickens das macht: Wenn David Copperfield das Märchen vom sozialen Aufstieg ist, dann ist Mr. Micawber – nein, nicht der *Alptraum* vom Verlieren –, sondern das *Märchen vom Verlieren*.

Mr. Micawber ist einer jener Menschen, die mancher am liebsten in die Kategorie »Wenn das jeder täte« stecken würde. Aber Mr. Micawber hat in dieser Rubrik natürlich nichts zu suchen, denn er ist im Reich des Humors zu Hause, und dort ist er frei, immun gegen das Scheitern, ein Überlebenskünstler ohne Verantwortung und schlechtes Gewissen, der wahre Vorgänger von Charlie Chaplin, dem wir später noch begegnen werden. Im Reich der Lebensplanung ist Mr. Micawber ein totaler Versager, im Reich der Komödie ist er unschlagbar.

Mr. Micawber kleidet sich schäbig, aber er legt Wert auf Stil. Ein Lorgnon, durch das er nicht besonders gut sieht, und seine geschraubte Ausdrucksweise sind sein Tribut an bürgerliche Respektabilität. Er neigt zu Pathos, besonders in Situationen, in denen Pathos unangebracht ist, und zu Sentimentalität, leider häufig in Situationen, in denen auch die unangebracht ist, aber man verzeiht ihm das. Vielleicht, weil er ein Snob ist, und ein Exzentriker. Mr. Micawber ist übrigens verheiratet und Vater von vier kleinen Kindern. Er ist Herr über einen sehr unordentlichen Haushalt, der ein Alptraum für alle Verfechter geregelter häuslicher Verhältnisse sein muss. Mr. Micawber verhält sich gegenüber seiner Familie liebevoll, aber recht sorglos. Seine berufliche Zukunft betrachtet er äußerst optimistisch, unternimmt aber wenig, um seine Lage zu verbessern. Sein Lebensmotto ist ein provozierend lasches: »Ich nehme an, dass sich bald etwas ergibt« – und während das Familiensilber beim Pfandleiher landet, genießt Mr. Micawber sein Leben, rechnet aus, was es kosten würde, einen Erker ans Haus zu bauen (»falls sich etwas ergeben sollte ...«), liebt seine Familie und bleibt sich selbst treu, indem er die Realität geflissentlich ignoriert.

Mr. Micawber ist der Verlierer des modernen Lebens – aber er ist dabei keine tragische Figur, er ist auch niemand, der Verachtung auf sich zieht, und er verlangt auch nicht, bemitleidet zu werden. In seinem Kosmos aus Unfähigkeit, Komik und menschlicher Wärme ist Mr. Micawber völlig unabhängig und selbstständig. Damit ist er, wenn schon nicht subversiv, dann doch wenigstens ein Affront gegenüber der Ethik der viktorianischen Mittelklasse. Die predigte zwar die Unabhängigkeit und Selbstständigkeit des Individuums, meinte damit aber nicht eine leichtfertige, ja verspielte Missachtung bürgerlicher Tugenden wie Verantwortungs- und Pflichtbewusstsein. Micawber ist ein totaler Versager, und – oder müsste man jetzt sagen »*aber*«? – er *liebt* das Leben. Einmal, als die städtische Wasserversorgung gerade die Zufuhr bei den Micawbers unterbrochen hat, weil die Rechnungen nicht bezahlt wurden, besucht Mr. Micawber den jungen David Copperfield, der ihn zum Abendessen eingeladen hat. Copperfield erzählt:

Um ihn dieses traurige Erlebnis vergessen zu lassen, bat ich ihn, die Bowle anzusetzen, und drückte ihm die Zitronen in die Hand. Seine Niedergeschlagenheit war im Nu vergangen. Ich habe niemals wieder einen Mann gesehen, der sich derart am Duft der Zitronenschalen und des brennenden Rums, ja, sogar am Dampf des kochenden Wassers ergötzen konnte und der davon so belebt wurde wie Mr. Micawber. Es war wundervoll, sein Gesicht hinter der leichten Wolke dieser Düfte hervorglänzen zu sehen. Es war köstlich, ihm beim Zerstoßen und Mixen und nicht zuletzt beim Probieren zuzusehen. Es war, als ob er statt Punsch ein Vermögen für seine Familie bis in die entferntesten Nachkommenschaften machte.

Mr. Micawber zeigt, was die bürgerliche Moral des 19. Jahrhunderts mit ihren Schreckensbildern von Armut und von der »gescheiterten Existenz« unvorstellbar gemacht hatte (und was mittlerweile durch die ironische oder verächtliche Rede vom »Loser« verbrämt wird): Micawber zeigt, dass, wer scheitert, menschlich bleibt: in der Lage, an der Welt teilzunehmen, sich seiner Sinne zu bedienen, Glück zu empfinden.

In Amerika

»Ich werde ständig zu Boden geworfen, aber zum Siegen bin ich geboren«, schrieb der amerikanische Philosoph Ralph Waldo Emerson 1842 in sein Tagebuch, und sein Schüler, der Dichter und zeitweilige Aussteiger Henry Thoreau, notierte 1853 in seines: »Verzweiflung und Aufschub sind Feigheit und Niederlage.

Die Menschen wurden geboren, um Erfolg zu haben, nicht um zu scheitern.«

Erst die Aussicht auf Erfolg verlieh, nach Ansicht Emersons und Thoreaus, dem Leben ein höheres Ziel. Und dabei waren weder Emerson noch Thoreau das, was man sich unter dem typischen Vertreter der amerikanischen Erfolgsideologie vorstellt: Sie waren keine rastlosen Erfinder wie Thomas Edison, und sie waren auch keine eisenharten Geschäftsmänner des *Gilded Age*, der »goldenen Ära« am Ende des 19. Jahrhunderts, in der aus einer Hand voll von Millionären um 1865 dreißig Jahre später die stolze Zahl von 4000 geworden war. In dieser kruden Welt des technologischen Fortschritts und des Wettbewerbs waren Emerson und Thoreau gewissermaßen eher die »Schöngeister« – wenn auch mit ausgeprägtem Sinn für den ideellen Wert des persönlichen Erfolgs.

Emerson war Prediger einer puritanischen Gemeinde gewesen, so wie alle männlichen Vorfahren seiner Familie, bevor er zum Philosophen wurde und sich dabei durch die englische und deutsche Romantik inspirieren ließ. Im Mittelpunkt seines Weltbildes standen »idealistische« Begriffe: die Macht der *Gedanken* und das Vertrauen in das *Wollen* des Einzelnen. Als »idealistisch« gilt dies deshalb, weil Denken und Wollen »materialistischen« Begriffen wie Fakten, Tatsachen, realen Umständen wie der Befriedigung von Grundbedürfnissen gegenübergestellt sind. Solche handfesten Aspekte treten bei Emerson in den Hintergrund. In seiner Philosophie bestimmt das »Ich« über seine Welt. Das Ich, sagt er, ist eine Form, in welche die Welt »wie geschmolzenes Wachs« gegossen werden kann. Während andere behaupteten, die Macht der tatsächlichen Umstände mache einen Menschen zu dem, was er ist, hielt Emerson dagegen, es sei die Macht des eigenen Wollens. Dieser Optimismus nährte die Vorstellung, persönlicher Erfolg sei eine reine Willensanstrengung. »Lass alle meine Gedanken oder Motive sich von dem unterscheiden, was sie [tatsächlich] sind, und der Unterschied wird meine Umstände und meine Ökonomie verändern«, schrieb Emerson und bereitete den Boden für alle modernen Ratgeber, die noch heute behaupten, jeder müsse seinen Erfolg nur stark genug wollen – oder ihn sich nur lange genug vor dem inneren Auge vorstellen –, um ihn tatsächlich zu erleben.

Henry Thoreau ist im Grunde eine ziemlich abwegige Gestalt auf dem viel beschrittenen Weg zum Erfolg – jedenfalls wenn es darum geht, Erfolg als Besitz oder Status zu verhandeln. Schließlich lebte er zwei Jahre als Konsumverweigerer: baute sich eine Holzhütte an einem See namens Walden, lebte von Beeren und wild wachsenden Äpfeln und verbrachte seine Zeit damit zu lesen, nachzudenken, spazieren zu gehen, Beobachtungen über die Natur zu machen oder zu schreiben. Aber er hasste Mangel an Energie und geistige Schwäche, schimpfte auf zivilisiertes Gejammer und hielt Scheitern für Hypochondrie, also für überflüssig und durch die richtige (gesunde) Lebenseinstellung vermeidbar. Das kleinste Nachlassen im Engagement, ein wenig Müßiggang, und schon werde Laschheit den Körper überkommen, glaubte Thoreau und klang darin weniger wie der Vater der Hippies als eher wie ein Fundamentalist unter Karriereplanern.

Die Vorstellung, die höchste Bestimmung des Menschen bestehe darin, Erfolg zu haben, war im 19. Jahrhundert fest in der amerikanischen Kultur verankert. Der hohe Wert persönlichen Erfolgs kam nicht von ungefähr. Von Anfang an hatte die Unterscheidung von Erfolg oder Misserfolg für die ersten puritanischen Siedler eine entscheidende Rolle gespielt – und es war dabei um viel mehr gegangen als bloß ums nackte Überleben in der Wildnis. Die Pilger waren an der Ostküste gelandet, mit dem eisernen Willen, in dieser unberührten (sprich: unverdorbenen oder »jungfräulichen«) Landschaft eine neue Welt zu schaffen, die das Siegel göttlicher Gnade tragen würde – für alle Welt weithin sichtbar. Getragen wurde dieses überaus ehrgeizige Projekt von der guten Absicht, durch den eigenen spirituellen Erfolg auch den Rest der Welt zu erlösen. Für diese Puritaner war die Frage nach Erfolg, wie wir gesehen haben, eine Frage nach ihrem Erfolg bei Gott. »Wird meine Seele in Gottes großem Plan emporsteigen – oder nicht?«, lautete die alles entscheidende Überlegung. In diesem Szenario bedeutete Erfolg für die Siedler viel mehr als die Fähigkeit, sich in einer rauen Umwelt zu behaupten (Wälder zu roden, Indianer zu bekämpfen, Flüsse zu überqueren); es ging darum, in dieser feindlichen Wildnis das Reich Gottes zum Sieg zu führen. Bei einem Auftrag solcher Größenordnung war Versagen nicht vorgesehen. Die puritanischen Siedler des 16. und 17. Jahrhunderts hatten gar keine andere Wahl: Sie *mussten* Erfolg haben, sie durften nicht versagen.

Als eine ihm anvertraute Gemeinde, angesichts der auf sie einbrechenden unvorstellbar harten Lebensbedingungen in der Neuen Welt, Anstalten machte, nach Europa zurückzukehren, hielt der Prediger Samuel Danforth 1671 einen langen, flammenden Vortrag. Und ermahnte zum Durchhalten.

Jene, die vor geraumer Zeit ihre behaglichen Städte und Behausungen verlassen haben, um sich am lauteren Gottesdienst in der Wildnis zu erfreuen, sind geneigt, in ihrer Hingabe darein nach einer Weile nachzulassen und abzukühlen: Aber dann ermahnt Gott sie, sich ernsthaft und sorgfältig zu fragen, was es denn war, das sie in die Wildnis zog, und zu bedenken, dass es nicht die Aussicht lachhafter Leichtfertigkeit, Prunks und hofmännischer Feinheit war, sondern die Aussicht der freien und klaren Verbreitung des Evangeliums und des Reichs Gottes.

Im 18. Jahrhundert wurde die Frage von Erfolg und Misserfolg in der amerikanischen Kultur verweltlicht. Ab jetzt ging es nicht mehr um erfolgreiche Seelen, sondern um erfolgreiche Personen, deren Ziel es zwar immer noch war, nicht unterzugehen, aber der Ort, an dem sich dies beweisen würde, war jetzt das Diesseits. Von nun an zählte nicht die Seelenrettung, sondern der politische, soziale und wirtschaftliche – Erfolg. Gefragt waren dafür handfeste Voraussetzungen: geeignete Charaktereigenschaften, Pragmatismus und Willensstärke. Dass man bei dieser Entwicklung eines verweltlichten Erfolgsbegriffs auf mehrere Generationen bibelfester Vorfahren zurückblicken konnte, deren Erfolg vermutlich weniger darin bestanden hatte, dass sie ihre Seelen »gerettet« hatten, als *de facto* darin, dass sie in einer feindlichen Umwelt überlebt hatten, gab dem amerikanischen Erfolgsbegriff – bis heute in der Populärkultur – seine zwei Seiten: die Wertschätzung sehr weltlicher Eigenschaften, wie Ausdauer, Selbstständigkeit und Energie, gepaart mit einer enormen ideellen Überhöhung.

Die alte, religiöse Überhöhung von Erfolg verschwand nicht vollständig. Der Erfolgsbegriff wurde zwar an weltliche Bedingungen angepasst, aber das religiöse Hintergrundgeräusch – der Glaube, für eine höhere Instanz erfolgreich sein zu müssen im Leben – blieb erhalten und hat sich, wie wir noch heute sehen können, tief in der amerikanischen Gesellschaft verankert. Der strenge Gott, der von der puritanischen Kanzel herab mit ewiger Verdammnis drohte, wurde durch die unnachgiebige Erfolgsmoral der amerikanischen Gesellschaft ersetzt.

Von Europa blicken wir oft staunend nach Westen und finden, die Amerikaner könnten irgendwie besser scheitern als wir. Sie klauben die Trümmer schneller zusammen, sie berappeln sich eher, und ihre Geldinstitute geben ihnen problemloser wieder einen Kredit, wenn sie Konkurs gemacht haben. Scheitern scheint in Amerika weniger schwer wiegend zu sein, ein Stolpern auf dem Weg zum Erfolg, auf das die amerikanische Psyche und ihre Umwelt mit größerer Toleranz reagieren, als europäische Psychen und Gesellschaften dazu in der Lage sind.

In Amerika gelte Scheitern nicht als Makel, sagt ein deutscher Repräsentant von Mittelständlern in der Internetausgabe der *Süddeutschen Zeitung* mit Blick auf eine Statistik, die vorrechnet, dass ein Fünftel aller 2003 in Deutschland als insolvent gemeldeten Unternehmen nicht älter als drei Jahre wurde. Ein Kieler Arbeitsmarktexperte hofft im *Stern* mit Blick auf die Ich-AGs, von denen er mageren 10 bis 20 Prozent eine Überlebenschance einräumt, es möge sich ja hierzulande vielleicht das »amerikanische Prinzip« einbürgern, dass man »mit Schwung« an eine Idee herangeht und »auch nach mehrmaligem Scheitern eine dritte und vierte Chance bekommt«. In Amerika, so ist in einer neuen kulturwissenschaftlichen Publikation über »Projektmacher« zu lesen, gereiche es jeder Biographie zur Zierde, nacheinander drei Berufe zu haben, während man in Europa damit schon als gescheitert gelte.

Nun gilt allerdings auch in Amerika jemand, der mit seinem E-Business mit ehemals 25 Mitarbeitern gescheitert ist, sich dann eine Weile als selbstständiger Programmierer über Wasser hielt, anschließend (mit Schwung) einen SMS-Dienst für Hundebesitzer und Hundebabysitter zu etablieren versuchte und nun als Starbucksbarrista in einer *Mall* bei Chicago arbeitet, nicht *wirklich* als Personifizierung des amerikanischen Traums. Es muss schon etwas mehr dabei herauskommen. Es geht schließlich nicht darum, das Scheitern zu bewältigen, es geht darum, Erfolg zu haben. Eine amerikanische Karriereberaterin, die ihren Lesern helfen will, mit dem Scheitern klarzukommen, führt zu diesem Zweck auf einer Internetseite (startribune.com) eine wahrhaft Ehrfurcht gebietende Phalanx Exgescheiterter ins Feld: Sie erinnert an Abraham Lincoln (»er wurde besiegt und abgewiesen, aber es hinderte ihn nicht daran, Amerikas bedeutendster Präsident zu werden«), an Thomas Edison (»er scheiterte tausende Male, bevor er die Glühbirne erfand«), an J. K. Rowling (»eine arbeitslose, allein erziehende Mutter, … nun eine der reichsten Frauen Großbritanniens«) und an Walt Disney, der finanzielle Probleme gehabt habe und Nervenzusammenbrüche, bevor er berühmt und reich wurde. Michael Jordan, der Basketballspieler und Superstar, hängt die Latte nicht niedriger: Für eine Nike-Werbung war für ihn getextet worden: »Ich habe mehr als 9000-mal in meiner Karriere nicht den Korb getroffen. Ich habe mehr als 300 Spiele verloren. 26-mal sollte ich den entscheidenden Wurf machen und traf nicht. Ich bin wieder und wieder und wieder in meinem Leben gescheitert. Deshalb habe ich Erfolg.« Es sieht nicht so aus, als könnten die Amerikaner besser scheitern als wir, sondern als hätten sie nur viel mehr Angst davor, weil ihre Kultur noch weniger Alternativen zum Erfolgreichsein kennt als unsere.

F. Scott Fitzgerald, der das glamouröse Leben der (Erfolg-) Reichen in den Goldenen Zwanzigern aus eigener Erfahrung kannte, und der dessen Schattenseiten in seinen Romanen erbarmungslos offen legte, notierte in den Unterlagen zu seinem letzten, unvollendeten Roman *Der letzte Tycoon*: »Es gibt keine zweiten Chancen in amerikanischen Leben.« Er meinte damit, es gibt in der amerikanischen Gesellschaft keine Revision der einmal getroffenen Entscheidung zum Erfolg.

Ein immer wiederkehrendes Wortspiel auf amerikanischen Internetseiten, die mit Rat und Tat auf die allgegenwärtige Erfahrung des Scheiterns eingehen, lautet: »Failing to succeed«. Der Witz dieser Formulierung besteht darin, dass sie sich auf zwei ganz unterschiedliche Arten verstehen lässt, je nachdem, wie man das Wörtchen »to« interpretiert. Entweder benennt die Formulierung also die »Unfähigkeit, Erfolg zu haben«, oder sie bedeutet etwas völlig anderes, nämlich: »scheitern, *um* Erfolg zu haben«. Die Bedeutung des Scheiterns kippt damit von einem Extrem ins andere. Wie in einem Vexierspiegel wird durch die minimale Veränderung des Standpunkts aus »failing to succeed« ein Versagen oder eine Art Sonderleistung auf dem Weg zum Erfolg. Wen wundert es da, dass das Wortspiel magische Wirkung ausübt. In einem Online-Artikel kommt ein 35-jähriger Sportreporter namens Wayne Root zu Wort, der oft gescheitert ist, nun aber in einer Villa in Malibu, Californien lebt (Entrepreneur.com). Er erklärt, er sei »seinen Weg *nach oben gescheitert*«. Darüber hat er ein Buch mit dem Titel *The Joy of Failure (Die Freuden des Scheiterns)* geschrieben. Wie in zahlreichen seiner Workshops erklärt er auch in diesem Ratgeber, die »Wurzel des Erfolgs« sei Scheitern. Mit jedem Mal, das man scheitere, käme man dem Erfolg näher. Dann führt er aus, das Geheimnis des Erfolg bringenden Scheiterns liege im »Power-Principle«, einer Mischung aus Passion, Energie (das heißt aus Sport und gesunder Ernährung) und Aktivität. Alles zusammen würde den Scheiternden ermutigen, Risiken einzugehen. »Schauen Sie, wo ich war, und wo ich heute bin«, sagt Wayne Root den amerikanischsten aller amerikanischen Sätze, aber er verschweigt, wie dünn das Eis ist, auf dem er steht. Risiken bleiben Risiken und werden nicht zu Garantien für Erfolg, und der Versuch, sich »nach oben scheitern« zu wollen, stellt in Wirklichkeit eine ganze Nation unter Dauerstress. »Scheitern, um Erfolg zu haben« – eine bessere Antwort aufs Scheitern könnte der amerikanischen Erfolgsfolklore kaum einfallen. Die Formel funktioniert sehr gut, aber um den Preis der ständigen Bedrohung des errungenen Erfolgs durch das Scheitern.

Man sagt, die Amerikaner »lieben ihre Sieger« – und man lässt unausgesprochen: Sie hassen Verlierer. Scheitern darf als ultimativer Triumph des Erfolges vorkommen, sonst nicht. Als *Come-back*, also als furioser Sieg, der noch viel größer ist als alles, was davor war, ist Scheitern in der amerikanischen Populärkultur erträglich. Bill Clinton überlebte in der Öffentlichkeit mit dem nahezu liebevoll verwendeten Spitznamen »Comeback-Kid«, er war das Stehaufmännchen oder der Junge, der sich nicht unterkriegen lässt. Jedes Hollywooddrehbuch ist gut beraten, die Geschichte vom einsamen Kämpfer gegen den Rest der Welt zu erzählen. Darin wird der Held oder die Heldin dann in den ersten drei Filmminuten gefeuert, verlassen oder sonstwie übervorteilt, um in den letzten drei Filmminuten als gefeierter Star aus der anfänglichen Misere hervorzugehen. Amerikaner lieben erfolgreiche Exgescheiterte und reuige Sünder, und nirgendwo sonst auf der Welt hätte die Episode »Aus der Betty-Ford-Klinik zurück auf die Leinwand« (oder ins Weiße Haus) zu einem solchen Dauerbrenner werden können.

Die klassischen Erfolgsgeschichten Amerikas stammen nicht erst aus dem Kino und Fernsehen. Die älteste und berühmteste ist mittlerweile über 200 Jahre alt: Es ist die von Benjamin Franklin, der in den Jahrzehnten um die Französische Revolution Amerika und der ganzen Welt vorlebte, wie eine moderne Idealbiographie aussehen kann. Dann trat gegen Ende des 19. Jahrhunderts ein Kinderbuchheld in Erscheinung, der den Ärmsten der Armen die Hoffnung gab, ihr Leben könne die Form eines Märchens annehmen. Das war der *Alger-hero*, der nach seinem Erfinder, Horatio Alger, benannt war. In Hunderten von sagenhaft erfolgreichen Jugendbüchern wurde die Geschichte »from rags to riches« erzählt, also davon, wie jemand, der in Lumpen (rags) geboren wird, zu Reichtum kommt. Etwa zur selben Zeit trat die Figur des Industriemagnaten auf den Plan, des scheinbar unverwundbaren Titanen, so wie Rockefeller, dem Gründer von Standard Oil.

Ohne Fleiß kein Preis: Benjamin Franklin

Benjamin Franklin (oder *Ben Franklin*, wie manche Amerikaner ihn vertraulich nennen, wie den Nachbarn, der jederzeit bei der Reparatur des Rasenmähers helfen könnte) war der Sohn eines Kerzenmachers mit puritanischen Vorfahren. Er wurde 82 Jahre alt, und in diesem Leben brachte er fünf Karrieren unter. Er war Unternehmer, Forscher, Erfinder (Franklin erfand den Blitzableiter), Diplomat und Schriftsteller.

Franklin war außerdem ein vorbildlicher Bürger: Er sorgte für die Einführung einer Feuerwehr in Philadelphia, gepflasterte Gehwege, eine Leihbibliothek, dafür, dass allabendlich Nachtwächter ihre Runde durch die Straßen antraten, er sorgte für ein Krankenhaus, Polizei und ein College. Im Laufe seines umtriebigen Lebens lernte er Gott und die Welt kennen, er tafelte außerdem, wie es die amerikanische Folklore erzählt, »mit Königen« und setzte seine Unterschrift unter die amerikanische Unabhängigkeitserklärung von 1776.

Zu Beginn seiner Karriere war Franklin Drucker. Er machte

ein kleines Vermögen mit der Herausgabe eines Jahrbuches, das als Kalender angelegt war, dem *Poor Richard's Almanac*. Dieses Werk richtete sich an eine eher ländliche und ungebildete Leserschaft, es enthielt eine Menge praktischer Tipps (wie Wetterregeln) und verfolgte gleichzeitig ohne Umschweife ein didaktisches Ziel. Im Wesentlichen sollten der Leser und die Leserin durch Hunderte von Sprichwörtern zu Fleiß und Bescheidenheit ermuntert werden. Franklin bemühte sich, das Nützliche mit dem Angenehmen zu verbinden, und so gab es neben vielen klugen Ratschlägen zur Lebensführung auch derben Humor. Die meisten der einfachen Weisheiten waren allerdings geläufige Sprichwörter – etwa die englischsprachigen Äquivalente zu *Morgenstund hat Gold im Mund, Eile mit Weile, Was du heute kannst besorgen …, Müßiggang ist aller Laster Anfang, Steter Tropfen höhlt den Stein* und so weiter. Sie propagierten Fleiß, Bescheidenheit, Sparsamkeit, vernünftige Zeiteinteilung, Mäßigung und Strebsamkeit und brachten so die Kardinaltugenden der protestantischen Ethik auf den Punkt – und in eine Form, die viel harmloser klang als das, was von den Kanzeln heruntergepredigt wurde. Franklins Almanach machte die protestantische Ethik volkstümlich. In einer späteren Ausgabe erschienen die Sprichwörter aus allen Jahrbüchern als Sammlung unter dem Titel *Der Weg zu Wohlstand*. Es war der bekannteste Text des kolonialen Amerika und eine der ersten Anleitungen zum Erfolgreichsein. In den nächsten vierzig Jahren wurde *Der Weg zu Wohlstand* in sieben Sprachen übersetzt und erreichte so auch Europa.

Auf Franklin, *den Unternehmer*, folgte Franklin, *der Forscher* (eine Rolle, die ihm vergleichsweise wenig Ruhm einbrachte), und anschließend: Franklin, *der Erfinder*. Sein Blitzableiter machte Franklin beinahe über Nacht in Amerika und Europa zum Retter der Menschheit und zu einem internationalen Star. Anschließend übernahm Franklin seine vierte große Rolle: Franklin, *der Diplomat*. Er reiste als Repräsentant des amerikanischen Kongresses nach London und Paris. In Paris warb er um die Unterstützung

Frankreichs im Konflikt zwischen Amerika und England. Die gehobene Gesellschaft umschwärmte ihn, insbesondere die Damen des Adels, denen es Franklins Pelzmütze angetan hatte, die er zu Empfängen trug und die nun als Modell für Damenperücken herhalten musste, die *coiffure à la Franklin* hießen. Lerne: Kein Erfolg taugt etwas, ohne richtige Imagepflege.

Franklins größter Erfolg war jedoch er selbst. Am Ende seines Lebens schrieb er seine berühmte *Autobiographie*. Er erfand sich darin selbst als einen neuen Männertypus der amerikanischen Kultur, den grenzenloser Optimismus, Vertrauen in die eigenen Begabungen, Experimentierfreudigkeit, Freude am Leben ohne unmoralische Exzesse und soziales Verantwortungsbewusstsein nach vorn beziehungsweise nach oben gebracht hatten. Mit diesem Buch wurde Franklin zum amerikanischen Mythos, zu *der* amerikanischen Erfolgsgeschichte, zum Prototyp des amerikanischen Traums.

In seinen Lebenserinnerungen führte Franklin vor, dass *jeder*, auch der Sohn eines Kerzenmachers, *alles* sein konnte, dass jeder jede Rolle spielen konnte, wenn er die Eigenschaften kultivierte, die Franklin für seine Erfolgsstory ins Spiel gebracht hatte. Neben den genannten Grundvoraussetzungen brauchte es dann noch die Fähigkeit zur Selbstkontrolle, um im richtigen Moment das richtige Register zu ziehen. Fertig war der *Selfmademan*. Nicht der Drang nach Ruhm oder Geld oder Macht treibt ihn nach vorne, er treibt sich selbst an. Franklins Autobiographie dokumentiert das Leben eines Mannes, der zufrieden mit sich ist – und das auch sein kann. Was hatte er nicht alles erreicht! Erfolg, Weltruhm, Wohlstand. Doch was waren diese Ehren gegen das Gefühl der inneren Zufriedenheit, dies alles aus eigenem Antrieb geschafft zu haben.

Franklin hatte seine Lebenserinnerungen als »Brief« an seinen Sohn geschrieben, aber tatsächlich wandte sich der Text an ein viel größeres Publikum. Nicht nur für seinen Sohn, sondern für Generationen nachfolgender Amerikaner war Franklins Autobiographie gedacht, als Handbuch des Erfolgs. Diese

Darstellung seines Lebens fungierte fortan als Vorbild, sie tut es bis heute. Und als Vorbild fungierte damit auch ein Lebensweg, den Franklin so dargestellt hatte, als habe es darin nie Einbrüche, Umwege, Mutlosigkeit oder Unvermögen gegeben. Scheitern spielte in dieser Geschichte keine Rolle. Der Mythos des amerikanischen Traums war geboren, und er wollte es, dass jede Erfolgsstory an keiner Stelle durch Scheitern unterbrochen ist.

Natürlich war aber auch Franklins Weg in Wirklichkeit nicht makellos. Bei genauem Hinsehen entdeckt man in seiner Darstellung die Episode eines dramatischen Scheiterns. Und es ist dies nicht der Versuch, hier doch noch ein Haar in der Suppe zu finden. Das Erlebnis, um das es geht und das Franklin in seiner Autobiographie elegant umschifft, ist etwas, das alles, was Franklin zu jenem Zeitpunkt glaubte zu sein oder sein zu können, in Frage stellte. Nur rückblickend ließ es sich als Teil seines Erfolgs präsentieren, mit einer Mischung aus Amüsement und Stolz und aus der sicheren Position des erfolgreichen alten Mannes.

Die Episode ist diese: Franklin berichtet in der *Autobiographie* von einem ebenso seltsamen wie ehrgeizigen Unterfangen. Als junger Mann fasste er den Entschluss, aus sich einen Menschen zu machen, der den höchsten moralischen Ansprüchen gewachsen sein würde. Dies war das »Projekt der moralischen Perfektionierung«. Es bestand zu einem Teil aus einem strikten, selbst auferlegten Tagesplan: Jeden Morgen um fünf Uhr musste Franklin dabei einer Aufforderung folgen, die lautete: »Aufstehen, Waschen und das *allmächtige Gute* begrüßen«. Anschließend sollte er sich die Frage stellen: »Was kann ich heute Gutes tun«, um dann die Stunden zwischen acht und zwölf und zwischen zwei und sechs zu arbeiten. Abends, nach dem Aufräumen und vor dem Zu-Bett-Gehen um zehn Uhr, stand noch einmal die Frage an: »Was habe ich heute Gutes getan?«

Der zweite Teil des »Projekts der moralischen Perfektionierung« bestand aus einer Kreuztabelle, auf der Franklin oben, von links nach rechts, die Wochentage notiert hatte und auf der links, in einer Spalte nach unten, dreizehn Tugenden aufgelistet waren. Dort standen untereinander: Mäßigung, Schweigsamkeit, Ordnungsliebe, Entschlossenheit, Sparsamkeit, Aufrichtigkeit, Gerechtigkeit, Gelassenheit, Sauberkeit, Besonnenheit, Keuschheit und Demut. Franklins ursprüngliche Absicht war gewesen, alle Tugenden in jeder Lebenslage *auf einmal* einzuhalten. Doch da er schnell festgestellt hatte, dass die gleichzeitige Einhaltung aller dreizehn Tugenden »ein schwierigeres Unterfangen war, als ich mir vorgestellt hatte«, verlegte er sich auf den Plan, nun bloß noch eine Tugend pro Woche im Auge zu behalten. Schwere Verstöße gegen die Tugenden, die jeweils nicht im Fadenkreuz seiner Aufmerksamkeit standen, wurden in der Kreuztabelle notiert.

Die Komik dieses »Projekts der moralischen Perfektionierung« war dem jungen Franklin völlig entgangen. Auch dass es sich dabei außerdem um ein Unterfangen handelte, das zum Scheitern verurteilt war. Mit rührendem Ernst, großem Bedacht und guten Vorsätzen widmete er sich seinem ehrgeizigen Plan, und die Einsicht, dass moralische Vollkommenheit für ihn nicht zu bekommen ist, wird den jungen Moralapostel vermutlich viel mehr gekostet haben als das amüsierte Lächeln und das Augenzwinkern, mit dem er im Alter von neunundsiebzig in seiner Autobiographie davon erzählte. Das Misslingen eines solch anspruchsvollen Projektes dürfte dem vor Ehrgeiz platzenden jungen Franklin zumindest tiefe Beunruhigung, wenn schon nicht Verzweiflung beschert haben. Aber fünfzig Jahre später konnte Franklin darüber schmunzeln und die Episode längst aus dem entspannten Blickwinkel des erfolgreichen Mannes betrachten. Für seine Leser sah (und sieht) das Ganze nicht aus wie ein Scheitern. Die Episode, so wie er sie erzählte, war ein Teil seines Erfolgs geworden, und der Erfolg hatte alle negativen, tragischen und frustrierenden Kapitel seines Lebens versiegelt.

Das Entscheidende hierbei ist natürlich nicht, Franklin vorzuwerfen, *wie* er seine Lebensgeschichte erzählt hat, das zu tun wäre lächerlich. Der entscheidende Punkt ist dieser: Franklin erfand eine Erfolgsgeschichte von sich, in der Misserfolg nicht vorkam. Kein Erlebnis des Scheiterns, kein Rückschlag, keine psychische Verletzung wurde darin erzählt. Diese Fiktion von der Erfolgsgeschichte wurde zum Maßstab der Lebensplanung für nachfolgende Generationen, bis heute. Wer sich Franklin zum Vorbild nahm, konnte seiner Geschichte nicht ansehen, dass der Held zwischendurch auch gescheitert war. Er musste stattdessen glauben, ein makelloses Leben, wie das, das Franklin in seiner *Autobiographie* erfunden hatte, sei möglich. Und wer dann also versuchte, ein Leben à la Franklin zu führen, und dabei scheiterte, musste sich zwangsläufig miserabel dabei fühlen. Das große Vorbild Franklin gab diese scheußliche Erfahrung nicht her.

In Franklins Geschichte über das, was ihn erfolgreich gemacht hatte, spielen Vernunft, gesunder Menschenverstand, Pragmatismus und Wahrheitsliebe die Hauptrolle. Dies sind zweifellos wichtige Eigenschaften, aber für andere Menschen mögen das Fantasie, Idealismus und die Lust am Schönen sein. Franklin vertraute ganz auf die Bereiche der Vorstellungskraft und der Leidenschaft, die sich kontrollieren lassen: auf einen klaren Verstand und ein lauwarmes Herz. Sein Erfolg war nicht zuletzt ein Erfolg durch Selbstbegrenzung. Kunst, Musik, Literatur, Romantik, Gefühle, das Irrationale und schwärmerische Träume waren aus seiner Welt gebannt. Franklin hatte keine Träume, denn das hätte bedeutet, unliebsam aus ihnen aufwachen zu können. Er war kein Träumer, er war immer realistisch, blieb stets auf dem Boden der Tatsachen, ein Pragmatiker, der vermutlich auch einen ruhigen, gesunden Schlaf zu schätzen wusste. Den »amerikanischen Traum«, den er seinen Nachkommen hinterlassen hatte, mussten die nun selbst träumen. Mit ungewissem Ausgang.

Der amerikanische Jugendbuchautor Horatio Alger schrieb zwischen 1860 und 1890 weit über hundert Jugendbücher, in denen er seinen Lesern, hauptsächlich Jungen, die Losung einprägte: Erfolg ist für jeden möglich, und auch *du* kannst den sozialen Aufstieg von ganz unten nach ganz oben schaffen, wenn du es wirklich willst. Er erfand den *Alger-hero*, die Figur des verdienten Aufsteigers. Algers Helden waren vorbildliche Geschöpfe, die sich in jeder Lebenslage hochanständig verhielten und die dafür vom Schicksal belohnt wurden. Sie verdankten ihren Erfolg den drei Tugenden Ehrlichkeit, Fleiß, Sparsamkeit, ihrem unerschütterlichen Durchhaltewillen – und unverschämtem Glück. Ein bisschen hatte Alger dafür bei Charles Dickens abgekupfert, aber was bei Dickens hochkomplexe Anordnungen von komplizierten Figuren in einer modernen Welt sind, geriet bei Alger zu Rezepturen für ein besseres Leben, geschrieben für junge Leser aus bescheidenen Verhältnissen, denen nicht viel anderes übrig blieb, als nach jedem Strohhalm zu greifen. Algers Jugendbücher kombinierten eine große Vision mit unverhältnismäßig schlichten Lösungsvorschlägen, und darin standen sie heutigen Ratgebern fürs Erfolgreichsein in nichts nach. Zu praktischen Losungen verschnürt, ließen sich die Ratschläge als leichtes Gepäck durchs ganze Leben tragen. Seine Bücher, die zu Beginn des 20. Jahrhunderts eine Gesamtauflage von 20 Millionen erreicht hatten, trugen Heilsversprechungen als Titel: *Risen from the Ranks (Aufgestiegen vom Fußvolk)*, *Strive and Succeed (Strebe und Siege)*, *Strong and Steady (Stark und Beständig)*, *Struggling upward (Der Kampf nach oben)* oder *Wait and Hope (Warte und Hoffe)*.

Die Handlung der mehr als 130 Romane war immer dieselbe: Armer, aber ehrlicher Junge, der auf sich allein gestellt ist, lebt in der Großstadt, schafft es, die sich ihm dort bietende Fülle von Chancen zu nutzen, und steigt auf der sozialen Leiter nach oben. Wenn man Alger las, klang das alles sehr einfach. Er sagte:

Jeder konnte es schaffen. Und man erfuhr: Jeder hat es selbst in der Hand, etwas aus sich zu machen oder nicht! In einer Zeit der gesellschaftlichen Veränderungen gegen Ende des 19. Jahrhunderts, als aus dem ländlichen Amerika Benjamin Franklins eine moderne Industrienation wurde und sich alle bis dahin verfügbaren Sicherheiten in Luft auflösten, war diese Botschaft entlastend und ermutigend. Das mag zunächst widersprüchlich klingen; doch wenn in der Umwelt kaum noch Halt zu finden ist, scheint es erst einmal am sichersten, sich auf sich selbst zu verlassen. Und das war es, was Alger seinen Lesern mitteilte.

Überall, in allen Lebensbereichen änderten sich grundlegende Erfahrungen. Die Großstädte explodierten förmlich unter dem Strom der Arbeit, Glück und eine Zukunft suchenden Menschen. Fremde Menschen trafen an Orten, die ihnen nicht vertraut waren, aufeinander. Soziale Mobilität ersetzte die Bedeutung der Familie, und der Einzelne war nun nicht mehr durch soziale Bindungen fest verankert. Der Alltag brachte neue Erfahrungen mit sich. Das, was man unter Zeit verstanden hatte, veränderte sich: Aus Lebenszeit wurde Arbeitszeit. Benjamin Franklins Spruch *time is money*, den er noch als Speziallosung für junge Unternehmer ausgegeben hatte, galt nun für den größten Teil der arbeitenden Bevölkerung.

Die Alltagswelt war neu, unbegreiflich, und sie war überwältigend. Der Einzelne konnte sich darin verloren vorkommen und ohnmächtig fühlen. Aber eine Formel wie »Jeder ist seines Glückes Schmied« wirkte wahre Wunder. Sie war sofort zu begreifen, sie war hoffnungsvoll, und sie blendete die komplexe Umwelt aus, deren soziale, politische und wirtschaftliche Zusammenhänge man nicht verstehen konnte. »Er wusste, dass er sich nur auf sich selbst verlassen konnte«, erfahren wir also auch über Algers berühmtesten Helden Ragged Dick, einen zerlumpten Schuhputzerjungen, »und er beschloss, das meiste aus sich zu machen – ein Entschluss, der in neun von zehn Fällen das Geheimnis jedes Erfolgs ist.« So einfach war das. Man musste sich bloß für den Erfolg entscheiden.

Ragged Dick war der Roman, der Alger zum Durchbruch verhalf und sofort zum Bestseller wurde. Er erzählte die Geschichte des Waisen Dick, der sich als Schuhputzer durchschlägt. Der Ort, an dem Alger die Geschichte spielen ließ, war Manhattan – die Stadt, die im Laufe des 19. Jahrhunderts eine Art Stein gewordene Manifestation grenzenloser Erfolgsaussichten für Menschen aus aller Welt geworden war.

Der zerlumpte (ragged) Dick ist ein aufgewecktes Bürschchen mit dem Herz auf dem rechten Fleck. Er ist bettelarm, aber grundehrlich und immer witzig. Er ist ein besonders guter und ehrgeiziger Schuhputzer, und weiß die Erfolg versprechenden Eigenschaften Energie und Strebsamkeit sogar in seinem bescheidenen Straßengewerbe unterzubringen. Eines Morgens hört er eine Unterhaltung mit an. Ein älterer, gut gekleideter Herr erklärt seinem nicht minder wohlhabend aussehenden 13-jährigen Neffen, leider könne er ihm heute nicht die Stadt zeigen, er müsse jetzt zur Arbeit. Ragged Dick sieht darin seine Chance. *Er* bietet sich dem Jungen aus der Provinz als Stadtführer an. Weil dem älteren Herrn Dicks ehrliches Gesicht gefällt, lässt er sich auf den Handel ein. Zunächst aber wird der Schuhputzerbursche neu eingekleidet und sieht fortan respektabel aus. Am Ende der Stadtführung, die geschickt auch alle jugendlichen Leser mit der aufregenden Metropole vertraut gemacht hat, erhält Ragged Dick zum Dank fünf Dollar. Die sind nun sein Startkapital.

Der Rest des Buches ist eine Mischung aus Beteuerungen des Helden, sich nach oben kämpfen zu wollen, Widrigkeiten des Schicksals und glücklichen Zufällen in letzter Sekunde. Zu der neuen Garderobe und dem damit gewonnenen Selbstbewusstsein passt nun auch Dicks Spitzname nicht mehr. Er kann sich nun seinen richtigen Namen, Richard Hunter, »leisten«. Außerdem eröffnet er ein Sparbuch, zieht zur Untermiete in ein einfaches Zimmer, geht in die Kirche und lernt Lesen und Schreiben. Er sorgt also für seine existenziellen Sicherheiten (Sparbuch und Zimmer), für seine Bildung (Lesen und Schreiben) und sein Seelenheil (Kirche).

Dass Ragged Dick auf seinem Weg nach oben nicht scheitert, liegt dann in letzter Instanz aber weder an seinem Fleiß, seiner Ehrlichkeit oder allen anderen löblichen Eigenschaften, sondern an seinem unverschämten *Glück*. In den entscheidenden Momenten kommt ihm der Zufall zu Hilfe. Als es nämlich mit dem sozialen Aufstieg hakt, weil es auch im New York am Ende des 19. Jahrhunderts nicht besonders wahrscheinlich ist, dass ein Straßenjunge einen der beliebten Bürojobs ergattert, eilt Fortuna zu Hilfe. Dick rettet das Kind eines wohlhabenden Mannes vor dem Ertrinken und wird dafür mit dem Posten als Bürobote belohnt, einer Stellung, die er unter normalen Umständen, ohne die glückliche Fügung des Schicksals, niemals bekommen hätte. Einmal in die Welt der White-collar-Berufe gelangt, steht seinem unaufhaltsamen Aufstieg nun nichts mehr im Weg. »Er hat einen Schritt nach oben getan und ist entschlossen, noch weiter aufzusteigen«, lautet der Schluss des Buches.

Das Prinzip Glück spielte übrigens in allen von Algers Büchern die entscheidende Rolle. Der glückliche Zufall diente ihm immer als der Trick, mit dem sich die Geschichten zu einem guten, schnellen Ende führen ließen. Anders hatte Alger kaum plausibel machen können, wie seine zerlumpten Figuren in die ausgebreiteten Arme der bürgerlichen Gesellschaft hätten fallen sollen. Ohne glückliche Zufälle hätten ihre Wege verschlungener ausgesehen und mühsamer.

Heute erinnert in den USA an Horatio Alger eine illustre patriotische Vereinigung, die seinen Namen trägt. Die 1947 gegründete *Horatio Alger Association of distinguished Americans* ehrt Menschen, die es trotz widriger Umstände zu Ruhm und Geld gebracht haben. Die Liste ihrer Mitglieder kann sich sehen lassen: Henry A. Kissinger, Tom Sellek, Oprah Winfrey, Kenny Rogers sind darunter zu finden und natürlich jede Menge CEOs. Sie alle, so steht auf der Homepage der Vereinigung zu lesen, haben durch »Ehrlichkeit, Fleiß, Eigenverantwortlichkeit und Ausdauer« Hindernisse überwunden und »ihre Träume« verwirklicht.

Horatio Alger hätte zu Lebzeiten wohl keine Chance gehabt, in die Vereinigung aufgenommen zu werden, die seinen Namen trägt. Statt sich ihn als den Helden seiner eigenen Geschichten vorzustellen, fällt es leichter, ihn als in ihren Hoffnungen enttäuschte Figur zu betrachten, wie sie der Dramatiker Arthur Miller hätte beschreiben können. Horatio Alger war ein schmächtiger Mann aus armen Verhältnissen, den seine Bücher nicht reich machten, der simple Wahrheiten mit enormer Wirkung verbreitete, die meiste Zeit seines Lebens in Pensionen lebte und einmal in den Verdacht geriet, einen Jungen sexuell belästigt zu haben. Die Botschaften seiner Geschichten hinterließen tiefe Spuren im modernen Erfolgsmythos, er selbst gehörte zu den Verlierern.

»Gott gab mir mein Geld«: John D. Rockefeller

John D. Rockefeller (1839 – 1937) hatte mit 25 Jahren erreicht, wovon andere noch am Ende ihrer Karriere träumen – ihm gehörte eines der größten Unternehmen der Vereinigten Staaten: *Standard Oil*. Ein gieriges, höchst widerstandsfähiges Unternehmensmonstrum, das schon sechs Jahre später das weltweite Ölgeschäft dominierte. Aufgrund seiner wenig zimperlichen Geschäftspraktiken war das Ölimperium bei der Konkurrenz gleichermaßen bewundert wie gefürchtet. Zu Beginn des 20. Jahrhunderts, sechzigjährig, war Rockefeller der reichste Mann der Welt. Sein Vermögen war bereits zu Lebzeiten legendär. Der berühmte Ölmagnat zog es daher vor, den größten Teil seiner Freizeit allein zu verbringen, weil, wie er erklärte, sämtliche Bekanntschaften auf dem Golfplatz spätestens beim neunten Loch auf wohltätige Projekte oder Investitionen zu sprechen kamen.

Rockefeller war ein Selfmademan, Baumeister seines eigenen Glücks. Er stammte aus Familienverhältnissen, die zwar nicht bettelarm, dafür aber ausgesprochen unbürgerlich waren. Sein Vater, ein Angeber und Frauenheld, unterhielt einen florierenden Handel mit angeblich heilenden Tinkturen, deren medizinische Wirksamkeit mehr als zweifelhaft war. Er kümmerte sich nicht um seine Familie, war selten zu Hause und zog wochenlang über Land, kehrte irgendwann gut aufgelegt mit dicken Bündeln von Geldscheinen zurück und verließ seine Familie schließlich für immer, um eine zweite, bigamistische Ehe einzugehen. Um sich vor dem Gesetz zu schützen, trug Rockefellers Vater nun einen neuen Nachnamen. Als John D. Rockefeller sich mit sechzehn Jahren auf die Suche nach einer Anstellung machte, war er ein junger Mann ohne familiäre Wurzeln, dem der Name seines Vaters kaum weiterhelfen würde. Er hatte bloß dies: Ehrgeiz, eine ausgeprägte Begabung fürs Kopfrechnen – und Durchhaltewillen.

In einem brütend heißen August im Jahr 1855 zog er los, um sich in Cleveland als Buchhalter zu bewerben. Alle kleineren Unternehmen der Stadt kamen nicht in Frage, denn Rockefeller hatte Größeres vor. Er suchte etwas Besonderes. Jeden Morgen verließ er die Pension, in der er sich einquartiert hatte, und begann seinen Gang von Büro zu Büro, stets korrekt gekleidet im schwarzen Mantel, mit Schlips und hohem weißem Stehkragen. Die Runde dauerte bis zum späten Nachmittag, und Rockefeller absolvierte sie mit der Regelmäßigkeit eines Uhrwerks, sechs Tage die Woche, von Montag bis Samstag. Allerdings stellte niemand Rockefeller ein; und als er seine Liste der in Frage kommenden Firmen abgearbeitet hatte, begann er wieder von vorn. Das ging mehrere Wochen so. Manch einer hätte sich irgendwann entmutigen lassen, und kaum jemand hätte ihm das dann zum Vorwurf machen können. Doch Rockefeller verfügte über eine Geisteshaltung, die zu den erfolgversprechendsten der westlichen Welt zählt. Er biss die Zähne zusammen, war unnachgiebig mit sich und der Welt und sagte sich: *Jetzt erst recht!* Und dann, nach sechs Wochen schweißtreibender, rastloser Jobsuche, sprach der Besitzer eines großen Handelsunternehmens endlich die magischen Worte, das Sesam-öffne-dich moderner Werdegänge: »Wir geben Ihnen eine Chance.«

Von jenem Moment an baute sich Rockefeller eine der legendärsten Karrieren aller Zeiten, ehrgeizig, hochdiszipliniert, absolut konkurrenzorientiert, mit einer sagenhaften Arbeitsmoral ausgestattet und von der seltsamen Gewissheit getragen, Gott sei auf seiner Seite.

Rockefeller ist ein Enigma der Moderne: einer der reichsten Männer des 20. Jahrhunderts, einer der skrupellosesten Geschäftsmänner moderner Zeiten und zugleich der bedeutendste Philanthrop, den Amerika je hatte. Ein Puritaner, rational und stets von dem Gefühl seiner eigenen moralischen Überlegenheit getragen, ein Karrierist sondergleichen, verkörpert er eine Erfolgsgeschichte der Extraklasse. In geschäftlichen Entscheidungen entwickelte sich zu seinen Lebzeiten der Mythos seiner Unfehlbarkeit; Investoren hatten nichts Eiligeres im Sinn, als die Aktien zu kaufen, von denen bekannt geworden war, dass Rockefeller sie erworben hatte. Der Titan nährte selbst ein Bild von sich, das ihn als jemanden zeigte, der immer alles richtig machte. »Ich begebe mich nie in ein Geschäft, wenn ich nicht fühle, dass es gut ausgehen wird.«

Rockefeller ist einer der letzten Namen, der einem üblicherweise in den Sinn kommt, wenn es ums *Scheitern* geht. Ganz im Gegenteil: Der legendäre Multimillionär mit dem kühlen Blick und der immergleichen Selbstbeherrschung bewegte sich in einem geistigen Universum, in dem die Gefahr zu scheitern außer Kraft gesetzt war. Die Vorstellung, je einen ernsthaften Misserfolg einstecken zu müssen oder gar daran zu zerbrechen, war für ihn undenkbar. Er mochte jahrelang aus Sorge um sein Imperium unruhig schlafen (wie er später eingestand), doch viel stärker als jeder Zweifel waren seine unerschütterliche Siegesgewissheit, seine Fähigkeit, auch in größten Krisen die Nerven zu behalten – und seine Angewohnheit, Misserfolge einfach nicht wahrzunehmen. In unternehmerisch bedrohlichen Situationen, wenn andere längst nahe daran waren, die Nerven zu verlieren, erschien der Tycoon völlig ruhig auf der Bildfläche. Es schien, als sei er unverletzlich, als sei er immun, selbst gegen die größten Katastrophen. Seine Mitarbeiter verwirrte er durch ewig andauernde Schweigsamkeit, die ihm die steinerne Aura einer Sphinx gab (oder die Autorität Gottes). Er mochte in solchen Situationen wirken, als stelle er sich tot, aber offensichtlich erfüllte sein Verhalten den Zweck. »Erfolg hat, wer die Ohren offen hält und den Mund geschlossen«, resümierte der Geschäftsmann später.

Rockefellers Immunität als mächtigster Industrieller Amerikas blieb nicht völlig unangetastet. Gegen Ende seines Lebens wurde der Koloss *Standard Oil* unter der Regierung Theodore Roosevelts zerschlagen. Und: Vielleicht als Folge des sagenhaften Stresses, dem sich Rockefeller dauerhaft aussetzte, erkrankte er mit Anfang fünfzig an Alopezie. Er verlor in wenigen Monaten sein gesamtes Körperhaar und sah anschließend aus, als sei er um dreißig Jahre gealtert. Dem Vertrauen in seine innere Unverwundbarkeit tat weder das eine noch das andere wesentlichen Abbruch.

Diese Siegessicherheit bezog Rockefeller aus seiner Überzeugung, einen geheimen Deal mit Gott eingegangen zu sein. Er verkündete, sein Reichtum sei ein Geschenk Gottes: »Gott gab mir mein Geld.« Er behauptete, ein großzügiger Fingerzeig des Herrn habe ihm die Ölvorkommen in Pennsylvania beschert, die seinen Aufstieg begründet hatten. »Gott hat mich mit einer Begabung des Geld-Vermehrens gesegnet, und so, wie ein Maler sein Genie nicht vergeuden darf, so ist es meine Pflicht, mein Talent zu nutzen und sehr viel Geld zu machen.« Und so war es dann in Rockefellers Weltbild eigentlich ganz einfach: Gott würde ihn so lange nicht scheitern lassen, wie er sein Talent unter Beweis stellte und Geschäfte machte. Dabei war es ganz egal, ob die Geschäftspraktiken legal oder illegal waren, unsauber und rücksichtslos, gierig und gerissen, ob sie andere zu Fall brachten und in den Ruin trieben. Auf einer höheren Ebene, dort wo Rockefeller vor Gott abrechnen musste, wusste er, dass

Gott ihm wohlgesinnt war – jedenfalls so lange, wie sich sein Geld vermehrte. Gott, glaubte Rockefeller, hatte seinen Erfolg sanktioniert, und Gott wollte nicht, dass er scheiterte. (Vielleicht beschlich Rockefeller gelegentlich auch der Gedanke, er selbst sei Gott, jedenfalls schien er alles zu tun, um diesen Eindruck zu hinterlassen. Einer seiner Angestellten bekannte, er habe nie gesehen, wie Rockefeller das Bürogebäude verließ oder betrat, Rockefeller sei nie da, und er sei immer da.)

Die Kehrseite dieses hochmoralischen und seltsamen Konstrukts aus Rücksichtslosigkeit und Religiosität war, dass Rockefeller sich verpflichtet fühlte, seinen Reichtum wieder zurückzuzahlen. Er spendete den Großteil seines Vermögens und gilt damit bis heute als der größte Philanthrop, den Amerika je hatte. Wie man das von einem Vertreter der protestantischen Arbeitsethik nicht anders erwarten kann, floss das Geld des Rockefeller-Vermögens nicht in wohltätige Projekte oder Sozialarbeit, sondern in solche, die den Wert Selbstständigkeit an oberste Stelle setzten, hauptsächlich für Stiftungen im Bereich von Medizin und Bildung. Diese enorme Großzügigkeit Rockefellers ist nur auf den ersten Blick verwunderlich, sie steht nur scheinbar im Widerspruch zu seinen skrupellosen Geschäftspraktiken, denn Rockefellers Gier und Glaube entstammten derselben Motivation. In beiden Fällen ging es um den Versuch, Gott gnädig zu stimmen.

In der Person Rockefellers manifestierte sich die protestantische Arbeitsethik, unter den Vorzeichen der modernen Industriegesellschaft, in Reinkultur. Wie die meisten Amerikaner heute, glaubte Rockefeller fest daran, dass die Gesellschaft Belohnungen gerecht verteilt, nach Maßgabe persönlicher Verdienste beziehungsweise Leistungen. Für Rockefeller sah die Welt so aus: Es gab darin Menschen, die aufgrund ihrer Fähigkeiten, ihrer Begabungen und ihrer Willensanstrengungen Erfolg verdienten, und es gab Menschen, die aufgrund ihres Mangels an bestimmten Fähigkeiten, Begabungen und Willensanstrengungen verdient scheiterten. Moralisch vertretbar wurde diese Welt Rockefeller zufolge dadurch, dass diejenigen, die mit Begabungen (und Erfolg) gesegnet waren – so wie er selbst –, persönliche Verantwortung verspüren würden, sich um das Fortkommen der weniger Privilegierten zu kümmern. Rockefellers Stiftungen verfolgten daher das ausdrückliche (und zweifellos sinnvolle) Ziel, Menschen in die Lage zu versetzen, später selbst erfolgreich werden zu können. Er unterstützte beispielsweise die Schulbildung junger schwarzer Frauen. Seine Spenden waren dabei immer als

Investitionen gedacht, als ideelle Wertsteigerung – die Vorstellung, mit seinen großzügigen Spenden eventuell unbeabsichtigt die »Unfähigkeit« anderer zu finanzieren, war Rockefeller ein Gräuel, wie er selbst zugab.

Rockefellers Erfolg und seine Immunität gegen eigenes Scheitern waren Teil eines geschlossenen moralischen Systems. Erfolg und Scheitern waren darin eine Frage des persönlichen Verdienstes. Die Frage der Verteilung von Geldern zur Förderung des Erfolgs anderer war es auch. Chancen und Erfolg bekam, wer es verdiente. Und was verdienstvoll war, und was nicht, bestimmten allein Rockefeller und die Moral der protestantischen Arbeitsethik.

»Ich könnte nur noch heulen«: Die Quarterlife Crisis

Als Arnold Schwarzenegger Gouverneur von Kalifornien werden wollte, versprach er dem Wahlvolk, er werde dafür sorgen, dass jeder Mann und jede Frau in Kalifornien einen Job bekomme. Um genau zu sein, sagte er, er werde dafür sorgen, dass jeder einen »fantastischen« Job bekomme. Wenn das nicht positives Denken war.

Auf der Internetseite *successcompass.com* wird der Superstar, der sich selbst als die Inkarnation des amerikanischen Traums bezeichnet, mit den Worten zitiert: »Ich sage jungen Leuten immer, dass sie alles tun können, wenn sie an sich glauben.« Die Internetseite, die mit Schwarzenegger wirbt, wendet sich tendenziell an weniger vom Ruhm verwöhnte Menschen, also an uns: »Wünschen Sie sich die Verbesserung von Gesundheit, Wohlstand, Gewicht, Karriere, Familie und beruflichen Beziehungen, spirituellem Leben und praktisch jedem anderen Lebensbereich? Wenn ja, können Sie jetzt damit beginnen, eine Veränderung Ihres Lebens in weniger als einer Stunde zu erleben, und Sie werden das mit einem revolutionären interaktiven Programm tun, das Sie zielbewusst macht, Ihre Energien auflädt und Sie am Laufen hält. Beginnen Sie heute!« Verwirrenderweise macht die Seite nicht den Eindruck, sie sei als Scherz gemeint.

Nachdem die protestantische Ethik seit dem 18. Jahrhundert immer stärker säkularisiert worden war, riss im 20. Jahrhundert die Verbindung zwischen der Erfolgsideologie und dem Erbe der Puritaner ab. Nicht länger Franklins volkstümliche puritanische Sprichwortsammlungen, Algers protestantische Alltagstugenden oder Rockefellers Gott festigten das Individuum auf Erfolgskurs, es festigte sich jetzt selbst, kraft ihm zur Verfügung stehender psychischer Eigenschaften. Die immense Bedeutung von Erfolg für das Leben des Einzelnen blieb ungeschmälert bestehen, aber die Vorzeichen hatten sich geändert.

Nicht der Glaube an Gott, *der Glaube an sich selbst,* wurde jetzt entscheidend. Die eigene Psyche brachte einen jetzt auf Erfolgskurs. Seit den 50er Jahren redeten Selbsthilfebücher immer weniger von den guten alten protestantischen Erfolgstugenden Fleiß, Beständigkeit und Aufrichtigkeit, sondern von Selbstbewusstsein, Selbstvertrauen, »positivem Denken«, mentaler Konditionierung, Eigenmotivation oder Affirmation (»Ich werde jeden Tag besser«). Das waren neue Eigenschaften und Tricks, und sie versprachen, auf die Überholspur des immer schneller und komplexer werdenden Lebens zu führen.

Beispielsweise Norman Vincent Peale. Peale, der Sohn eines Methodistenpfarrers, der selbst Pfarrer geworden war, veröffentlichte 1952 ein Buch mit dem Titel *Die Kraft des Positiven Denkens.* Er landete damit einen Bestseller, der zwischen 1952 und 1955 nur noch von den Verkaufszahlen der Bibel übertroffen wurde. Peale predigte seinen Lesern Zutrauen in die eigenen Fähigkeiten und verabschiedete die bewährte Ethik der »harten Arbeit« – er warnte sogar davor und empfahl seinem Publikum eine entspannte Grundhaltung. Ein freier Kopf, eine unverkrampfte Einstellung, die Fähigkeit, die richtigen Gedanken zu nähren – für Peale und seine Anhänger begann Erfolg mit einer positiven Einstellung zum Leben. Vorbei die freudlose Arbeitswut Defoes und Rockefellers.

In den späten 60er Jahren erreichte Freuds Psychoanalyse die amerikanische Alltagskultur. Erkenntnisse aus der modernen Psychologie sickerten in alle Bereiche des Lebens ein und machten sich allmählich auch in der Populärkultur bemerkbar. Jeder konnte jetzt wissen, dass Menschen über ein komplexes Innenleben verfügen, und wer es noch nicht wusste, erfuhr es aus Ratgebersendungen im Radio, von Briefkastentanten in Hochglanzmagazinen und aus den Selbsthilfebüchern zur Lebensführung. Bei allem, was der Einzelne jetzt tat, sollte er nun auch die eigenen Seelenzustände im Blick behalten. Die Aufgabe bestand darin, ein Gleichgewicht zu halten: zwischen dem Innen und dem Außen, zwischen der Psyche und der Umwelt. Jeder war aufgefordert, die negativen psychischen Kosten seines Lebens so gering wie möglich zu halten: Ängste zu vermeiden, Niedergeschlagenheit zu überwinden, Selbstzweifel nicht zuzulassen, Krisen zu bewältigen. Mutlosigkeit war nicht mehr das Schwächeln des viktorianischen Kraftmenschen oder eine teuflische Versuchung für gottesfürchtige Puritaner, sondern ein feiner Makel auf der eigenen Seele.

Der persönliche Erfolg begann nun bereits irgendwo tief im eigenen Innersten. Es reichte nicht mehr, sich »Jeder ist seines Glückes Schmied« im Kreuzstich auf die heimischen Sofakissen zu sticken oder gebetsmühlenartig vor sich herzusagen. Man musste an sich selbst glauben und die Bedingungen für den eigenen Erfolg in der eigenen Psyche legen. In den vergangenen Jahren sind die hohen Erwartungen an ein gelungenes, erfülltes Seelenleben als Voraussetzung für den persönlichen Erfolg nicht gerade gesunken. Erfolgreich sein *und sich wohlfühlen*, lautet die neueste Zumutung, mit der wir uns jetzt herumschlagen. Wer heute seinen Erfolg um den Preis von Haarausfall am ganzen Körper durchkämpft und innerhalb eines halben Jahres um 30 Jahre altert, müsste sich sogar fragen lassen, ob er nicht etwas Grundsätzliches falsch gemacht hat. Und die Spirale dreht sich weiter. Man sieht das aktuell an der Rolle der Karrierefrau. In den 70er und 80er Jahren durften Frauen lernen, erfolgreich zu sein. Die Medien erfanden die »Powerfrau«: Sie sah toll aus, trug ein schickes Kostüm, hatte männliche Untergebene und vielleicht einen Liebhaber, besser aber wechselnde; in jedem Fall war ihre Lebensweise auf Karriere abonniert. Mittlerweile ist dieselbe Spezies immer noch erfolgreich und sieht toll aus, aber sie muss nun auch *glücklich* sein, und dazu gehören Mann und Kinder und ein riesiger Freundeskreis aus anderen erfolgreichen Menschen. Die kinderlose, allein lebende Karrierefrau mag dann einen Weltkonzern führen, aber … sie kann unmöglich *glücklich* sein! Die Arme.

Defoe und Rockefeller brauchten nicht glücklich zu sein. Ihr ganzes Leben lang saß ihnen die Angst im Nacken und trieb sie an. Das finden wir abschreckend. »Richtiger Erfolg«, der, den wir selbst wollen, braucht eine ausgeglichene Psyche. Er soll uns schließlich reich und angesehen und konkurrenzfähig und glücklich machen, aber nicht krank. Ein gesundes Selbstbewusstsein, Optimismus und Zutrauen zu sich selbst sind gefragt. Wer über solche Qualitäten nicht automatisch im Übermaß verfügt, kann mit Tricks arbeiten. Sie stehen in jedem Psychoratgeber, stammen aus der populären Psychologie und vertrauen auf die Belehrbarkeit der Psyche. Sie besagen: Wer Erfolg will, muss ihn auch *wirklich wollen*, wer düster in die Zukunft sieht, wird sich bald unter Gewitterwolken wiederfinden, wer ständig ans Scheitern denkt, lädt es förmlich zu sich ein. Wer sich sagt:»Das schaffe ich sowieso nicht«, nährt unliebsame sich selbst erfüllende Prophezeiungen. Auf diese Weise setzt die populäre Psychologie grenzenloses Vertrauen in unsere geistige Omnipotenz. Sie suggeriert unsere individuelle Macht über Erfolg oder Misserfolg – und ganz egal, wie komplex die Organisationsstrukturen der Arbeitswelt, wie weitläufig die Märkte, wie wenig prognostizierbar die ökonomischen Entwicklungen, wie flüchtig die Trends – die modernen Psychoratgeber erklären:

Du hast deinen Erfolg selbst in der Hand, er beginnt in deinem Kopf.

In den ersten Jahren des neuen Jahrhunderts ist dieses schrankenlose Vertrauen in die unendlichen Möglichkeiten der Welt und in die grenzenlosen Fähigkeiten unserer eigenen Psyche stellenweise kollabiert. Die Ende der 70er und Anfang der 80er Jahren geborenen Männer und Frauen sind von den etwas Älteren immer für Vertreter einer Generation gehalten worden, die unglaublich viele Möglichkeiten hat, doch in Wirklichkeit wissen viele von ihnen mit 23 oder mit 27 nicht mehr weiter. Aus dem »positiven Denken« der Mütter und Großväter ist die völlige Orientierungslosigkeit der Enkel und Enkelinnen geworden.

Jetzt zeigt sich, dass die Verlegung der Druck-Instanz von Gott ins eigene Ich in den modernen Leistungs- und Erfolgsgesellschaften nur scheinbar eine Erleichterung bringt. Hier muss dann jeder ständig ins eigene Ich abtauchen, wo bekanntlich miserable Sichtverhältnisse herrschen, um dort, im Trüben, nach etwas zu fischen, das ihn oder sie auf Zack bringt. Beim Auftauchen und Luftholen sollte er oder sie etwas in sich entdeckt haben, das ihn oder sie erfolgreich macht, aber eben bitte so, dass alle sich dabei auch wohl fühlen können. Als Massenphänomen liegt darin eine noch nie da gewesene Zumutung für jeden Einzelnen.

Die beiden amerikanischen Journalistinnen Alexandra Robbins und Abby Wilner, beide Ende zwanzig, veröffentlichten 2001 das Buch *Quarterlife Crisis*. Es handelt sich dabei um eine locker geschriebene Bestandsaufnahme der Lebenseinstellung ihrer Generation. Die Veröffentlichung bescheinigt den Mittzwanzigern eine depressive Grundstimmung. In Amerika landete der Titel auf der Bestsellerliste der *New York Times*; und in Deutschland erschienen wochenlang in jedem Feuilleton und in allen Sonntagsbeilagen Artikel über die *Quarterlife Crisis*, deren Symptome längst auch in den trendigen Stadtvierteln deutscher Metropolen aufgetreten waren.

Quarterlife Crisis, das Buch, besteht hauptsächlich aus Zitaten junger Erwachsener und kurzen Kommentaren der beiden Autorinnen. In Hunderten von Interviewschnipseln dokumentieren sie die Lebenseinstellung qualifizierter Universitätsabsolventen aus Mittelschichtmilieus. Während die Umwelt den jungen Erwachsenen vorspiegelt, wie toll es sein müsse, das ganze Leben, die ganze Welt und alle Möglichkeiten vor sich zu haben, empfinden die über Zwanzigjährigen blanke Angst und tiefe Resignation angesichts dieser Aussicht. Eine junge Amerikanerin erklärt: »… Freiheit ist wirklich eine gewaltige Last. Wenn dir alle Möglichkeiten offen stehen, ist es wirklich leicht, bloß auf deinem Hintern sitzen zu bleiben und gar nichts zu wählen.« Im selben Maß, wie die Möglichkeiten zunehmen, etwas ganz Großartiges aus sich zu machen, wächst die Angst, vielleicht das Falsche zu tun und eine Chance zu verpassen. Durch die Interviews, die Robbins und Wilner überall in den USA geführt haben, läuft immer dieselbe Befürchtung: Wenn ich mich ganz auf meine Karriere konzentriere, könnte es dann nicht sein, dass ich ein aufregendes Sexleben verpasse, aber wenn ich ein aufregendes Sexleben führe, könnte es dann nicht sein, dass ich eine romantische Beziehung vermisse, und wenn ich eine romantische Beziehung habe, könnte es dann nicht sein, dass ich Kompromisse mache, die meiner Karriere schaden? Erwartungsgemäß dreht sich ein Kapitel des Buchs *Quarterlife Crisis* um die Frage: »Was, wenn ich scheitere?«

Das ist das Dilemma der jungen Erwachsenen: Sie sind in einer Kultur aufgewachsen, in der das Zweitbeste schon nicht mehr gut genug ist, in der Ehrgeiz und Wettbewerb hohe Güter sind; jetzt stehen ihnen alle Möglichkeiten im Leben offen, und sie müssen Entscheidungen treffen, aber aus Angst, sich nicht für das Beste zu entscheiden, tun sie lieber gar nichts. Eine junge Frau sagt symptomatisch: »Ich stellte mir das Leben nach dem College immer als eine Zeit der grenzenlosen Freiheit vor. Ich würde durchs Land und um die Welt reisen; ich würde verschiedene interessante und anspruchsvolle Jobs haben, ich würde neue Menschen kennen lernen und neue Freunde finden.« Nun wohnt sie noch bei den Eltern und jobbt in einem CD-Laden. Eine Carly erzählt von der Kluft zwischen ihren Erwartungen und der Realität: »Ich saß in meinem Auto und phantasierte alle diese großartigen Dinge, die ich tun würde, und wie ich aussehen würde, und nichts davon war real. Dann kehrte ich in mein kleines Leben zurück und war noch deprimierter.« Bei Defoe, Franklin, dem Alger-Helden und Rockefeller begannen die Erfolgsgeschichten mit ihrer Fähigkeit, die Kluft zwischen Fiktion und Realität in der Phantasie zu überbrücken. Bei den Mitte Zwanzigjährigen in der Quarterlifecrisis hat diese Fähigkeit alle Magie eingebüßt. Die Kluft zwischen Fiktion und Realität ist zu einem unüberwindlichen Problem geworden. Die massenmedial aufbereiteten Botschaften »Du kannst alles machen«, »Die ganze Welt steht dir offen« oder »Du hast so viele Chancen wie noch keine Generation zuvor« führen mit unbarmherziger Konsequenz direkt in den Orientierungsverlust. So, wie der Rat auf dem offenen Meer: »Du kannst in jede Richtung rudern« in erster Linie Panik auslöst. Für die Generation der Mittzwanziger ist Franklins amerikanischer Traum zur Zumutung geworden. Sie leben mit der unerfüllbaren Verheißung eines traumhaften Lebens. Aber dieses Leben muss sich inzwischen machen lassen *ohne* Defoes Entsagungen, *ohne* Rockefellers moralische Verrenkungen und *ohne* Franklins Besserwisserei.

Sie wollen Wirtschaftskapitäne sein, aber die Umwelt schonen. Sie wollen einen gut dotierten Job, der sie auch spirituell bereichert. Alle Ziele stehen offen – Wohlstand, innere Ausgeglichenheit, guter Sex, die große Liebe, spirituelle Erfüllung, ein toller Körper, Erfolg, Ruhm und eigene Kinder. Eine 24-Jährige, die ein Studium an der Elite-Uni Yale abgeschlossen hat, findet sich in einem hoch bezahlten, aber entsetzlich unspektakulären Job wieder. Und erklärt angesichts einer solch realistischen, aber suboptimalen Lösung: »Ich könnte nur noch heulen.« Wer erst einmal gelernt hat, sich selbst auf diese Weise mit seinen eigenen und fremden widerstreitenden Wünschen, Erwartungen, Ansprüchen und Möglichkeiten auszutricksen, der kann nur noch enttäuscht werden. Und die Erfolgsgesellschaft führt sich gewissermaßen selbst ad absurdum.

Scheitern erleben

Schiffbruch erleiden: Odysseus

Das Verb *scheitern* hat seine Wurzeln im Substantiv *Scheit*, dem gängigen Ausdruck für in kleine Stücke geschlagenes Holz. Zu scheitern bedeutete ursprünglich also *in Trümmer gehen*. Eine der geläufigsten Verwendungen fand »scheitern« als Bezeichnung für den Schiffbruch, denn bis ins 17. Jahrhundert war es üblich zu sagen, ein Schiff sei *gescheitert*, wenn es auf Grund gelaufen oder wenn dessen hölzerner Rumpf an Klippen zerschellt war. Erst im Laufe des 17. Jahrhunderts sprach man vom Scheitern auch im übertragenen Sinn und ließ nicht nur Schiffe, sondern auch Pläne, Hoffnungen, die Tugend, die Liebe, das Glück, die Vernunft oder das Gute in Stücke zerbrechen beziehungsweise scheitern. Theodor Fontane bringt in seinem Roman *Grete Minde* die beiden Bedeutungen einmal in einem Satz zusammen. Über einen erfolglosen Geschäftsmann heißt es dort: »Und als ihm zwei Schiffe scheiterten, da war er selbst am Scheitern.« Für den Kaufmann bedeutete der Untergang seiner Handelsschiffe auch seinen persönlichen finanziellen Ruin.

Dass etwas zerbricht, wenn jemand scheitert, leuchtet wohl jedem ein, und den Ausdruck »Schiffbruch erleiden« verwenden wir immer noch als Synonym fürs Scheitern. Mit dieser Metapher haben wir ein aussagekräftiges Bild zur Verfügung: In ihm vereinen sich die Angst, elementaren Gewalten hilflos ausgeliefert zu sein, die Angst, irgendwo zu stranden, und die Angst vor dem Untergang.

Das Bild vom Scheitern als Schiffbruch hat aber nicht nur

etymologische Wurzeln im germanischen *Scheit* – es geht auf eine viel ältere, allgemein gültige Vorstellung von der Seefahrt als Risiko und als Grenzüberschreitung zurück. Seit der Antike galt die Seefahrt in der Kultur Europas als das Bild für das Überschreiten von Grenzen. Schließlich war des Menschen angestammter Ort das Land, und nicht das Meer. Wer sich vom Land aufs Meer wagte, tat einen Schritt, der extreme Risiken barg. Das Meer war gefährlich. Aus dem Ozean kamen die mythischen Ungeheuer, Monster, die in der Lage waren, die Welt aus den Angeln zu heben. Zeus herrschte über Himmel und Erde, doch das Meer gehörte seinem zerstörerischen Bruder Poseidon. Er hatte die Gewalt über die bedrohlichsten Naturmächte. Unwetter, Stürme, Seebeben, Sintfluten gingen auf sein Konto, doch Poseidon konnte auch absolute Windstille verhängen. In Zeiten, zu denen man auf vom Wind geblähte Segel angewiesen war (Galeerensklaven allein reichten nicht aus), konnte eine spiegelglatte Meeresoberfläche nicht weniger bedrohlich sein als ein schwerer Orkan. Der griechische Philosoph Hesiod mahnte, der Mensch solle sich damit bescheiden, das Land zu bearbeiten, das ihn ernähren könne, statt sich, in der Hoffnung auf ein besseres Leben, einem fremden und unberechenbaren Element auszuliefern.

Dem Christentum war das Meer nicht weniger suspekt als der Antike; es zu befahren, galt auch im Mittelalter nicht nur als riskant, sondern als moralisch höchst bedenklich. Mit jeder Meile, die man sich von der Heimat und vom Festland entfernte, wurde die Fremde fremdartiger. Und wer sich allzu weit vorwagte, für den ging die Welt zu Ende – schließlich war die Erde eine Scheibe.

Das Meer galt als der Ort des Bösen und des Unberechenbaren, als der Teil der Welt, in dem es weder Gesetze noch Ordnung gab. In der Bibel verkündete Johannes in der Offenbarung, das Meer werde nach der Apokalypse ganz von der Welt verschwunden sein; es werde dann eine neue Erde und einen neuen Himmel geben, aber das Meer werde nicht mehr existieren. Nur solange Gott selbst als Navigator fungierte, konnte man die Seefahrt bedenkenlos wagen, weshalb die Arche nicht untergegangen war; für Menschen aber, die sich ohne den Schutz Gottes aufs Wasser hinauswagten, wurde die Seefahrt zu einem unberechenbaren Risiko. Die erste Grenzverletzung war, das Festland zu verlassen, dann folgte die Grenzenlosigkeit des Meeres. Auf den endlosen Weiten des Meeres sah alles immer gleich aus, ganz egal, wie sehr man sich von der Stelle bewegte. Ohne moderne Navigationstechniken wurde eine Reise daher schnell zur Irrfahrt. Da konnte man auch leicht das Ziel verfehlen.

Kaum einem Autor des Mittelalters wäre es daher eingefallen, das ganze Leben des Menschen unter die Generalmetapher der Seefahrt zu stellen, denn es hätte bedeutet, sein Leben in einer Welt verbringen zu müssen, die chaotisch war und keine Orientierung bot. Doch die Welt des Mittelalters galt als perfekt. Augustinus, Dante und Chaucer beschrieben das Leben daher auch nicht als Irrfahrt über die Meere, sondern als Wanderung zu Gott. Und wenn den Pilger dabei vielleicht auch die eine oder andere Ablenkung am Wegesrand länger aufhalten konnte, als es seiner Seele gut tun würde, dann hatte er doch wenigstens stets festen Boden unter den Füßen. Er lief nie Gefahr, sein Ziel völlig aus den Augen zu verlieren. Dies wäre ja auch einer Blasphemie gleichgekommen, denn der Weg stand immer fest, und er führte zu Gott. Von diesem Weg abzukommen – sich gar auf dem Meer zu verlieren – hätte geheißen, von Gott abzukommen.

Der älteste Schiffbrüchige, dessen See- und Irrfahrt ein fester Bestandteil unserer Kultur geworden ist, ist Odysseus. Homer hatte seine Abenteuer um 700 v. Chr. in der *Ilias* und der *Odyssee* erzählt. Während die *Ilias* vom Untergang Trojas und vom Triumph der Griechen berichtete, also das Epos von Sieg und Niederlage war, war die *Odyssee* das Epos vom Erfolg und Scheitern einer einzelnen Person.

Odysseus, der griechische Soldat und Seefahrer, ist in unsere Kultur als Inbegriff des »listigen« und »klugen« Mannes eingegangen. Übersetzt in ein etwas gebräuchlicheres Vokabular heißt das: Odysseus ist eine vielschichtige, moderne Figur. Homer erfand mit ihm einen Helden mit ganz neuen Qualitäten, die man von den kruden Haudegen, die bis dahin die antiken Dichtungen bevölkert hatten, nicht gewohnt war. Statt durch rohe Gewalt zeichnet sich Odysseus durch eine Fülle unterschiedlichster Eigenschaften aus: durch Phantasie, Verantwortungsgefühl, Humor, Weitsicht, Geduld, Geschicklichkeit, Mut, Neugier, die Fähigkeit zur List – aber auch durch Hochmut und unüberlegte Risikobereitschaft.

Die Welt der *Odyssee*, in der Odysseus sich bewähren soll, ist nun, anders als die Welt der *Ilias*, nicht mehr die des Kampfes. Es ist eine Welt, in der Konflikte und Bedrohungen nicht automatisch als kriegerische Auseinandersetzungen auftauchen, sondern als Hindernisse im Leben. Dort gibt es Klippen, die umschifft werden müssen, erotische Verführungen, die in die Irre führen können, und tyrannische Lokalgottheiten, die ihn vor scheinbar unlösbare Probleme stellen. Fast schon ein ganz normales modernes Leben also, mit brisanten Entscheidungen, gescheiterten Beziehungen und unberechenbaren Arbeitgebern. Odysseus führt vor, dass sich in dieser Welt, die vielfältige Überraschungen parat hält, persönliche Siege auch noch ganz anders erringen lassen als durch gegenseitiges Töten. Das hat nichts mit Pazifismus zu tun, sondern mit der Erkenntnis, dass auch das menschliche Leben mitunter ein Kampfplatz sein kann. Und auf diesem Feld gewinnt man die Schlachten nicht dadurch, dass man auf seine Feinde eindrischt. Zur Bewältigung der hier anstehenden Probleme ist etwas anderes als Muskelkraft gefragt. Das ist die Lektion, die Odysseus lehrt.

Odysseus steht in diesem Kapitel am Anfang einer Reihe von verschiedenen Szenarien des Scheiterns von der Antike bis zum 19. Jahrhundert, die ich erzähle, um zu fragen, was sie bedeuten – damals wie heute, für uns. Wie wurde das Scheitern in der Vergangenheit verstanden, wie wurde damit umgegangen? Wie wurde darüber geschrieben – und was können wir heute daraus für Lehren im Umgang mit unseren Niederlagen und Enttäuschungen ziehen? Die Schauplätze entstammen der Literatur, denn ihr allein oblag lange vor den Werken der Psychologie und Soziologie die Beschreibung, wie Menschen mit den Widrigkeiten des Lebens klarkommen. Im Epos, in der Tragödie und im Roman konnte man sehen, unter welchen Bedingungen einzelne Menschen in Schwierigkeiten geraten und wie sie die Probleme dann bewältigen, die sich vor ihnen auftürmen – oder wie sie daran tragisch scheitern. Seit der Entstehung der Psychologie und Soziologie zu Beginn des 20. Jahrhunderts untersuchen auch Wissenschaftler, wie und warum Menschen so handeln, wie sie handeln, und warum sie sich *so* entscheiden und nicht *so*. Die Soziologie zeigt auf, unter welchen gesellschaftlichen Bedingungen Menschen mit großer Wahrscheinlichkeit leiden werden, die Psychologie weist darauf hin, wie die komplizierten Vorgänge der Seele Menschen dazu veranlassen, sich selbst in Schwierigkeiten zu bringen. Aber jahrhundertelang konnte dies nur die Literatur beschreiben. Wenn wir wissen wollen, wie Menschen in der Vergangenheit mit dem Scheitern umgegangen sind, ist die Literatur unsere erste Gewährsfrau. Sie liefert uns eine Typologie des Scheiterns, und wir benötigen sie, wenn wir erfahren wollen, woher unsere Begriffe und Vorstellungen stammen. Es lohnt sich also, das Scheitern in der Literatur einigermaßen nüchtern zu betrachten, anstatt weiterhin unsere gewaltige Angst vor dem Scheitern zu pflegen, so wie wir ja gelernt haben, die Welt nüchtern zu betrachten. Auch wenn das Betrachten des tiefen Falls von Figuren aus der Literatur kaum eine kathartische Wirkung bei uns auslösen wird, wie das die griechische Tragödie beim antiken Publikum zu tun vermochte, so bieten uns die folgenden »Fallstudien« aus der Kultur des Scheiterns vielleicht trotzdem neue Möglichkeiten und Einsichten, das Scheitern zu verstehen und souverän damit umzugehen.

Odysseus' Abenteuer sind ein prototypisches Scheitern. Odysseus erlebt Rückschläge, Enttäuschungen, Angst, und er muss sich ständig etwas Neues einfallen lassen, um sich zurechtzufinden und um schließlich dorthin zu kommen, wohin er will. Er zeigt, wie jemand mit dem Scheitern fertig wird. Und zwar ziemlich erfolgreich.

Homers *Odyssee* entstammt einer archaischen Welt, in der die Götter ständig zwischen den Menschen auftauchen und ihre Entscheidungen durchkreuzen und in der die Ziele eines Menschen Mächten ausgesetzt sind, die der Einzelne nicht kontrollieren kann. Zeus zürnt Odysseus, Poseidon wütet gegen ihn. Odysseus kämpft mit unvorhersehbaren Schwierigkeiten. Er begeht Fehler, zeigt sich unbelehrbar, riskiert alles, kommt nicht von der Stelle, verliert seine Mannschaft, trickst herum und wird ausgetrickst. Odysseus hat ein Ziel, die Insel Ithaka, aber er verliert es ständig aus den Augen. Immer wieder bringen ihn Stürme vom Kurs ab, tauchen seltsame Lokalgottheiten auf, die es zu überlisten gilt.

Nach dem Ende des Trojanischen Krieges macht sich Odysseus auf die Heimreise, zurück zur Heimatinsel Ithaka, die er zehn Jahre zuvor auf dem Weg in den Krieg verlassen hat. Diese Heimfahrt wird für ihn zu einer Irrfahrt. Sie dauert fast zehn weitere Jahre, drei davon verbringt Odysseus auf See, den Rest als Gefangener auf der Insel der Nymphe Kalypso, die ihn nicht ziehen lassen will, weil sie in ihn verliebt ist. Zwei Mal wird Odysseus in diesen zehn Jahren schiffbrüchig, denn er hat sich den Zorn Poseidons zugezogen, der ihm zur Strafe vernichtende Stürme schickt. Immer wieder wendet sich alles gegen ihn, immer wieder kommt Odysseus in rätselhafte, ihm unbegreiflich scheinende Situationen, die ihn an innere und äußere Grenzen führen.

Die bekanntesten und teilweise sprichwörtlich gewordenen Episoden der *Odyssee* sind die der Kapitel 9–12. Der Aufenthalt bei Kirke, der Zauberin, die die Hälfte der Mannschaft in Schweine verwandelt und die Odysseus verführt. Dann: die Gefährdung durch den Gesang der Sirenen, denen sich Odysseus entzieht, indem er die Ohren seiner Mannschaft mit Wachs verstopfen und sich selbst an einen Mast binden lässt. Die Umschiffung der beiden Klippen mit den Ungeheuern Skylla und Charybdis, denen Odysseus sechs seiner Männer opfern muss, damit der Rest überlebt. Und schließlich die verbotene Schlachtung der heiligen Rinder des Sonnengottes Helios, welche die Götter so sehr erzürnt, dass sie einen schweren Sturm schicken, den niemand überlebt außer Odysseus, der als Schiffbrüchiger an die Insel der schönen Kalypso gespült wird.

Als seine Mannschaft noch nicht durch Stürme, Schiffbruch und Begegnungen mit Ungeheuern dezimiert ist, muss Odysseus ein besonders schreckliches Abenteuer bestehen, das ihm Gelegenheit gibt, ein ganzes Bündel seiner Eigenschaften unter Beweis zu stellen: die Begegnung mit dem Zyklopen, einem einäugigen Riesen, der sich von Schafs- und Ziegenmilch und – wie sich herausstellt – auch von Menschenfleisch ernährt.

Aus Neugier und in Erwartung zivilisierter Gepflogenhei-

ten (man begrüßt Fremde üblicherweise mit einem »Gastge-
schenk«) begibt sich Odysseus in Begleitung eines Trupps seiner Mannschaft arglos in die Höhle des Riesen. Der Zyklop ist
gerade nicht zu Hause, er weidet seine Schafe und Ziegen.
Am Abend kehrt er heim, treibt seine Tiere in die Höhle und
trinkt Unmengen ihrer Milch. Dann entdeckt er Odysseus und
seine Begleiter. Statt, wie von Odysseus erhofft, freundlich
empfangen zu werden, zeigt sich der Zyklop brutal und feind-
lich, er ist ein Monster, das gierig zwei der Männer frisst. Odysseus und seine Mannschaft können nicht fliehen, denn der
Zyklop hat seine Höhle mit einem riesigen Felsbrocken versperrt.

Am nächsten Morgen frisst das Ungeheuer erneut zwei Männer, dann verlässt es seine Höhle, um seine Tiere wieder auf die
Weide zu führen, und versperrt den Eingang erneut mit dem
Felsbrocken. Am Abend kommt der Zyklop wie am Vortag mit
seinen Tieren zurück und frisst noch einmal zwei Männer. Doch
Odysseus hat inzwischen einen Plan gefasst. Er macht den Zyklopen mit Wein betrunken, und als der in einen tiefen Rausch
fällt, bohrt Odysseus ihm einen zuvor präparierten glühenden
Holzpflock ins Auge.

Und Wein schoss aus seinem Schlund hervor mit Brocken
von Menschenfleisch, er brach es heraus in dem Weinrausch.
Und da schob ich den Pfahl in den großen Haufen von Asche,
Dass er darin heiß werde, und allen Gefährten mit Worten
Machte ich Mut, auf dass nicht einer aus Furcht entweiche.
Als aber bald der Olivenpfahl im Feuer daran war
Aufzuflammen, so grün er war, erglimmte schon furchtbar,
Trug ich ihn nah heran aus dem Feuer, doch die Gefährten
Stellten sich rings. Ein Dämon hauchte uns mächtigen
Mut ein.
Die nun nahmen den Ölbaumpfahl, der am Ende
gespitzt war,
Stießen ihn ein ins Aug; ich reckte mich hoch und ich drehte.

Außer sich vor Schmerz versucht der Zyklop, seine Höhle zu verlassen, tastet nach dem Fels, der den Ausgang versperrt, und schiebt ihn zur Seite. Nun ist der Weg für Odysseus frei. Damit seine Peiniger nicht entwischen, tastet der Zyklop jetzt nämlich jedes Wesen ab, das hinter ihm aus der Höhle kommt. Um also nicht in letzter Minute von dem Ungeheuer erkannt und an der Flucht gehindert zu werden, binden sich Odysseus und seine Männer unter die Körper von Schafen und tricksen den Zyklopen auf diese Weise aus.

Odysseus flieht zum Schiff. Doch als es abgelegt hat und Odysseus den Zyklopen am Ufer stehen sieht, begeht er, der bisher so geschickt und überlegt gehandelt hat, plötzlich einen Fehler. Statt sich einfach unbemerkt davonzumachen – schließlich kann das geblendete Ungeheuer ihn nicht sehen –, verhöhnt er den Riesen lauthals vom Schiff aus. Odysseus lässt ihn wissen, wer es war, der ihn geblendet hat. Darauf antwortet der Zyklop mit einem Fluch: Er, der Sohn Poseidons, werde den Gott des Meeres darum bitten, dafür zu sorgen, dass Odysseus nicht sicher nach Hause kommt.

Von nun an hat Odysseus das Meer gegen sich. Dass er darin nicht untergeht, verdankt er seiner Fähigkeit, sich auf neue Situationen einstellen zu können: listig, mutig, neugierig, unermüdlich und auch immer ein wenig unbelehrbar. Mehr als 2000 Jahre, nachdem Odysseus zum Leben erweckt wurde – von griechischen »Sängern«, die Dichtungen wie die *Odyssee* vor adeligem Publikum vortrugen –, können wir mit der Figur immer noch etwas anfangen. Odysseus ist das erste Vorbild für moderne Menschen, die mit der Möglichkeit zu scheitern rechnen müssen. Kaum hat er ein Problem gelöst, steuert er auf das nächste zu. Aber er überlebt in seiner unverständlichen, von merkwürdigen Wesen bevölkerten Welt, er übersteht jeden Sturm auf dem vom wütenden Gott Poseidon aufgewühlten Meer und umschifft jede noch so gefährliche Klippe. Am Ende einer zehn Jahre andauernden Irrfahrt nimmt er triumphierend Haus, Frau und Macht auf der Insel Ithaka wieder in Besitz.

Odysseus ist Europas Prototyp des Erfolgsmenschen; einer, für den Schwierigkeiten dazu da sind, aus dem Weg geräumt zu werden; einer, der das Scheitern immer meistert, der jeden Schiffbruch in einen Triumph verwandelt. Er ist Defoe und Rockefeller näher verwandt als den Helden der antiken Tragödie, und wir hätten keine allzu großen Schwierigkeiten, ihm auch ultramoderne Eigenschaften wie »Flexibilität«, »Eigeninitiative« oder »Problemlösungskompetenz« zuzuschreiben. Der triumphale Umgang mit Hindernissen, den er verkörpert, imponiert uns Zeitgenossen der Erfolgsgesellschaft. Odysseus ist eine erstaunliche Figur, eine literarische Erfindung von solcher Vielfalt, dass wir sie auch nach über 2000 Jahren verstehen können. Aber er steht erst ganz am Beginn der europäischen Kulturgeschichte. Sein Beispiel ist noch längst nicht alles, was es über den Umgang mit dem Scheitern zu wissen gibt. Die meisten Geschichten gehen allerdings weniger siegreich aus.

Sich mit Missgeschicken abfinden 1: Ödipus

Neben dem Bild des Schiffbruchs für das Scheitern gibt es das des tiefen Falls. In Gestalt des Ikarus ist es uns schon begegnet; jetzt geht es noch einmal um den Sturz aus gewaltiger Höhe, den vom Schicksal bestimmten Absturz des Helden in der antiken Tragödie. Tief fallen konnten immer nur die, die bereits sehr weit oben standen, und genau hier lag dann der *thrill* für die Zuschauer: Man konnte dem Unglück bedeutender Männer zusehen. Die Hauptpersonen der Tragödie waren daher die Mächtigen auf dem Gipfel des Ruhms: siegreiche Krieger, Könige und Halbgötter.

Am Anfang der Handlung stand die Uneinsichtigkeit des Helden. Die Protagonisten hatten einen Fehler gemacht oder eine Situation falsch beurteilt. Nun gerieten sie in eine Abwärtsspirale, aus der es keinen Ausweg gab. Sie fielen unvorstellbar tief und schlugen hart auf. Am Ende verloren sie alles: Ruhm, Ansehen, Macht, oft auch Kinder oder Ehegatten, und mit der Unausweichlichkeit der Macht des Schicksals blieb ihnen am Ende nicht einmal ihr eigenes Leben. Hatte das Unglück einmal begonnen, nahm es seinen Lauf. Niemand konnte es aufhalten oder wenigstens das Schlimmste abwenden, denn das fatale Ende stand von Anfang an fest. Die Handlung steuerte unausweichlich auf den Untergang zu. Das Paradebeispiel hierfür ist *König Ödipus* von Sophokles.

Ödipus, der König von Theben, ist ein mächtiger Mann. Nun ist in seiner Stadt eine schreckliche Seuche ausgebrochen. Die Bevölkerung bringt diese Geißel mit der Ermordung des vormaligen Königs Laios in Verbindung. Dessen Mörder ist noch nicht gefunden worden, und jeder ahnt: Die Götter verlangen ihren Tribut. Die Seuche wird so lange andauern, wie der Mörder noch nicht bestraft ist.

König Laios herrschte in Theben, bevor Ödipus in der Stadt zum König ernannt wurde. Ödipus hat aber nicht nur Laios' Macht übernommen, er hat auch dessen Witwe, die schöne Iokaste, geheiratet und zwei Töchter mit ihr gezeugt.

Das griechische Publikum kannte den Mythos, es wusste, welches schreckliche Bild die Puzzleteile der Handlung am Ende ergeben würden. Es musste der nahenden Katastrophe nur noch zusehen:

1. Ein alter Orakelspruch kommt ans Licht. Er besagt: Laios wurde vor Jahrzehnten geweissagt, sein Sohn werde ihn töten. Laios entschied damals, den Thronfolger, den ihm seine junge Frau Iokaste gerade geboren hatte, in den Bergen auszusetzen, damit ihm sein Nachwuchs nie gefährlich werden könne.

2. Ein Schäfer taucht auf; er sagt, er habe vor langer Zeit in den Bergen ein männliches Neugeborenes gefunden und dem König von Korinth zur Adoption gegeben.

3. Ein zweiter Orakelspruch kommt ans Licht: Ödipus, der am

Hof von Korinth aufgewachsen war, war geweissagt worden, er werde seinen Vater töten und seine Mutter heiraten – worauf Ödipus sein Elternhaus sicherheitshalber verlassen hatte.

4. Nun erinnert Ödipus sich, auf der Landstraße nach Theben aus Wut einen Mann und sein Gefolge erschlagen zu haben. Er wusste damals nicht, dass dieser Mann König Laios war.

Iokaste begreift als Erste die ungeheuerliche Wahrheit. Das vor langer Zeit in den Bergen ausgesetzte Kind, das Laios mit ihr gezeugt hatte, ist mit dem Säugling identisch, den der Schäfer an den Hof von Korinth brachte. Dieser am Hof von Korinth aufgezogene Junge ist niemand anders als Ödipus, der jetzige König von Theben – und ihr zweiter Mann. Die Erkenntnis, mit ihrem eigenen Sohn Kinder gezeugt zu haben, ist für Iokaste so grauenhaft, dass sie sich erhängt. Ödipus findet sie tot, und nun begreift auch er die Zusammenhänge. Er hat sich des Vater- und Königsmordes und des Inzestes schuldig gemacht. Ödipus zieht eine Brosche von Iokastes Kleid ab und sticht sich mit der Nadel in beide Augen. Blind, im Gewand eines Bettlers, verlässt er die Stadt und geht in die Verbannung. Sein freiwilliger Verzicht auf sein Augenlicht und auf die Insignien des Königtums sind sein symbolischer Tod. Ödipus verschwindet auf diese Weise für immer aus der Gesellschaft, denn im antiken Griechenland ist ein Bettler ein Outlaw, einer, der nicht mehr dazugehört, einer, der gar nicht existiert.

Was aber hatten diese Spektakel von Verblendung und unausweichlichem Tod nun eigentlich zu bedeuten? Aristoteles, der sich zu nahezu sämtlichen Themen seiner Zeit, von Zoologie bis Politik, äußerte, hinterließ auch eine Theorie des Schauspiels, die *Poetik* (350 v. Chr). Er erklärt darin: Die Absicht einer Tragödie sei es, die Zuschauer zu läutern. Aristoteles glaubte, dass sich negative Gefühle in jedem Menschen anstauten, und empfahl dagegen den Besuch des Theaters. Während die Zuschauer dem Unglück des tragischen Helden zusehen, werde sich bei ihnen ein Zustand des Jammers und des Schauderns einstellen.

Dieser Zustand löse dann folgenden Effekt aus: Der Zuschauer sei beim Anblick von Verzweiflung auf der Bühne von Gefühlen wie Mitleid und Angst hingerissen; dadurch werde er selbst von Gefühlen der Verzweiflung befreit beziehungsweise »gereinigt«. Denn wenn man das Leiden eines anderen im Theater miterlebe, könnte das »Zuviel« der eigenen schlechten Gefühle durch die emotionale Wallung beim Anblick des anderen förmlich verpuffen. Dies war das Konzept der *Katharsis*. Theateraufführungen im antiken Athen galten als weitaus mehr als bloße Unterhaltung – sie sollten zentrale psycho-soziale Ereignisse sein, eine Art kollektive Therapiesitzung für die ganze Stadt, ein ethisches und psychologisches Großreinemachen. Frei übersetzt bedeutete Katharsis dann auch: Wer ins Theater ging, erlebte Scheitern im großen Stil auf der Bühne. Und wer zusah, wie der Held strauchelte und fiel, brauchte dann selbst nicht mehr in die dunklen Abgründe des Lebens hinabzusteigen, in denen der Mensch besser nichts zu suchen hatte. Es gab im Theater jemanden, der stellvertretend für alle anderen scheiterte: den tragischen Helden. Er brachte ein symbolisches Opfer für alle anderen.

Diese Verwandlung des Helden auf der Bühne in ein symbolisches Menschenopfer kam nicht von ungefähr. Die Idee des »Sündenbocks« war in der Tragödie tief verankert. Die Literaturform der Tragödie (griechisch: »Bocksgesang«) hatte sich aus dem Ritual des Kultopfers entwickelt. Sie war im 6. Jahrhundert v. Chr. aus rituellen Schlachtungen von Ziegen oder Schafen hervorgegangen, die zu Ehren von Dionysos, dem Gott des Weines und der Fruchtbarkeit, dargeboten wurden. Geopfert wurde auf der Bühne des Theaters dann zwar nur noch bildlich, aber tatsächlich fungierte der sterbende tragische Held als eine Art Sündenbock. Er musste zunächst bis an die äußerste Grenze dessen gehen, was ein Mensch erleiden konnte, um dann unrettbar tief zu fallen.

Dieser tiefe Fall ging alle etwas an. Er war kein privates Schicksal, sondern eine Verletzung der sozialen Ordnung. Einen mächtigen Mann schwach, fehlbar und fallend zu sehen war eine Katastrophe ohnegleichen. Es stellte die Ordnung der Welt auf den Kopf, denn ein Herrscher hatte oben zu stehen und Stärke zu repräsentieren. In dem Moment also, in dem ein König aus seinen Höhen des Ruhmes und der Macht hinabstürzte, begann ein Spektakel von gigantischen Ausmaßen. Die ganze Welt wurde aus den Angeln gehoben, nun war in ihr nichts mehr so, wie es sein sollte. Aber das Desaster auf der Bühne verfolgte einen bestimmten Zweck, denn die einmal in ein Chaos verwandelte Welt sollte am Ende umso säuberlicher wieder aufgerichtet sein. Tragödien vermittelten dem Publikum auf diese Weise eine wichtige Botschaft, frei nach dem Motto: »Wir überstehen alles.« Allerdings nur unter einer Bedingung: Einer musste symbolisch geopfert werden, und zwar der Held.

Hatte die Tragödie den Helden, und mit ihm das entsetzte Publikum, erst einmal an diesen schaurigen Abgrund geführt, musste im nächsten Schritt gezeigt werden, dass es möglich war, die Ordnung der Welt wiederherzustellen. Die Rechnung war ganz einfach: Um eine aus den Angeln geratene Welt wieder in Ordnung zu bringen, musste der Sündenbock geschlachtet werden.

Ödipus hatte sich des Königsmordes, Vatermordes und Inzestes schuldig gemacht (dass er diese Frevel unwissentlich begangen hatte, spielte keine Rolle). Seine Vergehen ließen die schlimmsten Befürchtungen wahr werden: Im moralischen Kosmos der patriarchalischen griechischen Gesellschaft führten sie geradewegs ins moralische Niemandsland. Wenn Könige wie Landstreicher auf offener Straße ermordet wurden, wenn die Autorität der Väter nichts galt und wenn Söhne mit ihren Müttern Kinder zeugten, dann war alles, was die Gesellschaft stabilisierte, in Auflösung begriffen. Nur ein Opfer konnte Schlimmeres verhindern.

Das, was für unsere Begriffe an diesem Vorgehen unerträglich brutal scheint (selbst, wenn der Tod nur ein Bühnentod war), galt der griechischen Gesellschaft als Zeichen ihrer moralischen Unantastbarkeit. Denn durch ihren Tod bekamen die fehlbaren, erniedrigten Helden ihre Würde zurück. Ihr schreckliches Ende war ein Ehrfurcht gebietendes Ereignis, und das griechische Publikum quittierte es mit größtem Respekt. Der Tod des Helden war also auch immer paradox: ein theatralischer Akt der Selbstvernichtung und ein Akt der Selbstvervollkommnung. Der Held starb – und wurde unsterblich. Auch Ödipus erhält am Ende seine Würde und seine Achtung zurück. In dem Moment, in dem er als blinder Bettler der Gesellschaft für immer den Rücken kehrt, ist er überlebensgroß geworden. Nun ist das Schlimmste gut überstanden: König Ödipus hat sein Ansehen zurückerhalten, und das Publikum hat sich vergewissert, dass die Welt, in der es lebt, Erschütterungen von enormem Ausmaß unbeschadet überstehen kann.

Wenn *wir* scheitern, sieht das anders aus als in der griechischen Tragödie. Scheitern ist nicht das Privileg herausragender Helden; und es ist für uns auch kein fatales Schicksal, dem wir völlig hilflos ausgeliefert sind. Das macht es aber nicht besser, denn schließlich kann jetzt jeder zu Fall kommen.

Zu Beginn des 21. Jahrhunderts konfrontiert uns Scheitern mit der Modernität unserer Lebenswelt. In den säkularen, pluralistischen Gesellschaften haben wir selbst die Perfektionierung der Welt übernommen – und tragen damit auch die ganze Last von Misserfolg und Niederlage. Es gibt für uns keine unbarmherzigen Götter, die wir verfluchen könnten, keine halsstarrigen Väter, keine bösen Geister, es gibt nicht *Fatum*, das Schicksal, das wir allen Ernstes verantwortlich machen könnten, es gibt nicht die schreckliche *Ate*, Göttin der Verblendung und des Unheils, und es gibt – ach, wie schade! – kein Scheiter-Gen als letztmögliche Lossprechung des ständig auf sich selbst zurückgeworfenen spätmodernen Individuums. Wir sind für die Bewältigung unserer Misserfolge selbst zuständig – sogar auch dann noch, wenn wir den Trümmerberg gar nicht verursacht haben.

Wir scheitern weit undramatischer als Ödipus. Wir werden, wenn wir gescheitert sind, nicht mit dem Tod bestraft, denn unser Versagen ist keine Regelverletzung gegenüber der Ordnung der Welt. Die Spätmoderne verlangt kein Menschenopfer – sie hält das Scheitern jedes Einzelnen locker aus. Wir leben weiter. Aber wir müssen unseren Blickwinkel ändern.

Im Unterschied zu den Helden der Tragödie verfügen wir modernen Menschen über eine besondere Fähigkeit: den Perspektivenwechsel. Wir müssen nicht, wie Ödipus, blind dem Lauf des Schicksals folgen. Wenn wir sehen, dass der Weg, den wir eingeschlagen haben, in einer Sackgasse zu enden droht oder sich als sonstwie unpassierbar erweist, können (oder müssen) wir uns einen anderen Weg suchen.

Wir verlieren auch nicht auf der Stelle unsere Identität, wenn wir versagt haben – trotz der großen seelischen Erschütterung, die der Einsicht folgt, an etwas gescheitert zu sein. Wir bleiben, wer wir sind, und verwandeln uns nicht auf der Stelle zu jemand ganz anderem, wenn wir einsehen müssen, dass wir gar nicht sein können, was wir glaubten zu sein. Wir sind nicht erst Person A (Herrscher) und dann Person B (Bettler). Wir bleiben auch in Krisen, wer wir sind. Nur deshalb können wir sie auch bewältigen, denn wir lernen dazu. Wir *verändern* uns, ohne dadurch ein völlig anderer Mensch zu werden.

Als Ödipus sich die Augen ausgestochen hatte, wurde er sehend. Erst als er sein Augenlicht verlor, war dies genau der Moment, in dem er das ganze Ausmaß der Katastrophe erkannte, deren Dreh- und Angelpunkt er selbst war. Für Ödipus bedeutete diese plötzlich gewonnene Einsicht keinen Gewinn, sondern das Ende seines Lebens. Blind zog er als Bettler aus der Stadt und vollzog damit seinen symbolischen Tod. Für uns mag eine Erkenntnis, die als Blindheit einherkommt und die alles, was wir zu sein glaubten, in Frage stellt, immer noch eine gewaltige Erschütterung unseres Lebens bedeuten, aber sie setzt unserem Leben nicht automatisch ein Ende. Im Gegenteil: Wenn es uns idealerweise gelingt, Blindheit in Einsicht zu verwandeln, dann

werden wir nicht wortwörtlich »darum sterben«, sondern dann
bereichert diese Erkenntnis, vielleicht, unser ganzes Leben.

Sich mit Missgeschicken abfinden 2: Sündenfall

Die Menschen des Mittelalters scheiterten nicht. Das ist die
gute Nachricht. Sie waren unrettbar in Sünde verstrickt. Das ist
die schlechte.

Die Menschen des Mittelalters kannten keine Optionen, und
sie versagten nicht aufgrund von Entscheidungen, die sie auch
hätten anders treffen können. Natürlich erlebten auch sie persönliche Fehlschläge und Misserfolge. Sie büßten ihr Hab und
Gut ein, sie litten unter Missernten, sie schlossen unvorteilhafte
Geschäfte ab, sie verloren Kriege und zogen den Kürzeren in
Verhandlungen um prestigeträchtige Eheschließungen – aber
all diese negativen Erfahrungen konnten nicht als Scheitern verbucht werden. Sie erschienen ihnen nicht als Handlungen, die
für anschließende Korrekturen potenziell offen blieben. Alles,
was schiefging (und alles was gelang), war wesentlicher Teil
eines großen Plans, der ablief, ohne dass Menschen ihn verändern konnten. Ihn zu durchschauen war weder möglich noch
nötig, noch erlaubt, und ihn zum Guten oder Schlechten beeinflussen zu wollen, wäre gar Ketzerei gewesen, denn der Autor
dieses großen Plans war Gott. Dessen Beschlüsse waren immer
unergründlich und immer gerecht. Man bewegte sich durchs
Leben und kannte nur eine Richtung, einen einzigen Punkt, auf
den alles ausgerichtet war: *Gott.* Aber dieser Punkt war aus eigener Anstrengung unerreichbar und weit entfernt. Weder Erfolge
noch Misserfolge konnten in letzter Konsequenz der eigenen
Person zugeschrieben werden. Wenn jemandem Gnade widerfuhr, dann, weil Gott das so gewollt hatte; wenn jemandem Bestrafung widerfuhr, dann, weil die ganze Menschheit sündig war
und die Verdammung des Menschen ohnehin als Normalfall

galt. Wenn die Menschen des Mittelalters also nicht scheiterten, dann natürlich nicht, weil ihnen immer alles gelang, sondern weil sie die Denkfiguren »Erfolg« und »Scheitern« gar nicht kannten. Es besteht also kein Grund, die Menschen des Mittelalters darum zu beneiden, dass sie von der Angst befreit waren, scheitern zu können. Sie bezahlten einen hohen Preis dafür, denn sie lebten mit dem Bewusstsein ihres immer schon tief Gefallenseins. Sie waren die Erben des Sündenfalls.

Der Sündenfall, der tiefe Fall des ganzen Menschengeschlechts, gehört zur Geschichte vom verlorenen Paradies und stammt bekanntlich aus der Schöpfungsgeschichte im Alten Testament. Adam und Eva, die beiden ersten Menschen, lebten im Paradies, und es war ihnen untersagt, Früchte vom Baum der Erkenntnis zu essen. Dieser Genuss würde sie aus ihrem paradiesischen Traum der Ahnungslosigkeit herauskatapultieren – hinein in einen weniger träumerischen Zustand, in dem sie Gut und Böse würden beurteilen können. Eva aber wurde durch die Schlange verführt, von der verbotenen Frucht zu kosten, und sie verführte Adam, es ihr gleichzutun. Zur Strafe für ihren Ungehorsam wurden Adam und Eva aus dem Paradies vertrieben. Adam musste von nun an hart arbeiten, Eva musste von nun an unter Schmerzen gebären, und beide wurden sterblich. Außerdem ging ihr Frevel auf das gesamte Menschengeschlecht über, das fortan mit Sterblichkeit, Fehlbarkeit und den Härten des Lebens geschlagen war.

Seit dem Ende der Aufklärung erklären Theologen ihrer Gemeinde die Geschichte vom tiefen Fall so: Ein Mann und eine Frau überschreiten zuerst die symbolische Grenze von der Naivität zur Erkenntnis und anschließend die reale Grenze vom wunderschönen Paradies zur kruden Wirklichkeit. Der Vorgang ist für sie schmerzhaft und mit schrecklichen Verlusten verbunden. Sie verlieren ihre schützende Unschuld, ihre Unsterblichkeit und natürlich alle Bequemlichkeiten eines Lebens, in dem man über schier gar nichts nachzudenken braucht. Aber zugleich eröffnet sich ihnen durch ihren Austritt aus dem Paradies eine Welt der neuen Wahrnehmungen, des grenzenlosen Wissens und der Grenzerfahrungen. Erst als Adam und Eva das Paradies verlassen, werden sie erwachsen. Erst jetzt erhalten sie ihr Bewusstsein. Und erst jetzt eröffnet sich ihnen die *ganze* Welt, und damit: ein grenzenloses Feld der Herausforderungen, Zumutungen und Bedrohungen. Diese aufgeklärte, vergleichsweise heiter zu nennende Interpretation war jedoch nicht die Version, für die sich das Mittelalter entschieden hatte. Zu jener Zeit gab man einer anderen Auslegung des Ganzen den Vorzug.

Man konnte den Sündenfall auch als die Geschichte von einem sehr zornigen Gott verstehen, der die Menschheit für alle Zeiten bestraft, weil Adam und Eva sein Gebot nicht befolgen wollten. Er hatte sie in einen herrlichen Garten gesetzt, in ein herrliches Leben ohne Angst und Arbeit und Scham, mit der einzigen Auflage, nicht vom Baum der Erkenntnis zu essen. Aber Adam und Eva brachen sein Gebot und brachten auf diese Weise die Sünde auf die Welt. Die Strafe folgte auf dem Fuß.

Adam und Eva gaben ihre Sünde weiter, sie zeugten eine Nachkommenschaft, die immer schon verloren war. Denn nicht nur das Elternpaar aller Menschen, die ganze Menschheit sollte für immer unter dem Frevel leiden. Sie trug von nun an die Bürde der Erbsünde. In dieser Interpretation bedeutete der Sündenfall also: Im Keim war die Menschheit immer schon ungenügend, immer schon unfähig und so unentrinnbar frevelhaft, dass kein Mensch je in der Lage sein würde, die Sünde durch selbstbestimmtes Handeln von sich abzuwaschen. Diese Version galt jahrhundertelang als die orthodoxe Lehre des Mittelalters.

Sie stammte von einem Mann, der als *der* Philosoph und Theologe des Mittelalters gilt, obwohl seine Lebenszeit in die letzten Dekaden des untergehenden Römischen Reiches fiel. Als Augustinus (354–430 n. Chr.) zur Welt kommt, ist der Fall Roms nur noch zwei Generationen entfernt. Geboren wird er in einer römischen Provinz, in Tagaste, im heutigen Algerien. Augustinus ist der älteste Sohn einer respektablen, aber verarm-

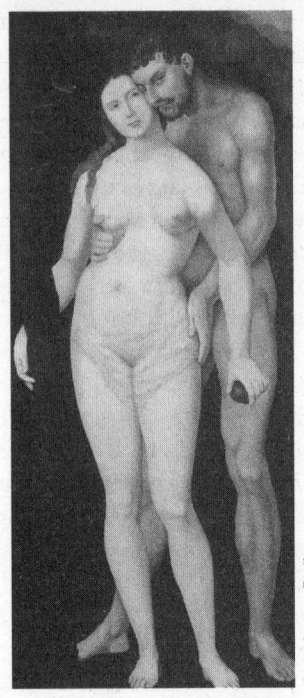

ten römischen Mittelschichtfamilie. Seine Mutter ist Christin, sein Vater vom Standpunkt des Christentums ein »Ungläubiger«. Die Familie lässt dem ältesten, begabten Sohn die beste aller möglichen Ausbildungen angedeihen. Augustinus studiert also Rhetorik, zu seinen Lebzeiten die perfektionierte Kunst, durch die Macht der Worte (politische) Macht auszuüben. Ein Muss also für jeden römischen Aristokraten. Augustinus' Ausbildung zum Rhetor führt ihn nach Rom und dann, als Rhetorikprofessor, nach Mailand. Dort hat der sprachgewandte 29-Jährige, der bald dafür berüchtigt ist, seine Gegner in Grund und Boden zu reden, Aussichten auf einen Regierungsposten. Doch in Mailand bekommt die Karriere eine ganz neue Wendung. Augustinus konvertiert zum Christentum.

Er beschließt, von nun an im Zölibat zu leben (Augustinus hat zu dem Zeitpunkt schon einen unehelichen Sohn, der bei ihm aufwächst). Er beendet auch seine politische Laufbahn und kehrt nach Nordafrika zurück. Dort lebt er eine Weile auf dem Land, in klösterlicher Zurückgezogenheit und frei gewählter Askese. Nach dem Tod des 18-jährigen Sohnes wird er in die nordafrikanische Hafenstadt Hippo zum Priester berufen. Augustinus wäre lieber Privatgelehrter geblieben, doch er kann sich der Autorität der Kirche, die ihn mit der Aufgabe betraut, nicht entziehen. Später wird er zum Bischof ernannt und lebt in Hippo bis zu seinem Tod in einer Art mönchischer Gemeinschaft.

Augustinus' Leben ist uns so gut bekannt, weil er seine *Bekenntnisse* hinterließ, die erste Autobiographie des Abendlandes. Wortmächtig beschreibt er darin sein Leben als ein Drama zwischen Schuld und Gnade, zwischen moralischem Absturz und dem Aufstieg der Seele zu Gott. Er erscheint darin selbst als ein von der Erbsünde gezeichneter Mensch.

Nicht alles, was Augustinus der Nachwelt hinterließ, ist so düster wie seine Lehre von der Erbsünde. Doch mit diesem Dogma begann ein – im Wortsinn – trostloses Kapitel in der Geschichte des Christentums. Augustinus' Gott ist einer, der Schrecken verbreitet. Augustinus' Menschenbild ist das einer Spezies, die mit einem schwerwiegenden Makel zur Welt kommt. Sünde ist bei Augustinus gattungsspezifisch, jeder Mensch trägt sie in sich, so, als gehöre sie zum genetischen Code. Schon jedes neugeborene Kind trägt Schuld in sich. Augustinus fragt rhetorisch: Wie könne man behaupten, dass sogar schon kleine Kinder sündig seien? Und gibt sich unverzüglich selbst zur Antwort: Er selbst habe doch schon als Säugling gierig nach der nährenden Brust seiner Mutter geschrien; und sei dies etwa nicht sündiges, weil gieriges und egoistisches, Handeln? Deshalb plädiert er für die Säuglingstaufe, denn nur die symbolische Reinigung durch das geweihte Wasser würde dem Neugeborenen eine Chance einräumen, nicht als verdammte Seele sterben zu müssen.

Niemand kann der Sünde entrinnen, und ganz egal, was ein Mensch macht, mit jedem Handeln verstrickt er sich tiefer in Sünde. Die Sünde, die Augustinus der Menschheit auf den Leib schreibt, ist eine Fessel, von der sich kein Mensch je befreien kann – nicht einmal durch gute Taten. Die Menschen können allenfalls hoffen, dass Gott sich gnädig zeigt; aber diese Gnadenbeweise Gottes kommen willkürlich und sind nicht in Bezug auf das eigene Handeln zu begreifen. Nicht im Leben, und auch nicht im Tod, entkommt der Mensch der Erbsünde, denn selbst wer durch Gottes Gnade errettet wird, bleibt immer noch: *ein Sünder.*

In seinen *Bekenntnissen* beobachtet Augustinus sich selbst als befleckten Menschen, der verzweifelt und mit seltsam unerschütterlichem Vertrauen in einen gnadenlosen Gott um seine Seelenrettung ringt. Wie das Drama ausgeht, kann Augustinus nicht wissen, schließlich glaubt er an die Prädestination. Seite um Seite deckt er die Schwachstellen seines Menschseins an sich auf und stellt fest: Der Makel steckt unausrottbar tief. Sein berühmter Nachweis der Verworfenheit des Menschen ist die Geschichte vom Birnendiebstahl. Es handelt sich eigentlich um einen Jungenstreich: Augustinus hatte zusammen mit seinen Freunden nachts Birnen von einem Baum geklaut und die geraubte Ernte Schweinen zum Fraß vorgeworfen. Augustinus schloss: Das war doch kein Vergehen aus Not; und wenn nicht der Hunger zum Diebstahl anstachelte, was anders als eine verworfene Lust, Böses um des Bösen willen zu tun? Die Episode des »Birnendiebstahls« erinnert natürlich an die Urszene aller je vom Menschen begangenen Sünden, an Evas Diebstahl der verbotenen Frucht im Paradies.

Die Sünde lässt ihn sinken, der Glaube an Gott trägt seine Seele empor. Augustinus registriert Strafen, die Gott ihm, dem Sünder, schickt. Die Schläge, die das lernunwillige Kind in der Schule bekommt, fallen darunter. Gelegentlich aber stellt er Gnadenbeweise fest, seine Bekehrung zum Christentum zum Beispiel. Wenn ihm Gnade widerfährt, trägt Augustinus nach eigener Aussage selbst nicht den geringsten Anteil daran. Sie wird ihm als unverhofftes Geschenk Gottes zuteil – oder auch nicht. Denn sein Gott erlöst oder verdammt, wie er es will. Die Gerechtigkeit dieser Entscheidungen in Frage zu stellen ist sinnlos. Das einzige Schlupfloch aus diesem unerträglichen Dickicht aus Sünde und Gnade ist Demut.

Nur die frei gewählte Selbstdemütigung kann dem Menschen helfen, sich Gottes Ratschluss frag- und klaglos unterzuordnen, um Gott so etwas näher zu sein. Man kann versuchen, sich himmelwärts zu bewegen, aber um den Preis des Verzichts aufs eigene Wünschen und Wollen. Wer sich erheben will, muss sich erniedrigen. Dies ist die einzige Möglichkeit, dem erdrückenden Gewicht der Sünde zu entkommen.

Man sieht: Dieses Weltbild ist quer zu Begriffen wie Erfolg und Scheitern gebaut. Das Konzept des persönlichen Scheiterns kommt darin nicht vor. Und es macht ja auch keinen Sinn, über das Scheitern nachzudenken, wenn gilt, dass alle Menschen aufgrund ihrer ureigenen Natur immer schon unrettbar tief gefallen sind und in Gottes großem Plan höchstens die willigen Werkzeuge spielen können.

Als Augustinus starb, war die Stadt Hippo seit Monaten von der Außenwelt abgeschnitten und wurde von den so genannten Vandalen belagert (das waren über Spanien eingewanderte Volksstämme auf der Suche nach neuem Siedlungsraum). Das Römische Reich zerfiel an seinen Rändern; das Ende einer Weltmacht stand bevor. Augustinus, hochgebildet und hochintelligent, konnte mit ziemlich großer Wahrscheinlichkeit erkennen, dass er Zeitzeuge eines ungeheuerlichen Vorgangs in der Weltgeschichte war: dem Untergang einer Weltmacht. Und man könnte fast den Eindruck gewinnen, er habe seine unbarmherzige Lehre von der Erbsünde in die Welt gesetzt, weil er Zeuge einer Katastrophe solch gigantischen Ausmaßes geworden war. So, als hätte er versucht, angesichts eines solchen Untergangs das Scheitern aus der Welt zu bannen. Oder so, als habe er sich gedacht: Wenn uns unsere Gesellschaft um die Ohren fliegen kann, dann brauchen wir sicherheitshalber einen unbeugsamen Gott, allmächtig und beständig in alle Ewigkeit.

Intelligent scheitern: Hamlet

Als die Humanisten im 14. Jahrhundert in Italien eine umfassende Reform der europäischen Kultur in Gang brachten, vermittelten sie auch ganz neue Vorstellungen davon, zu welchen Leistungen einzelne Menschen in einer von Gott geordneten Welt in der Lage sein könnten. Für die Philosophen und Dichter des Humanismus war der Mensch (das heißt der *Mann*) mit einer Fülle von wunderbaren Fähigkeiten ausgestattet. Er konnte bereits im Diesseits versuchen, an sich selbst zu arbeiten: durch Bildung. Menschen konnten lernen, sich der Sprache zu bedienen, und auf diese Weise zu Erkenntnissen über die Welt und über sich selbst gelangen. Sie konnten sehen, dass sie selbst Teil der Gesellschaft waren, und sie konnten politisch agieren, sprich in Betracht ziehen, ob sich nicht Veränderungen in der sozialen Welt durch eigenes Handeln herbeiführen ließen. Auf allen Gebieten des Wissens und Forschens und Könnens weiteten sich die Horizonte. Die philosophischen und literarischen Werke der Humanisten erschlossen neue Dimensionen des Denkens und der Selbsterfahrung. Die Wiederentdeckung der Antike, die der Renaissance (»Wiedergeburt«) ihren Namen gab, eröffnete den Blick auf Traditionen, aus denen man lernen konnte. Und die Erzählungen, die Reisende aus aller Welt mitbrachten, eröffneten die geographische Welt. In der Kunst Michelangelos, der Philosophie Giordano Brunos und in der politischen Theorie Machiavellis kamen Ideen und Begabungen zum Ausdruck, wie man sie zuvor nicht gekannt hatte. Jedermann konnte sich aufgerufen fühlen, noch weiter zu reisen, noch mehr Erkenntnisse anzusammeln, und jedermann konnte seinen Standpunkt wechseln, weil er neuerdings auch das Wissen besaß, dass die Betrachtung der Welt eine Frage der Perspektive war.

Während unter den Zeitgenossen die Faszination daran wuchs, was einzelne Menschen auf den Gebieten der Wissenschaften und der Kunst zu leisten vermögen, begann auch die Auseinandersetzung mit der Idee des Scheiterns. Am Ende der Renaissance stehen drei der beeindruckendsten Werke der Weltliteratur – und jedes davon hat auf seine Weise das Scheitern zum Gegenstand: Michel de Montaignes *Essais* (1580), Miguel de Cervantes *Don Quijote* (1605/1615) und William Shakespeares *Hamlet* (1603).

Wenn man diese drei Werke betrachtet, bleiben der tiefe Fall des Tragödienhelden, die Figur des Menschenopfers und die bleierne Schwere der Erbsünde weit in der Vergangenheit zurück. Montaigne, Cervantes und vor allem Shakespeare machen das Scheitern in der ganzen Komplexität sichtbar, in der es modernen Menschen zum Problem werden kann. Sie setzen sich auf ganz unterschiedliche Arten mit dem Scheitern auseinander; gemeinsam aber ist ihnen, dass sie dies auf extrem anspruchsvolle Weise tun. Das ist umso erstaunlicher, als jene drei Reaktionen auf das Phänomen »Scheitern« gerade mal 25 Jahre auseinander liegen.

Der Franzose, der Spanier und der Engländer nehmen in ihren Werken auf überraschende Weise die drei zentralen Aussagen vorweg, die sich auch heute noch über das Scheitern treffen lassen. So zeigt Montaigne, dass Scheitern ein Mittel zur (Selbst-)Erkenntnis sein kann. Cervantes legt offen, dass Scheitern nahezu unausweichlich wird, wenn man nicht zwischen Fiktion und Wirklichkeit unterscheiden kann. Und Shakespeare macht sichtbar, dass auch hochintelligente Menschen nicht gegen das Scheitern gefeit sind, wenn ein Problem so komplex wird, dass es sich nicht mehr ohne weiteres durch die Entscheidungen und Handlungen eines einzigen Menschen bewältigen lässt. Für diese drei Autoren, die in einer Zeit zur Welt gekommen waren, in der man begonnen hatte, Menschen Erstaunliches zuzutrauen, war nun auch ein intelligenter Umgang mit dem Scheitern möglich geworden.

Die erstaunlichste Auseinandersetzung mit dem Scheitern in der Renaissanceliteratur stammt von Shakespeare. Gescheitert wird in seinen Tragödien bekanntlich in vielen Facetten. König Lear beispielsweise – er scheitert mit so viel Getöse, wie es in der elisabethanischen Tragödie nur eben möglich war, der alte, selbstverliebte König fällt so tief, wie ein Mensch fallen kann, weil er in seinem Altersstarrsinn nicht einsehen will, dass sich Macht nicht mit Liebe aufwiegen lässt. Er verliert alles, was er hat: seine Macht und Königswürde, seine Kinder, seine Kleidung, seinen Verstand, schließlich sein Leben. Macbeth richtet sich durch seinen Machthunger zugrunde. Othello ruiniert seine Ehe, weil er seiner Frau Desdemona misstraut. In allen drei Fällen kommen die Protagonisten durch jeweils eine Eigenschaft zu Fall, die sie nicht unter Kontrolle haben: Eitelkeit bei Lear, Ehrgeiz bei Macbeth und Eifersucht bei Othello. Und im Hintergrund rumort dazu auch noch bei Shakespeare unüberhörbar *Fatum*, das Schicksal, und erinnert daran, dass Menschen ihre Geschicke nur selten selbst in der Hand haben. Es sorgt für Ausgleich und Wiederherstellung der Ordnung, wenn Lear, Macbeth und Othello in ihrer Blindheit und Vermessenheit moralische Verwüstung hinterlassen.

Es ist Hamlet – wer sonst –, der uns aus dieser Welt der rätselhaften Fügungen, die ein Mensch selbst nicht kontrollieren kann, in die Moderne katapultiert. Sein Scheitern basiert nicht auf einem charakterlichen Makel oder einem moralischen Defekt (wie vielleicht Feigheit). Es basiert auf Umständen, die so komplex und damit von einem einzigen (menschlichen) Standpunkt so unübersehbar sind, dass Hamlet selbst nicht in der Lage ist, sie zu bewältigen. Shakespeare zeigt in dieser Tragödie, wie das Unglück seinen Lauf nimmt, aber nicht, weil *Fatum*, das Schicksal, einmal wieder sein Vollwaschprogramm gestartet hat, sondern weil unglaublich viele ineinander greifende Ereignisse eine hochanspruchsvolle Situation schaffen, die für einen einzelnen Menschen unlösbar geworden ist. Hamlet befindet sich damit in einer modernen Welt. *Alles* wird in ihr relevant, und ein verwirrendes Gemenge von Faktoren ist für die Lage, in der er sich befindet, verantwortlich: die Charaktere der einzelnen Personen und deren Konstellation zueinander, Fehlentscheidungen im letzten Moment, Hamlets persönliche Stimmungen und private Launen anderer, die Gebundenheit an die Tradition und der Bruch mit ihr, Verrat und Intrige, Zufälle und Irrtümer, die Eigendynamik von Kommunikation. Und so nimmt Hamlets Scheitern die Form eines Problems für moderne Menschen an, denn es ist die Komplexität der Situation, die Hamlet zum Verhängnis wird. Und wenn eine Situation außerordentlich kompliziert geworden ist, können natürlich auch sehr intelligente, sehr ehrgeizige und außerordentlich begabte Menschen scheitern.

Auf den ersten, oberflächlichen Blick hat die Tragödie um den dänischen Prinzen allerdings rein gar nichts mit Modernität zu tun. Das Stück gehört in die Tradition eines archaischen Konzepts: Blutrache. Der Mord an Hamlets Vater erfordert von Hamlet, diese Tat zu rächen. Doch Hamlet reagiert lange gar nicht, und am Ende hat er zu lange gewartet, Fehler begangen, hat andere Menschen getötet, das Leben seiner Freundin ruiniert, und sein eigenes gleich mit. Hamlet scheitert auf entsetzliche Weise in seinem Versuch, Unrecht wieder gutzumachen. Um nachvollziehen zu können, worin Hamlets Problem liegt und dass es kein harmloses Problem ist, ist es notwendig, die einzelnen Ereignisse zu rekonstruieren. Dazu muss man den Verlauf der Handlung genau kennen.

Eines Nachts erscheint auf den Zinnen der dänischen Burg Helsingör ein Geist. Er behauptet, er sei Hamlets Vater, der kürzlich verstorbene König von Dänemark. Er erhebt eine ungeheuerliche Anklage: Er sei nicht eines natürlichen Todes gestorben, sondern sein eigener Bruder, Claudius, habe ihn vergiftet, um die Macht in Dänemark an sich zu reißen.

Damit ist nicht nur ein Unrecht an Hamlets Vater begangen worden, sondern auch am Staat, denn Königsmord und die widerrechtliche Aneignung des Thrones sind in der frühen Neuzeit politische Erdbeben. Ein zweiter Frevel kommt noch hinzu: Claudius hat offenbar nicht nur den Thron auf kriminelle Weise an sich gebracht, er hat auch die Witwe des ermordeten Königs (Hamlets Mutter Gertrude) geheiratet. Das ist nach den Moralvorstellungen der Zeit ein Skandal. »Die Zeit ist aus den Fugen«, kommentiert Hamlet und fügt (sinngemäß) hinzu: »Warum muss ausgerechnet ich die Dinge wieder ins Lot bringen?!« Hier ergibt sich der Held nicht einfach widerspruchslos in sein Schicksal.

Der rätselhafte Geist, der ein paar Nächte hintereinander erscheint, hat Hamlet aufgefordert, Rache zu nehmen. Hamlet zögert, dies sofort zu tun, denn er kann nicht wissen, ob er dem gespenstischen Wesen trauen darf. Wer und was ist dieser Geist überhaupt? Ist es wirklich sein verstorbener Vater, der ihm da aus dem Totenreich noch einmal gegenübertritt? Oder ist es ein Dämon aus der Hölle, der ihn täuschen und ins Verderben stürzen will?

Um der Wahrheit näher zu kommen, muss Hamlet herausfinden, ob sein Vater tatsächlich ermordet worden ist. Zu diesem Zweck lässt er – wie ein Kriminalist – ein Theaterstück aufführen, das die Ermordung nachstellt. Er lädt seinen Onkel ein, dem Schauspiel zuzusehen, führt ihn auf diese Weise förmlich an den Ort des Verbrechens zurück und beobachtet die Reaktionen des Verdächtigen. Und tatsächlich, als der Mord auf der Bühne nachgespielt wird, verlässt Claudius entsetzt den Saal. Einen weiteren Beweis dafür, dass Claudius der Mörder ist, braucht Hamlet nun eigentlich nicht. Als Hamlet ihn kurz darauf beim Beten beobachtet, kann er sich aus Gewissensgründen dennoch nicht überwinden, ihn auf der Stelle zu töten.

Nun sucht Hamlet seine Mutter auf, beschimpft sie als Ehebrecherin und beschuldigt sie der Komplizenschaft. Während er in ihrem Zimmer steht, bemerkt er plötzlich, dass sich jemand hinter einem Vorhang verbirgt. Hamlet vermutet, dies müsse der schuldbewusste Claudius sein, der sich vor ihm, Hamlet, verstecken will. Da Hamlet sich in Rage geredet hat, hält ihn diesmal nichts mehr zurück: Er zieht seinen Dolch und sticht durch den Vorhang hindurch auf das unsichtbare Opfer ein. Doch der Getötete ist nicht Claudius, es ist Polonius, ein Hofbeamter. Er war der Vater von Ophelia, Hamlets Freundin.

König Claudius schickt Hamlet nun unter dem Vorwand nach England, Gras über die Sache wachsen zu lassen. Auf dieser Reise begleiten Hamlet zwei ehemalige Studienkumpane, Rosencrantz und Guildenstern. Sie sind von Claudius beauftragt worden, Hamlet zu töten. Hamlet deckt diese Verschwörung auf und kommt Rosencrantz und Guildenstern zuvor: Er lässt die beiden töten.

Hamlet kehrt nach Dänemark zurück. Vor den Mauern der Burg Helsingör findet er ein ausgehobenes Grab, es ist für Ophelia. Vor seiner Abreise nach England hatte Hamlet, in einem Anfall von schlechter Laune, Hilflosigkeit und gegen das falsche Ziel gerichteter Wut, behauptet, sie nicht mehr zu lieben; aus Kummer darüber hat Ophelia sich das Leben genommen. Nun taucht ihr Bruder Laertes auf, ein Hektiker, der allen (einschließlich dem Publikum) auf die Nerven geht. Er unternimmt, was moderne Zeitgenossen im Zweifelsfall eben tun, wenn verworrene Situationen nicht nach einer einfachen Lösung rufen: Er verfällt in blinden Aktionismus. Laertes will auf der Stelle den Tod seiner Schwester und den seines Vaters rächen und fordert Hamlet zum Duell.

Im letzten Akt treffen die beiden sich zum verabredeten Zweikampf. Der Hofstaat sieht zu, auch König Claudius und Königin Gertrude. Dann beginnt der Showdown: Claudius, der Hamlets sicheren Tod will, hat nicht nur Laertes' Degen mit Gift präparieren lassen, sondern auch vergifteten Wein bereitgestellt, von dem Hamlet trinken soll, wenn ihn der Kampf durstig gemacht hat. Vor Beginn des Duells werden die Degen der Kontrahenten jedoch irrtümlich vertauscht. So ist es nun Laertes, der sofort am Gift stirbt, als Hamlet ihn nur leicht verwundet. Und dann trinkt im Eifer des Gefechts auch noch Gertrude versehentlich aus dem für Hamlet vorgesehenen Becher und stirbt am Gift. Hamlet geht auf Claudius los und tötet ihn. Zum Schluss stirbt er selbst an den Wunden, die Laertes ihm zuvor zugefügt hat.

Was ist hier passiert? Warum hat Hamlet nicht einfach das Unrecht gesühnt? Warum hat er Claudius, den Königsmörder, nicht getötet, auf diese Weise den Mord gerächt und damit das Problem behoben? Stattdessen macht er gar nichts und verkompliziert die Lage erheblich. Am Ende hat er sich nicht nur in eine völlig ausweglose Lage gebracht, sondern auch fünf Menschen auf dem Gewissen.

Hamlet zögert. Aber nicht, weil er ein »Zauderer« ist, wie Goethe und die deutschen Romantiker behauptet hatten, die fanden, Hamlet sei einer von ihnen: hochintelligent, aber leider auch etwas zu vergeistigt, um sich der kruden Wirklichkeit zu stellen. Hamlet, der im Affekt Polonius ersticht, der kaltblütig Rosencrantz und Guildenstern töten lässt, der tobt, seine Mutter als Hure beschimpft und Ophelia in einem schrecklichen und zynischen Moment rät, sie solle doch bitte ins Kloster (oder ins Bordell) gehen, ist nicht sonderlich zimperlich und alles andere als *vergeistigt*.

Es ist also nicht eine charakterliche Eigenschaft (oder ein Defekt), der Hamlet zögern lässt. Das Problem liegt ganz woanders. Es ist die Situation, in der Hamlet sich befindet, die ihn zögerlich macht. Die Umstände lassen es überhaupt nicht zu, unverzüglich zu handeln.

»To be, or not to be«, »Sein oder nicht sein«, sagt Hamlet, wie wir ja alle wissen. Aber er sagt das nicht, weil er depressiv wäre und beabsichtigt, sich das Leben zu nehmen, sondern weil er das Dilemma klar vor Augen hat: Er bleibt entweder am Leben und duldet ein schreckliches Unrecht (den Mord an seinem Vater), oder aber: er sühnt das Unrecht und müsste dabei zweifellos das Menschenopfer spielen, weil er nach einem Attentat auf König Claudius nicht ungeschoren davonkäme.

Aber gut, nehmen wir an, er würde Rache üben, also König Claudius töten. Dies würde seinen eigenen Untergang bedeuten, aber um der größeren Gerechtigkeit willen könnte Hamlet den eigenen Tod ja vielleicht in Kauf nehmen.

Doch Hamlet ist viel zu intelligent, um nicht den Haken an der Sache zu erkennen: Wer sagt ihm denn, dass ein Mord aus Rache gerechter ist als Claudius' Mord aus Machtgier? Und wer sagt ihm eigentlich, dass das archaische Recht auf Blutrache noch über dem christlichen Gebot stehe, die Rache Gott zu überlassen?

Vielleicht stehen die Dinge aber auch noch ganz anders; vielleicht gehört die Blutrache längst einer vergangenen Zeit an, und niemand erwartet ernsthaft von Hamlet, seine Vendetta wirklich durchzuführen? Polonius, jener Hofbeamte, den Hamlet versehentlich erstach, hatte seinem Sohn Laertes geraten: »Sei dir selbst treu.« So etwas sagt man zu Menschen, denen man Individualität zutraut. In der Renaissance wird dem Menschen allmählich diese Qualität zugebilligt; und auch wenn diese Form von »Einzigartigkeit« noch Lichtjahre entfernt ist von dem, was wir unter Selbstverwirklichung verstehen – warum sollte Hamlet sich mit einer Familienfehde die Hände schmutzig machen, wenn die brandneue Maxime der Zeit lautet: »Handle so, dass du deine Handlungen in Einklang mit dir selbst bringen kannst.«

Shakespeares Drama hat nichts mehr mit der Welt der antiken Tragödie zu tun, in der im Hintergrund das Schicksal arbeitet und Gerechtigkeit und Rache sich ihren Weg suchen, wie ein reißender Gebirgsbach, der im Frühjahr durchs Tal rauscht. Die Frage, ob Hamlet an seinem Scheitern selbst die Schuld trägt, tritt völlig in den Hintergrund, und wahrscheinlich hat sie sich auch noch nie ein Theaterbesucher nach der Vorstellung gestellt, denn alles in der Handlung der Tragödie deutet darauf hin, dass diese Überlegung in Bezug auf Hamlets Lage völlig

169

irrelevant ist. Hamlets Problem kommt durch Komplexität zustande, also durch das Zusammentreffen vieler, nicht miteinander in Einklang zu bringender Faktoren. Er muss versuchen zu verstehen, was geschehen ist, und dann muss er ganz allein eine Lösung finden. Er muss wählen zwischen Selbstverwirklichung, Tradition (Blutrache) oder Gottesurteil. So oder so muss er eigenständig handeln. Jede seiner Entscheidungen könnte die richtige sein, aber niemand sagt ihm, welche Entscheidung das ist. Und Hamlet weiß auch, dass *Fatum* die Dinge nicht richten wird (notfalls über seinen Tod hinaus), sollte er versagen. Willkommen in der Moderne.

Scheitern und Erkenntnis: Montaigne

Montaigne war der Sohn einer französischen Familie von Großkaufleuten, die geadelt worden war. Nachdem er im Alter von 55 Jahren das Familienerbe angetreten hatte, entschloss er sich zu einem Leben als Privatgelehrter. Im Turm des Familiensitzes ließ er sich eine Bibliothek einrichten und widmete sich der *écriture*. Er schrieb im wahrsten Sinne über »alles Mögliche«: kurze Texte über Politik, Moral, Erkenntnis und mit großer Lust auch über ganz alltägliche Dinge, wie das Schreiben von Briefen. Er dachte über den Umgang mit anderen Kulturen nach: über die Indianer der Neuen Welt und über die eigene Person. Er beschrieb sein Aussehen und gestand seine sexuellen Vorlieben (er mied Sex im Stehen), nannte die Bereitschaft zur ständigen Selbstkritik einen seiner Hauptcharakterzüge und verriet, er habe ein schrecklich schlechtes Gedächtnis. Die Texte sammelte er und gab sie 1580 unter dem Titel *Essais* heraus – zu Deutsch also als »Versuche«.

Bevor Montaigne seine Texte »*Essais*« genannt hatte, gab es das Genre des Essays noch nicht. Montaigne hat es erfunden. Als er den Titel wählte, tat er das also nicht, weil er sich dabei auf eine feststehende Gattungsbezeichnung für eine bestimmte Textsorte beziehen wollte, sondern weil er sein schriftliches Nachdenken im wörtlichen Sinn als *Versuche* verstanden haben wollte.

Und so sind die Essais denn auch ein Projekt des *trial and error*. Es sind eben bloß *Experimente des Denkens*. In dieser für Montaigne bezeichnenden Mischung aus brennender Neugier und sympathischer Bescheidenheit, sind zwei Möglichkeiten enthalten: das Gelingen ebenso wie das Misslingen. Montaigne erhebt keinen Anspruch, unumstößliche Wahrheiten zu verbreiten. Möglich, sagt er, dass bestimmte Themen auch ganz anders anzugehen sind, kein Grund allerdings, nicht darüber nachzudenken, auch auf die Gefahr hin, dass etwas Falsches dabei herauskommt. Sicher, sagt er, dass ihm hinsichtlich des einen oder anderen Punktes ein Irrtum unterlaufen ist, aber Montaigne hat kein Problem, das zuzugeben. Schließlich hatte er in einen der Deckenbalken seiner Bibliothek einbrennen lassen: *Que sais-je*, das wörtlich übersetzt heißt: *Was weiß ich?* und das die weitaus bedeutendere Frage beinhaltet: »Was kann ich schon zweifelsfrei wissen?«

Montaigne teilte nicht den ungetrübt optimistischen Glauben der Renaissance in die Unfehlbarkeit des Menschen. Er war der »Skeptiker« unter den Humanisten, und er sagte von sich, dass er nicht glaube, irgendetwas *definitiv* wissen zu können. Seiner Ansicht nach war das Wesen des Menschen zu sehr durch Fehlbarkeit, Schwäche und Unsicherheit bestimmt, als dass alle Aussagen über die Welt etwas anderes sein könnten als eben: bloße *Versuche*.

Aber wenn der Mensch tatsächlich so fehlbar sein sollte, wie Montaigne von sich selbst behauptete, warum setzte er sich dann, unermüdlich und jahrelang, mit nahezu allen relevanten – und auch mit den weniger relevanten – Themen seiner Lebenszeit auseinander? Warum zelebrierte er in jedem Essay aufs Neue seine eigene Neugier an der Welt? Warum wurde er nicht müde, die Welt und sich selbst verstehen zu wollen, und schlenderte genüsslich von einem Thema zum nächsten, ganz so, wie sie seinen Weg kreuzten und ihm in den Sinn kamen?

Montaigne tat das, weil er der Meinung war, dass man aus Irrtümern lernen kann. Nur weil der Mensch unvollkommen ist und fehlbar, hieß das für Montaigne noch lange nicht, dass die gesamte Menschheit zu stagnierender Unwissenheit verdammt sei. An die eigenen menschlichen Grenzen zu stoßen bedeutet seiner eigenen Erfahrung nach nicht, an die Grenzen der menschlichen Erkenntnis zu stoßen. Schließlich kann mein eigenes Versagen im nächsten Fall einem anderen helfen, das Richtige zu tun, weil es ihm wenigstens vorführt, was *nicht* geht. So ordnet Montaigne das Scheitern einer einzelnen Person dem großen Ganzen der Kultur und Gesellschaft unter. Er stellt einen persönlichen Mangel des Einzelnen in den Dienst der Gesellschaft – und aus dieser Perspektive wird das, was den Einzelnen nicht weiterbringt, zum Gewinn für alle. Jeder kann dann aus dem Scheitern eines anderen (und aus seinem eigenen) lernen. Montaigne schrieb:

Theophrast (griech. Philosoph) sagt, der menschliche Verstand, gestützt auf die Sinneswahrnehmung, könne bis zu einem gewissen Grade die Wirklichkeit erklären; wenn er aber zu den eigentlichen und letzten Gründen vorstoßen wolle, da müsse er es wohl aufgeben, da werde er stumpf, entweder weil seine Kraft nicht ausreicht, oder weil die Probleme nicht lösbar seien. So sieht die ungefährliche Durchschnittsmeinung aus: unser Erkenntnisvermögen kann uns bis zur richtigen Erklärung mancher Dinge führen, es hat jedoch bestimmte Grenzen; aber außerhalb dieser Grenzen es einsetzen zu wollen wäre Vermessenheit. Eine solche Meinung leuchtet ein; gesetzte Menschen haben sie vertreten. Aber wo sind denn nun die Grenzen unserer Erkenntnis, unseres Geistes? Das ist schwer zu sagen. Der Geist ist neugierig und habgierig; warum sollte er lieber nach tausend als nach fünfzig Schritten stehen bleiben? Deshalb argumentiert er so: die Erfahrung lehrt, dass Probleme, an denen der eine gescheitert war, von anderen dann doch gelöst worden sind, und dass manches, was in einem Jahrhundert noch unbekannt war, im nächsten entdeckt worden ist; alles, was Kunst und Wissenschaft hervorbringen, wird nicht fertig in Formen geschüttet, sondern entsteht in dauernder Neuformung und Neubildung allmählich dadurch, dass es immer wieder durch die Hände geht und geglättet wird, wie die Bären ihren Jungen die endgültige Gestalt durch dauerndes Lecken geben. Ein Problem, zu dessen Lösung meine Kräfte nicht reichen, das untersuche und probiere ich trotzdem immer wieder; wenn ich den neuen Stoff unermüdlich abtaste und durchknete, schüttle und erhitze, öffne ich vielleicht meinem Nachfolger einen Weg, auf dem er dann besser vorwärts kommt, die Masse wird vielleicht weicher und leichter zu bearbeiten – und ebenso arbeitet dann mein Nachfolger einem Dritten in die Hände: deshalb brauche ich den Mut zum Weiterforschen wegen der Schwierigkeit der Aufgabe nicht zu verlieren, noch wegen meiner Unfähigkeit, sie zu meistern; denn das ist mein persönlicher Mangel.

Was für ein Appell an moderne Wissenschaftler! Montaignes Lust an der Erkenntnis, Wissen anzusammeln, und sein Vertrauen in die Fähigkeit des Menschen, aus Fehlern lernen zu können, sind wahrhaft beeindruckend. Sie sind es umso mehr, als er sich damit auf erkenntnistheoretisches Neuland gewagt hatte.

Montaigne glaubte nicht, dass menschliche Neugier und Ambition immer erfolgreich enden, er ahnte, was für Risiken sich dahinter verbergen. Aber er verwandelte das latente Unvermögen des einzelnen Menschen in ein Geschenk an die Gesellschaft. Die Gesellschaft, fand er, kann auch mit dem Scheitern des Einzelnen noch etwas anfangen. Dies ist nicht nur ein wunderschöner Gedanke, sondern auch eine Idee von erheblicher Tragweite: Sie bringt ein modernes Selbstbewusstsein zum Ausdruck, das die Welt des Mittelalters weit hinter sich lässt. Wenn Menschen um ihre Mängel wissen, aber darin nicht mehr eine Sünde sehen, sondern ein Mittel zur Erkenntnis, können sie riskieren, die Welt zu ergründen. Aussagen über die Welt können daran scheitern, dass die Welt anders ist, als man sie sich vorgestellt hat, aber Montaigne sagte, dass der Versuch, sie verstehen zu wollen, immer wieder Sinn macht – sogar, wenn er scheitert.

Die modernen Wissenschaften wären ohne dieses Denken gar nicht vorstellbar. Thomas Edisons berühmter Ausspruch, er sei 6000 Mal gescheitert, bevor die Glühbirne zu dem geworden war, was sie werden sollte, zeugt davon, dass technischer Fortschritt ohne Scheitern gar nicht denkbar wäre. Auch wer heute auf die wissenschaftlichen Erfolge eines Forschers zurückgreift, baut unwillkürlich auch auf dessen Misserfolge auf, denn zu wissen, was nicht geht, ist in der Forschung nicht weniger relevant, als eine Prognose bestätigt zu bekommen oder zu sehen, dass ein Gerät funktioniert. Oft braucht man erst jenen entscheidenden Misserfolg, der einen auf die Idee kommen lässt, die Perspektive zu verändern, um etwas ganz anderes auszuprobieren.

Umso erstaunlicher, dass das Scheitern in unserer Welt das Tabuthema Nummer eins ist? Vielleicht nicht so sehr – denn schließlich liegt immer noch ein gewaltiger Unterschied darin, ob Dinge, Experimente oder Theorien scheitern oder wir selbst in unseren Lebensentwürfen. Doch wahrscheinlich nehmen wir das Erste zu persönlich und empfinden dann das Letztere umso bedrohlicher.

Aber Montaigne zeigte, dass wir das Scheitern benötigen, um die Welt zu verstehen und abzutasten wie eine Bärenmutter ihre Jungen. Er zeigte, dass das Scheitern nicht per se etwas Schlechtes ist; dass ihm auch nichts Böses anhaftet, so wie jahrhundertelang dem Konzept der Erbsünde. Er machte sichtbar, dass zu scheitern nicht verwerflich ist, sondern im Gegenteil, die Bedingung dafür, dass Menschen zu Wissen über die Welt kommen können und über die Bedeutung der Rolle, die sie selbst darin spielen. Denn die moderne Welt wäre nicht möglich, wenn darin nicht auch die Möglichkeit des Scheitern-könnens vorkäme.

Desillusionierung: Don Quijote

Don Quijote aus dem Roman von Cervantes ist ein verarmter Landadeliger fortgeschrittenen Alters. Er ist ein *Hidalgo*, dessen heruntergekommener Landsitz in der Provinz La Mancha liegt, einer riesigen Ebene im Südosten Kastiliens, über der im Sommer erbarmungslos die Hitze flimmert. Don Quijote, ein dürrer, verschrobener Mann, verbringt die meiste Zeit des Tages mit dem Lesen von Ritterromanen. Diese Romanzen waren im 17. Jahrhundert für jene Schicht geschrieben, die Zeit hatte zu lesen, also für den Adel, und im Mittelpunkt der Hunderte von Seiten langen Werke standen daher auch die unverbrüchlichen Werte aristokratischer Lebensform: Mut, Tapferkeit und höfische Liebe, und über allem schwebte unantastbar die persönliche Ehre des Helden. Um diese großen Ideale unters adelige Publikum zu bringen, verließ man sich immer auf dasselbe narrative Muster: Ein ansehnlicher Ritter begab sich in ein sagenhaftes Abenteuer nach dem anderen, und er tat dies, um die Liebe einer angebeteten Aristokratin zu gewinnen, die ihn aber nie erhören würde, weshalb die Romane endlos in immergleichem Rhythmus Episode an Episode hängten. Sie überbordeten auch sonst vor Unwahrscheinlichkeiten. Auf seinen Reisen konnte es dem Helden etwa passieren, dass er sich in weit entfernten Kulturen wiederfand, ohne dass plausibel gemacht werden konnte, wie er dahin gekommen sein sollte. Außerdem alterte niemand in diesen Geschichten, die sich über Jahrzehnte hinzogen. Trotz der offensichtlichen Ungereimtheiten gehörte es zur literarischen Konvention dieser Ritterromane, so zu tun, als erzählten sie »wahre Geschichten«.

Diese Ritterromane stammten aus der Frühzeit der Unterhaltungskultur. Ihre verwickelten und wundersamen Handlungen ließen das Lesepublikum vor allem deshalb nicht vor Lachen platzen – oder, genauso wahrscheinlich, entnervt die schweren ledernen Buchdeckel zuschlagen –, weil ihm eine ganz bestimmte Perspektive fehlte: Die Leser wussten noch nicht, was eine *Fiktion* ist. Sie konnten die Unterscheidung zwischen der *wirklichen* Wirklichkeit und der *erfundenen* Wirklichkeit noch nicht treffen. Genauer gesagt: Sie wussten nicht, dass man eine Wirklichkeit erfinden kann, die zwar genauso plausibel ist wie die Realität, die aber trotzdem *nicht* die Realität *ist*.

Der erste moderne Roman, der genau diese Unterscheidung von Fiktion und Wirklichkeit sichtbar machte und sie damit überhaupt erst ins Bewusstsein der europäischen Kultur brachte, war Miguel de Cervantes' *Don Quijote*. Cervantes zeigte darin einen Helden, der glaubt, die Ritterromane, die er gelesen hat, seien die Realität.

Die Phantasie füllte sich ihm mit allem an, was er in den Büchern las, so mit Verzauberungen wie mit Kämpfen, Waffengängen, Herausforderungen, Wunden, süßem Gekose, Liebschaften, Seestürmen und unmöglichen Narreteien. Und so fest setzte es sich ihm in dem Kopf, jener Wust hirnverrückter Erdichtungen, die er las, sei die volle Wahrheit.

Schwer beeindruckt von den erstaunlichen Taten der Ritter, beschließt der spanische Junker, selbst ein solcher Ritter zu werden. Seine Versuche, ein »fahrender Ritter« zu sein, haben aber so unübersehbar katastrophale – und komische – Konsequenzen, dass jeder seit Cervantes' Roman wissen konnte: Fiktion und Wirklichkeit sind zwei völlig unterschiedliche Dinge.

Der Held aber, Don Quijote, kann diese Unterscheidung bis kurz vor Ende des Romans nicht treffen. Er sieht nicht, dass die reale Welt, in der er lebt, gar nicht hergeben kann, was er sich von ihr an Abenteuern erhofft. Die Werte der Gesellschaft des späten 16. Jahrhunderts sind ganz andere als die der Romane, die er liest. Man interessiert sich in der Provinz La Mancha, die der Hidalgo alsbald in Begleitung seines Faktotums, dem kugelrunden Bauern Sancho Pansa, unsicher macht, nicht für die bewährten Tugenden der spanischen Oberschicht. Man spricht hier auch ganz anders, nicht so geschwollen, wie Don Quijote sich das nach dem Vorbild seiner fiktiven Helden angewöhnt hat. Die reale Welt der La Mancha ist eine Welt der Krämer und Händler; hier ist vom Glanz der einstigen Großmacht Spaniens schon nicht mehr viel übrig. Das Goldene Zeitalter Spaniens ist dem Untergang geweiht, im Norden Europas treten Holland und England das Erbe der einstigen Weltmacht an. In dieser unruhigen Zeit des historischen Umbruchs macht Don Quijote genau das, was Menschen gelegentlich tun, wenn sie ihre Umwelt nicht verstehen: Er flüchtet in eine Scheinwelt. Für ihn erscheint die Welt nun so, wie er sie sehen will, als Ritterroman.

Um den Ritter spielen zu können, hat Don Quijote sich umgetauft. Der Name, unter dem er berühmt geworden ist, ist frei erfunden; tatsächlich heißt er nämlich Alonso Quijano – oder Quijada – oder Quesada. So genau weiß das keiner mehr, erklärt der Erzähler und offenbart auf diese Weise, dass der »Held« seiner Geschichte in Wirklichkeit alles andere als unvergesslich und einzigartig ist – in Wahrheit kein Held also.

Don Quijote weiß das von sich selbst nicht. Was er weiß, ist dies: Ein Ritter braucht ein Ross, eine Rüstung, eine Frau. Er besitzt weder das eine noch das andere, es sei denn, man gestattet seinem mageren Gaul die Bezeichnung »Pferd«. Der Möchtegern-Ritter tauft das müde, alte Tier *Rosinante,* in der Hoffnung, es möge sich auf diese Weise in ein Vollblut verwandeln. Er stellt Teile von Rüstungen zusammen, die seine Urgroßväter getragen haben, und weil zwischen dem angeschlagenen Metall kein richtiger Turnierhelm mit Visier mehr zu finden ist, behilft er sich mit einer Art Sturzhelm, an den er eine selbst entworfene Pappkonstruktion fügt. Eine Frau, derentwegen Don Quijote seine

Abenteuer wagen will, hat er auch nicht, schon gar nicht eine *schöne*. Ein derbes Bauernmädchen aus der Nachbarschaft erfüllt den Zweck genauso gut. Sie bekommt den wohlklingenden Namen *Dulcinea* verliehen, so wie alle Personen der Ritterromane blumige Namen trugen, die kein Mensch im wirklichen Leben trug: Gandales, Elisena, Garinter und Urganda. Auf diese Weise gerüstet zieht Don Quijote aus, ein »fahrender Ritter« zu sein, um sich und der Welt Ideale zu beweisen, an die niemand mehr glaubt.

Natürlich muss Don Quijote wieder und wieder scheitern. Er verliert seine »Schlachten«, er kämpft gegen Windmühlen, wird verlacht, bezieht Prügel, macht sich lächerlich und bringt andere in Gefahr. Und wie sollte es auch anders sein, schließlich agiert er unter falschen Vorzeichen. Er ist blind für die Realität, und das kann nicht lange gut gehen. Er kommt an eine Schenke, hält sie für eine Burg, glaubt, die davor stehenden Prostituierten seien die Burgfräulein, und begrüßt den korrupten Wirt als den Burgherrn. Man schlägt ihn zum Spaß zum Ritter, aber die »Ehrung« sagt natürlich genau das Gegenteil aus; sie ist für Don Quijote eine entwürdigende Prozedur – und dass ihm das selber nicht bewusst ist, macht die Sache nicht erträglicher. Don Quijote scheitert an der Wirklichkeit. Sie ist keine Welt der Ungeheuer und schaurig dunklen Wälder, in denen hilflose Frauen mit absurden Namen darauf warten, »gerettet« zu werden. Die Realität ist ein öder Landstrich Kastiliens, wo jeder seinen Geschäften nachgeht und jeder jeden nach Möglichkeit übers Ohr haut.

Don Quijote erfindet sich (und seine Umwelt) selbst. Er versucht sich an einem souveränen Umgang mit seiner eigenen Identität – und das Experiment geht total daneben. Wenn er am Ende einer seiner albernen »Schlachten« gegen mehr oder weniger harmlose Duchgangsreisende der Mancha, notorisch im Staub landet, hat er sich jedes Mal ein blaues Auge an der Realität geholt. Und das macht den spanischen Ritter zu unser aller Schreckgespenst, weil auch wir uns frohen Mutes immer wieder neu erfinden und ständig sein wollen, was wir dann (vielleicht) gar nicht sein können.

Scheitern für alle: Glück und Liebe

Ungefähr hundert Jahre nachdem Don Quijote seine blühende Phantasie zum Verhängnis geworden war, entdeckten die Philosophen der Aufklärung eine Eigenschaft, die von nun an die gesamte Menschheit gegen allzu große Torheiten und die daraus resultierenden niederschmetternden Erlebnisse wappnen sollte: die Vernunft. Indem die Aufklärung erklärte, alle Menschen seien von Natur aus mit Vernunft ausgestattet, traute sie ihnen nun zu, planvoll und widerspruchsfrei handeln, denken und fühlen zu können. Die Zeiten waren vorbei, in denen sich die ganze Menschheit unter dem erdrückenden kollektiven Erbe des Sündenfalls in Demut zu beugen hatte. Es gab keine »verbotenen Früchte« mehr; man konnte und sollte Wissen besitzen, und man durfte und musste eigene Erfahrungen machen. Es galt nicht länger als moralisch bedenklich, etwas vom Leben zu erwarten und sich entsprechend zu verhalten. Im Gegenteil: Es war sogar unvernünftig, dies nicht zu tun. Und wenn das Diesseits auch nicht das Paradies war, sah doch zumindest die Zukunft wunderbar aus. Sie war unaufhaltsamer moralischer, materieller und erkenntnistheoretischer Fortschritt.

Mittels der Vernunft waren die Menschen in der Lage, sich die Welt durch Wissen anzueignen: Sie konnten versuchen, den Kosmos zu erforschen und hinter die Gesetze der Natur zu kommen. Gott war längst kein strafender Tyrann mehr; der Gott der Aufklärung war gnädig, und er hatte die Menschheit mit Fähigkeiten ausgestattet, derer sie sich bedienen konnten. Er sah nun wohlwollend zu, wie seine Geschöpfe ihren Verstand nutzten, um die Welt, die er geschaffen hatte, in einen besseren Ort zu verwandeln. »Gott, der die Welt den Menschen gemeinsam gegeben hat, hat ihnen auch die Vernunft verliehen, sie zum größtmöglichen Vorteil und zur Annehmlichkeit ihres Lebens zu nutzen«, schrieb John Locke in seiner Schrift *Zweite Abhandlung über die Regierung* (1690), dem einflussreichsten Text der europäischen Aufklärung. Er war es, der Europa als Erster die Ideen Freiheit, Gleichheit und Toleranz beibrachte.

Vor den Augen der staunenden Zeitgenossen entfaltete sich urplötzlich die Zukunft, und mit ihr zahllose, ungeahnte Möglichkeiten. So ereignete sich mit der Aufklärung ein Urknall des Zeituniversums. Jetzt war vorstellbar geworden, dass nicht nur die Gesellschaft, sondern auch das eigene Leben darin anders – besser – sein könnten. Kant antwortete auf die Frage, ob das gegenwärtige Zeitalter ein »aufgeklärtes Zeitalter« sei, zwar noch mit einem »Nein«, fügte aber hinzu, es sei ein »Zeitalter der Aufklärung«. Das Zeitalter, in das man geboren war, wurde als ein progressiver Prozess betrachtet, und wenn der Idealzustand zwar noch nicht erreicht war, wusste man zumindest, auf welchem Weg man ihn erreichen würde: durch politische Reformen und Bildung, durch die Ausübung der Naturwissenschaften und durch das Instrument der Kritik. Am Horizont der Aufklärung leuchteten grenzenloser Fortschritt, individuelle und politische Freiheit und die Aussicht für den Einzelnen auf persönliches Glück im Diesseits. In dieser viel versprechenden Welt machte es allmählich Sinn, für das eigene Leben ehrgeizige Ziele ins Auge zu fassen. Schließlich bestand die Aussicht, sie auch zu erreichen.

Der Optimismus, der sich im späten 17. und 18. Jahrhundert in Ober- und Mittelschicht verbreitete, kannte kaum noch Schranken. In absehbarer Zeit schon würden Menschen ihr Potential erkannt und verwirklicht und sich durch Bildung und Selbsterkenntnis vervollkommnet haben. Die beste aller vorstellbaren Welten, eine aufgeklärte Gesellschaft, würde durch sie entstanden sein, als Ratgeber und Baumeister die Vernunft. Kein Wunder, dass die Atmosphäre allmählich etwas fiebrig wurde.

Im Vertrauen auf die rationalen Eigenschaften des Menschen erlaubte die Aufklärung nun auch etwas, das in der christlichen Tradition stets mit größtem Unbehagen betrachtet worden war: Freude am Leben. *Glück* war ein Schlüsselbegriff des Zeitalters. Dass wir statt lebenslanger Entsagung seitdem Zufriedenheit und Selbstverwirklichung anstreben können, verdanken wir im Wesentlichen der Aufklärung. Die Philosophen der Epoche waren sich darin einig, dass Menschen auf der Welt sind, um sich ihrer Sinne zu bedienen und ein erfülltes Leben zu führen, und sie sahen es als ihre Aufgabe an, die gesellschaftlichen Bedingungen zu schaffen, die für das Glück der Menschheit sorgen würden. »Glück ist eine neue Idee in Europa«, erklärte Antoine Saint-Just, der Anführer der Jakobiner, und führte später in der Französischen Revolution zum Entsetzen aller Zeitzeugen vor, dass sich das (vermeintliche) Glück der Menschheit notfalls auch mit Gewalt durchsetzen ließ. Ganz so neu, wie jener Mitstreiter Robespierres behauptet hatte, war die Idee natürlich nicht: Platon hatte erklärt, im Glück liege das Ziel jedes menschlichen Lebens und es sei durch den vernünftigen Gebrauch der Tugend zu erreichen. Aristoteles setzte dagegen: Tugend allein reiche nicht aus, es müssten auch Gesundheit, Wohlstand und ein guter Ruf dazukommen, während die Stoiker behaupteten, glücklich sein könne auch, wer krank und arm sei. Aber erst die Aufklärung machte Glück zum Programm für die ganze Gesellschaft und ging, wo es möglich war, sogar so weit, ein Recht auf Glück in politischen Verfassungen festzuschreiben: 1776 in der Unabhängigkeitserklärung der USA und dreizehn Jahre später in der Erklärung der Menschenrechte am Vorabend der Französischen Revolution.

Für die Aufklärer galt: die Voraussetzung für das Glück der ganzen Menschheit war Tugend. Wenn sich alle an die Gebote einer vernünftigen Moral hielten, würde das am Ende allen zugute kommen. Kants kategorischer Imperativ. »Handle nur nach derjenigen Maxime, durch die du zugleich wollen kannst, dass sie ein allgemeines Gesetz werde«, begründete moralisches

Verhalten als vernünftiges Verhalten und besagte: Wer sich daran hält, andere nicht zu belügen, zu betrügen und ihnen auf andere Weise zu schaden, wird das Glück aller befördern (oder die »Glückseligkeit«, wie es im Wortgebrauch der Zeit hieß).

Aber die Aufklärer dachten nicht nur an einen politischen Begriff von Glück, sie propagierten auch die persönliche Erfüllung im Privatleben. Das war die logische Konsequenz des allgemeinen Strebens nach Glück, denn richtig glücklich kann nur sein, wer *im Ganzen* zufrieden ist: als soziales und als privates Wesen. Nicht nur die Moral und Vernunft also, sondern auch jene psychischen Eigenschaften, die man zu den »niederen« menschlichen Qualitäten zählte, sollten auf ihre Kosten kommen dürfen: das Gefühl und die Sinnlichkeit. Was die Moral für das Glück der ganzen Gesellschaft, das war die Liebe für das Verhältnis zwischen Mann und Frau. Die Liebe zwischen den Geschlechtern würde für das häusliche Glück sorgen.

Die Liebe, dieses merkwürdige Phänomen, an dem für uns heute das halbe Leben hängt, das unsere Phantasie beflügelt, eine Unterhaltungsindustrie auf Trab hält, ohne das sich keine einzige Frauenzeitschrift verkaufen würde und das von Psychologen und neuerdings von Biologen erforscht wird, hatte in den Jahrhunderten bis 1750 kaum Bedeutung im Leben der meisten Menschen. Zumindest nicht als romantisches Gefühl, das die Gedanken wochenlang beschäftigt, Schmetterlinge im Bauch macht und »die Hormone durcheinander« bringt. Allerdings verstand man auch schon in der Antike die Liebe als Gegenteil von Normalität, wenn auch weniger als einen potenziell beglückenden, sondern vielmehr als einen unheimlichen Ausnahmezustand. Man fand, die Liebe sei noch am ehesten vergleichbar mit einer Geisteskrankheit, die vor allem junge Menschen anfallartig befiel und die so schnell verschwand, wie sie gekommen war. Weil sie irrational war und die Ordnung des Alltags störte, hegte man die Liebe sicherheitshalber wie ein schlecht erzogenes Haustier ein und machte eine Kulturleistung daraus. Sie kam also entweder in der Literatur oder auf der Bühne vor, oder sie war ein Gesellschaftsspiel für Aristokraten, die außerhalb ihrer Ehen mit der Liebe experimentieren konnten, als Rezept gegen Langeweile. Und sie galt damit als etwas, dessen Grundregeln man zumindest im Ansatz kennen musste, bevor man damit beginnen konnte (um lieben zu können, musste man beispielsweise die richtigen Worte beim Flirten finden).

Kaum jemand wäre vor 1750 ernsthaft in Versuchung geraten zu behaupten, die Liebe könne das Universalrezept fürs menschliche Glück sein. Und ebenso wenig vorstellbar war es, aus Liebe zu heiraten. Wieso auch sollte man einen Zustand der Unzurechnungsfähigkeit zum Anlass nehmen, sich ein ganzes Leben an einen anderen Menschen zu binden? Die Liebe war unvernünftig und flüchtiger als das Leben, und deshalb konnte man auf ihr nichts aufbauen, das Bestand haben sollte. Die Ehe aber musste in der traditionellen Gesellschaft Bestand haben, denn sie war die kleinste Einheit des Staates. Man begründete damit einen Hausstand (also ein kleines Hauswirtschaftsunternehmen) und besiegelte in den Oberschichten politische Entscheidungen. Die eigene Identität und die soziale Existenz der Nachkommen hingen von der Stabilität der Familie ab; die Familie in die Hände eines so anfälligen Phänomens wie der Liebe zu legen, durfte also nicht riskiert werden.

Aber das alles änderte sich nun dramatisch im Verlauf der Aufklärung. Die menschliche Natur galt nicht länger als unerschöpfliches Reservoir für potenzielle Verfehlungen. Die Vernunft, aber auch Sinne, das Gefühl, die Wahrnehmung galten als wertvolle Anlagen zur Optimierung des Lebens. Nicht eine reine Seele, sondern Genuss, Spaß, Unterhaltung, Lust, Sinnlichkeit, Freude, all diese wunderbaren Begleiterscheinungen des Alltags, gehörten neuerdings zum Leben dazu und machten es erst lebenswert. Weil die Natur des Menschen auf diese Weise grundsätzlich aufgewertet war, traute man den Menschen nun auch zu, Verstand und Gefühl sinnvoll in Einklang zu bringen. Auch die Liebe musste also längst nicht mehr als Bedrohung der Ordnung zwischen den Geschlechtern empfunden werden, jedenfalls nicht solange sie in vernünftigem Rahmen blieb. Eine ganze Flut von zeitgenössischer Literatur fragte sich nun natürlich, wo diese Bahnen verliefen, warnte vor sentimentaler Schwärmerei und unvernünftiger Liebestollheit – und zeugte vom ersten Generationenkonflikt in der europäischen Geschichte.

Während die Mütter kerzengerade auf ihren Stühlen sitzen (nur Alten und Kranken ist es gestattet, sich anzulehnen), fläzen sich ihre Töchter bis zum späten Nachmittag auf der Chaiselongue, lesen Liebesromane und träumen von romantischen Gefühlen (sie tragen ihr Negligé, denn mit Korsett kann man nicht genug Luft holen, um zu seufzen). Die bereits verheirateten älteren Töchter entreißen den Gouvernanten ihre eigenen Kinder und herzen und küssen sie von Zeit zu Zeit im Schwange aufwallenden Mutterglücks. Im Nebenzimmer schachern zwei Väter wie Konzernchefs über Eheverträge, derweil der in Frage kommende Bräutigam auf der Suche nach unverfälschter Natur in Wald und Heide herumstreunt, sich den Wind durch das von keiner Perücke verdeckte Haar wehen lässt und eine andere liebt. Die Zeichen der Zeit haben sich geändert: Der Sohn wird rebellieren und versuchen, eine Entscheidung über sein Leben zu treffen, die nicht durch das Erbe des Vaters diktiert ist; die Tochter wird sich weigern, einen Mann zu heiraten, den sie nicht liebt. Und beide werden sie versuchen, glücklich zu werden.

Die neue Wertschätzung von Freude am Leben ging zu einem wesentlichen Teil auf das Konto der drei englischen Philosophen John Locke, David Hume und George Berkeley. Sie hatten erklärt, dass Menschen die Welt durch ihre Sinne erfahren und erkennen: durch Sehen, Fühlen und Begreifen der Umwelt. Auf diese Weise hatten die englischen Empiristen (Empirie: Erfahrung) genau diese menschliche Fähigkeit aufgewertet, die bis dahin als animalisch gegolten und entsprechend misstrauisch beäugt worden war: das Gefühl. Jetzt aber war es erlaubt, sich neugierig und mit Lust und Freude durchs Leben zu bewegen, immer vorausgesetzt, man blieb dabei in rationalen Bahnen. Das Gefühl hatte seine Berechtigung auf der Skala menschlicher Eigenschaften gefunden, allerdings wurde es weiterhin beargwöhnt und galt als der Vernunft in jedem Fall unterlegen.

Es war ein einzelner Mann, der diese abendländischen Bedenken gegen die Irrationalität des Gefühls auf einen einzigen Streich zu zerstreuen beabsichtigte. Jean Jacques Rousseau erklärte, das Gefühl könne besser urteilen als die Vernunft. Als er diese Behauptung aufstellte, war sie absolut revolutionär und wirkte auf seine Zeitgenossen nahezu unbegreiflich. Inzwischen kommt uns nichts natürlicher vor, als gelegentlich unser Gefühl zu Rate zu ziehen, im Vertrauen darauf, es werde intuitiv schon die richtige Entscheidung treffen. Seit einigen Jahren sind sogar Forscher in Labors damit beschäftigt, nachzuweisen, was Rousseau aus heiterem Himmel behauptet hatte: den wissenschaftlichen Beweis zu erbringen, dass wir Entscheidungen treffen, an denen der Verstand keinen Anteil hat. Neurobiologen zeigen beispielsweise, dass Gefühle von Teilen des Gehirns prozessiert werden, in denen blitzschnelle Entscheidungen getroffen werden können. Biochemiker stellen fest, dass erhöhte Hormonwerte (und nicht rationale Überlegungen) Menschen zu dem Entschluss kommen lassen, sie könnten sich gegenseitig »gut riechen«. Das klingt ein gewaltiges Stück weit entfernt von dem, was das *enfant terrible* der Aufklärung seinen Zeitgenossen auftischte. Rousseau argumentierte natürlich nicht aus der Sicht des Naturwissenschaftlers, sondern aus der des Philosophen, aber er sagte im Prinzip genau das, was die Biochemiker und Neurobiologen im Labor in immer neuen Testreihen untermauern wollen: Das Gefühl weiß Dinge, von denen der Verstand keine Ahnung hat.

Rousseaus Einfluss auf das Denken und die Selbstwahrnehmung seiner Zeitgenossen war gewaltig, und daran hat sich bis heute nicht viel geändert. Der aus Genf stammende Sohn eines Uhrmachers wuchs bei Verwandten auf und verließ mit fünfzehn seine Geburtsstadt. Rousseau beschreibt in seinen *Bekenntnissen*, seiner Autobiographie, was geschehen war, und als der Meister der Worte, der er nun einmal war, tut er das mit Sinn für Dramatik und suggeriert, diesen alles entscheidenden Schritt seines Lebens quasi im Affekt getan zu haben. Er hatte sich zum wiederholten Mal beim Spaziergehen vor den Toren der Stadt verspätet, fand die Stadttore am Abend verschlossen vor, musste also die Nacht lang davor warten, bis sie wieder geöffnet würden. Am nächsten Morgen wäre er zu spät bei seinem Lehrmeister erschienen. Um der angedrohten Strafe zu entkommen, kehrte Rousseau einfach nicht nach Genf zurück.

Glücklicherweise traf der junge, mittellose Rousseau, der weder eine Schul- noch sonst irgendeine Ausbildung besaß, nun auf seine Retterin, die 29-jährige Madame des Warens. Sie hatte ihren Ehemann wegen eines Liebhabers verlassen, lebte allein und verfolgte das Ziel, (junge, männliche) Protestanten zum Katholizismus zu bekehren. Rousseau blieb die nächsten zehn Jahre bei ihr, bekam nun durch Madame des Warens' katholische Ratgeber Gelegenheit, ein gelehrter Mann und Musiker zu werden, und wurde Madames Liebhaber, als sie fand, er sei alt genug dafür. Mit dreißig ging Rousseau nach Paris, wo er Diderot begegnete, dem Herausgeber der *Encyclopédie*, jenem beeindruckenden Werk der Aufklärung, in dem das gesamte Wissen der Welt für das neu angebrochene Zeitalter der Vernunft zusammengetragen werden sollte. Rousseau schrieb einige Artikel über Musik für die *Encyclopédie*, komponierte außerdem auch Opern für den Hof Ludwig XV. und hatte Aussicht auf eine lukrative Stelle als Hofmusiker.

Aber Rousseau wurde nicht Hofmusiker, sondern das schwarze Schaf der Aufklärung und der Großvater der Romantik. Im Alter von 37 Jahren veröffentlichte er seinen Aufsatz über die Bedeutung von Kultur für die Menschheit: die *Abhandlung über die Wissenschaft und die Künste*. Rousseau vertrat darin seine berühmte These, die das traditionelle Wissen des Abendlandes auf den Kopf stellte: Die Kultur trage nicht zur Verbesserung der Welt bei, sondern sie verderbe den Menschen.

In drei gesellschaftspolitischen Schriften, einer Anleitung zur Erziehung, einem Roman über die Liebe und seiner Autobiographie führte Rousseau sein Argument in den nächsten Jahrzehnten fort. Er verband das Gefühl mit der Natur und den Verstand mit Kultur und wertete das eine gegen das andere auf; er behauptete, das Gefühl und die Natur verkörpern das Gute, Verstand und Kultur verkörpern moralische Korruption. Während das Kind bei seiner Geburt noch mit seinen ureigensten Empfindungen und der »unverfälschten« und »guten« Natur in Einklang stehe, werde der Mensch im Laufe seines Lebens durch die kultivierende Erziehung verdorben. Er werde immer verworfener, und zwar, je mehr er lerne, denke und je besser er seine Gefühle unter Kontrolle habe, je weiter er sich also von der Natur entferne. Am Ende sah Rousseau für das Wohl der Gesellschaft vor: Politik ohne Herrscher, Bildung ohne Lehrer, Städte ohne Kultur, Glauben ohne Kirche, Schönheit ohne Geschmack, Sprache ohne Rhetorik. Das Ganze war in seiner Radikalität nicht weniger gruselig als das repräsentative Gesellschaftstheater der französischen Oberschicht, gegen das er rebellierte.

Aber was Rousseau erkannt hatte, war dies: Gefühle haben ihre eigene Berechtigung und ihre eigene Wahrhaftigkeit. Man kann sie nicht anzweifeln. Es macht keinen Sinn zu hinterfragen, ob jemand die Freude, die er empfindet, auch *berechtigt* fühlt, und es lässt sich auch nicht wegdiskutieren, dass jemand traurig ist, wenn er traurig ist. Wenn Gefühle da sind, sind sie da. Und wenn nicht, dann eben nicht. Und Rousseau erkannte noch etwas Weiteres: Gefühle haben immer Recht. Zu sagen: »Du fühlst falsch«, geht nicht. Gegen ein überzeugt vorgetragenes »Ich liebe dich nicht« helfen keine noch so guten Argumente (etwa: »Aber sieh' doch nur, wie schön, begabt, nett, reich, liebenswert ich bin.«). Rousseau hatte dieses ungeheure Potential des menschlichen Gefühlshaushaltes erkannt: Das Gefühl gibt sich selber immer automatisch Recht, weil es nicht mehr und nicht weniger als ein Gefühl ist.

Mochte das Gefühl auch anfälliger für Irrtümer sein, dies sei nicht entscheidend, erklärte er. Denn alles, was das Gefühl zum Ausdruck bringe, sei in jedem Fall immer *aufrichtig,* schließlich entspringe es direkt dem Herzen. Alles, was das Gefühl sagt, sei authentisch. Wenn man wirklich fühlt, dann fühlt man ehrlich; was das Gefühl sagt, könne nicht angezweifelt werden, und daher sei das Gefühl, zumindest vom Standpunkt der Moral aus, der Vernunft haushoch überlegen.

Rousseau zeigte, dass durch das Gefühl Dinge zum Ausdruck kamen, die sich anders nicht sagen ließen. Wer bereit war, auf die Regungen in seinem Inneren zu hören, konnte einen »neuen Menschen« in sich entdecken. Er behauptete, alle Erkenntnis über den Menschen und die Welt müsse im Fühlen beginnen, denn nur das Empfinden des Menschen sei unzweifelhaft wahr. Mit Rousseau hatte sich in Europa ein ganz neuer Erfahrungshorizont eröffnet – die Welt der subjektiven Wahrheiten und der individuell empfundenen Wirklichkeiten.

Nun konnte gesagt werden: »Ich liebe« (oder noch besser: »Wir lieben uns«), und nichts und niemand sollte etwas daran ändern können: keine Tradition, keine Familie und keine Konvention. Das Gefühl autorisierte einen dazu. Nun konnten zwei Liebende in ihrer eigenen Wirklichkeit verschwinden, in ihrem rosaroten Traum aus gegenseitiger Hingabe. Doch diese Sicherheit war trügerisch. Denn irgendwann würden die beiden Liebenden merken: Das Gefühl hat zwar immer Recht, aber in den meisten Fällen nicht *für immer.*

Bekanntlich liebt keine Frau einen Mann, weil der einen bestimmten Hormonwert aufweist. Die Hormone sorgen für die ersten abstoßenden oder anziehenden Reize, aber sie schreiben noch keine Liebesgeschichten. Um auf die Dauer etwas bedeuten zu können, muss die Leidenschaft eben zu Liebe werden. Und dann müssen sich die Gefühle, die das Herz (Rousseau) oder die Hormone (Biochemiker) in Gang gebracht haben, auf

Dauer bewähren. Wenn es nach dem ersten Erröten (18. Jahrhundert) oder der ersten gemeinsam verbrachten leidenschaftlichen Nacht (21. Jahrhundert) überhaupt weitergeht, folgen Ferienfotos, höchst private (schöne oder peinliche?) Kosenamen, Freizeitgestaltung, Inneneinrichtung, Kindererziehung, Krisenbewältigung – und *das* geht dann ziemlich oft daneben. Dies wusste man eben schon in der Antike: Leidenschaftliche Gefühle haben es in der Normalität schwer (allerdings sah man in der Antike nicht die Leidenschaft von der Normalität bedroht, sondern die Normalität von der Anarchie der Leidenschaft). Die gemeinsamen Reisen, das Zusammenleben und der Versuch, sich aufeinander einzulassen, können kläglich scheitern, auch wenn die Gefühle einem zweifelsfrei signalisiert hatten, alles sei richtig und gut. Denn die sind wie treue Freunde, die einem zwar nichts Böses wollen – man verlässt sich deshalb auf sie –, die sich aber oft als schrecklich unzuverlässig entpuppen.

Und was wurde aus der romantischen Liebe des 18. Jahrhunderts? Kaum hatte man das Recht des Menschen auf Glück erkannt und kaum sollte aus Liebe geheiratet werden dürfen, als sich die Zivilgesetzgebung im 19. Jahrhundert zum ersten Mal in der Geschichte ernsthafte Gedanken über die ersten Scheidungsgesetze machte.

Mit der romantischen Liebe wurde das Scheitern demokratisch. Jeder – und jede – konnte lieben, denn man konnte zwar mehr als der Hälfte der Bevölkerung den Verstand, schlecht aber das Gefühl absprechen. Zumal ja das Konzept der romantischen Liebe nur funktionieren konnte, wenn theoretisch jeder frei war, sich in jeden verlieben zu können, und umgekehrt. In der Liebe erfuhren nun also auch Frauen Erfolg oder Scheitern: große Erwartungen oder frustriertes Glück, vielversprechende Zukunft oder niederschmetternde Gegenwart. Hier, in der Liebe machten sie ihre »Karrieren« oder scheiterten daran; schließlich stand für die überwältigende Mehrheit von ihnen die Frage des Misserfolgs *im Beruf* nicht zur Debatte. Aber nicht nur für Frauen, sondern auch für alle sozialen Schichten war Liebesglück erreichbar, quer durch die Gesellschaft konnte jeder die Liebe erfahren – und an ihr scheitern. Die Literatur erzählte davon: In Choderlos de Laclos' *Gefährliche Liebschaften* widerfährt das Unglück in der Liebe den Angehörigen des französischen Hochadels, in Samuel Richardsons *Pamela* gerät ein englisches Dienstmädchen in Versuchung und damit in Gefahr, für immer unrettbar tief zu fallen, und in Goethes *Werther* wird einem jungen Mann aus dem deutschen Bürgertum das Herz gebrochen.

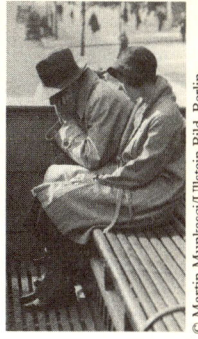

Luftschlösser bauen: Anton Reiser

Rousseau hatte gezeigt, dass das Gefühl nie völlig falsch liegt, jedenfalls nicht, solange es sich mit Vehemenz bemerkbar macht. Daraus ergaben sich nicht nur Konsequenzen für die Liebe, sondern für die möglichen Aussichten auf die gesamte Lebensplanung. Denn wenn man dem eigenen Gefühl trauen konnte, ließen sich gewaltige Erwartungen an die Zukunft stellen. Für den Anfang brauchte man nicht mehr als die eigene Einbildungskraft, und schon konnte das eigene Leben als Wunsch nach Ruhm beginnen. Im Fühlen, Hoffen, Träumen lag jetzt ein neuer Schlüssel zur Erfolg versprechenden Zukunft. Hatte man sich erst einmal aufs Wünschen verlegt, schreckte die Vorstellungskraft auch vor dem schier Unerreichbaren nicht zurück. Den Luftschlössern, die man sich ausmalen konnte, waren keine Grenzen gesetzt. Da die wunderbare Zukunft der Phantasie entstammen konnte, stand sie nun auch jenen offen, deren *wirkliche* Lebensumstände jede Hoffnung auf eine glänzende Zukunft im Keim zu ersticken drohten. Vom Erfolg *träumen* konnte auch, wer arm war, ungebildet, ungeliebt – und im Grunde ziemlich chancenlos.

Gab es etwas Erfreulicheres als einen jungen, begabten Mann aus ärmlichen Verhältnissen, der ehrgeizige Ziele ins Auge fasste und bereit war, Entbehrungen auf sich zu nehmen und immer weiter über sich hinauszuwachsen, um irgendwann dort anzukommen, wo er sich in seinen Träumen sah? Ein Roman aus dem späten 18. Jahrhundert erzählt von einer solch halb ersehnten, halb erkämpften Karriere zwischen Wunsch und Wirklichkeit: *Anton Reiser* von Karl Philipp Moritz. Doch dieses Schicksal eines von Ehrgeiz getriebenen und der Furcht vor Versagen gequälten, hochintelligenten jungen Mannes dämpft allzu unbeschwerten Aufklärungsoptimismus und verleiht der schlichten Formel »Jeder ist seines Glückes Schmied« eine tragische Wendung. Zwar gelingt Anton trotz unglaublicher Widerstände und Hürden sein sozialer Aufstieg – der unerschöpfliche Kraftquell auf seinem beschwerlichen Weg ist die Sehnsucht nach Erfolg –, der Roman ist trotzdem alles andere als eine Erfolgsstory. Es ist eine unendlich traurige Geschichte, denn der Ehrgeiz, der dazu führt, dass Anton es zu »etwas« bringt, führt im gleichen Maß dazu, dass er sich selbst nie genügen kann. Alle seine großen Pläne scheitern. Wenn nicht an der Realität, dann an seinen Erwartungen. So wird aus der brennenden Sehnsucht nach »Ruhm« immer stärker eine abgrundtiefe Verzweiflung. Dass der Roman in wesentlichen Zügen auf die wahre Lebensgeschichte des Verfassers Karl Philipp Moritz zurückgeht, macht das rundum unglückliche Leben, das darin beschrieben wird, nicht weniger bedrückend.

Anton ist das Kind mittelloser, frommer und strenger Eltern, deren Ehe unglücklich ist. Der Sohn wird entweder für Kleinigkeiten brutal gezüchtigt oder völlig vernachlässigt. In seinem grauenhaften Elternhaus »der Unzufriedenheit, des Zorns, der Tränen und der Klagen« bekommt Anton weder Zuneigung noch irgendeine andere Aufmerksamkeit. Als er mit sieben Jahren schwer erkrankt, rettet ihm eine Cousine das Leben. Kurz darauf droht wegen einer Geschwulst die Amputation eines Fußes. Die Mutter weint, der Vater gibt dem Sohn zwei Pfennige – zu mehr Mitleidsbekundungen kommt er nicht. Die Operation kann im letzten Moment vermieden werden, weil ein barmherziger Schuster aus dem Dorf eine Heilsalbe bringt.

Mit zwölf Jahren wird Anton sein sehnlichster Wunsch erfüllt. Er darf am Lateinunterricht in der öffentlichen Stadtschule teilnehmen und stürzt sich mit so großer Begeisterung aufs Lernen, dass er bald zu den Klassenbesten gehört. Anton, der noch nie von irgendjemandem Anerkennung bekommen hat und immer nur von Aufmerksamkeit geträumt hat, sieht nun schon den »Pfad des Ruhms vor sich eröffnet«. Aber nachmittags holt ihn die Wirklichkeit ein, wenn er von seiner Mutter zum Wasserholen an den Brunnen und zum Einkaufen geschickt wird. Beides empfindet er als unendlich demütigend, denn das eine erledigen normalerweise die Dienstboten und das andere Frauen. Die Realität zerschmettert seine Träume gnadenlos.

In dem kleinen Erfolgserlebnis des Schulbesuchs und den bitter enttäuschenden Begleiterscheinungen zeigt sich bereits die tragische Dynamik, die Anton bis ans Ende des Romans begleiten wird. Es ist immer dasselbe: Weil die Aussichten auf Erfolg und Anerkennung unvorstellbar weit weg sind, muss Anton seine Erwartungen an die Welt extrem ehrgeizig formulieren – seine Pläne und Wünsche sind immer viel größer als sein Leben. Sie *müssen* es sein, Anton kann gar nicht anders, als die schreckliche Realität der bedrückenden Enge seines Elternhauses ständig in seiner Phantasie zu überflügeln – aber dieses Gedankenspiel, das ihn der Realität ständig entrückt, macht ihn dann extrem anfällig für Enttäuschungen. Die Realität weist ihn zurück, die Sehnsucht nach Ruhm, Erfolg und Ansehen treibt ihn weiter an – bis die Kollision mit der Realität in die nächste Niedergeschlagenheit führt. Dann werden die Erwartungen noch größer und die Sehnsucht nach Erfolg noch drängender, und so geht es immer weiter. Wie ein Seismograph, der Erschütterungen tief unter der Erdoberfläche festhält, registriert Anton, Tag für Tag, wann und wie viel Achtung oder Missachtung ihm seine Umwelt entgegenbringt. Schlägt das Pendel einmal in Richtung »Achtung« aus, weil er einen lateinischen Text in der Schule besonders schön verfasst hat, fürchtet Anton, dass ein

Absturz nicht weit sein kann, und dieser Gedanke ist ihm so unerträglich, dass er ihn mit hochtrabenden Gedanken von einer ruhmreichen Zukunft zu verscheuchen versucht.

Aus dem Lateinunterricht nehmen ihn die Eltern bald wieder heraus – eine furchtbare Enttäuschung für den Jungen, der sich schon als berühmten Gelehrten gesehen hat! Statt (wie Anton träumt) zukünftig kluge Bücher zu schreiben oder welterschütternde Predigten zu halten, soll er jetzt zur Lehre bei einem Hutmacher in Hannover gehen, einem vierschrötigen Mann namens Lobenstein, der seinen neuen Lehrling zunächst mit Wohlwollen behandelt und ihm sogar eine Sonderstellung unter den Lehrlingen gewährt. Nach kurzer Zeit wendet sich das Blatt. Der Lehrmeister, ein fanatischer Pietist, wittert in seinem Lehrjungen, der in seiner herausgehobenen Rolle immer selbstbewusster wird, plötzlich den Teufel und lässt ihn nun zusammen mit den anderen Lehrburschen die schwersten Arbeiten verrichten. Nachts müssen die Jungen schwarz gefärbte Hüte aus dem heißen Färbekessel holen und anschließend in der aufgeschlagenen Öffnung eines zugefrorenen Flusses auswaschen, bis die Hände rau und blutig davon werden.

Sonntags besucht Anton die Kirche. Er ist tief ergriffen von dem, was er dort zu hören bekommt, und gewöhnt sich an, wortgetreue Nachschriften der Predigten anzufertigen. Ein Pastor, der davon erfährt, ist so sehr von dem Jungen beeindruckt, dass er ihm ein Stipendium für den Unterricht auf einem Gymnasium besorgt. Da dieses Stipendium jedoch nur das Schulgeld beinhaltet, aber nicht seinen Lebensunterhalt, und da Antons Vater erklärt, seinetwegen könne er ruhig zur Schule gehen, aber er solle nicht erwarten, dass er einen einzigen Pfennig Geld von ihm dazu bekomme, besorgt Antons Mentor eine mietfreie Unterkunft und so genannte Freitische – das bedeutet, dass Anton jeden Tag der Woche bei Privatleuten reihum zu Mittag essen darf. Beide Regelungen empfindet Anton als zutiefst entwürdigend, und das sind sie auch. Seine »Unterkünfte« sind kalte Kammern (oder nicht viel mehr als eine Ecke in einem

Zimmer), und an den meisten Freitischen zählt man, wie oft er die Gabel zum Mund führt. Er flüchtet sich in Träume von Ruhm.

Anton benötigt das Wünschen, um in der Realität überleben zu können. Aber keiner seiner Wünsche kann der Wirklichkeit standhalten. So bewegt er sich allmählich geradezu virtuos in seinem Kreis aus gigantischen Erwartungen und seelischen Abstürzen. Das Grundmuster ist dies: je härter die Realität, umso maßloser die Versprechungen, die Anton sich selbst gibt, und umso furchtbarer schließlich die Enttäuschung. Das Gefühl der Minderwertigkeit verlässt Anton immer nur noch dann, wenn er sich in seine großen Erwartungen zurückträumt. So dreht sich dieser Teufelskreis allmählich in vollendeter Perfektion.

Als älterer Schüler bekommt Anton einmal Gelegenheit, eine Rede anlässlich des Geburtstages der englischen Königin zu halten. Und das ist eine wirkliche Ehre. Personen von höherem Stand laden den jungen Redner zu sich nach Hause ein, man grüßt ihn auf der Straße, seine Klassenkameraden gehen zum ersten Mal respektvoll mit ihm um. An einem öffentlichen Aushang ist gar eine Abschrift der Rede angebracht, und die ganze Stadt steht davor und liest den Namen, der darunter steht: *Reiserus*, eine latinisierte Version seines Nachnamens, die würdevoller klingen soll als »Reiser«. Doch als der Ehrentag dann gekommen ist, regnet es in Strömen, und die Menge der Zuhörer ist kleiner, als Anton sich das vorgestellt hat. Der Euphorie folgt wieder einmal die Ernüchterung.

Durch Fleiß und Beharrlichkeit gelingt es Anton allmählich, sich eine höhere Bildung anzueignen, und weil Bildung im 18. Jahrhundert ein Statussymbol ist, steigt Anton damit auch in der Achtung seiner Umwelt. Aber sein Ehrgeiz bleibt auch jetzt grenzenlos, und er beschließt, seiner »glänzenden und schimmernden Zukunft« auf dem Weg der Schauspielerei näher zu kommen. Er träumt davon, den Hamlet zu spielen, oder Lear oder Goethes Clavigo, also davon, berühmte Gestalten zu verkörpern, denen er sich heimlich verwandt fühlt. Es scheint nur nahe liegend, dass er, dessen halbes Leben aus Phantastereien besteht, sich zur Bühne hingezogen fühlt, wo sonst könnte sein großer Wunsch nach Ruhm und Beifall erfüllt werden. Aber Antons erster Versuch, sich einer Schauspielkompanie anzuschließen, schlägt fehl. Er reist der Truppe hinterher, bekommt sogar eine Rolle versprochen, dann macht der Direktor einen Rückzieher. Anton kehrt ohne Geld nach Hause zurück, wieder ist ein Traum zerplatzt. Eine Weile studiert er in Erfurt, die Faszination der Schauspielerei ist ungebrochen. Dann schließt er sich zum zweiten Mal einer Schauspieltruppe an. Diesmal scheitert sein Plan daran, dass der Direktor der Truppe den gesamten Fundus verkauft und sich mit dem Geld aus dem Staub gemacht hat und die Truppe vor dem Nichts steht. Der Roman bricht an dieser Stelle ab.

In der Wirklichkeit, also im Leben des Karl Philipp Moritz, ging die Geschichte erfolgreich weiter: Moritz wurde Gymnasiallehrer, dann Professor an der Akademie der schönen Künste in Berlin, Mitglied der ehrenvollen Preußischen Akademie der Wissenschaften und schließlich Hofrat, und all diese sagenhaften Erfolge und Ehren wurden ihm zuteil, bevor er im Alter von 36 Jahren starb.

Doch auch wenn man diesen realen Hintergrund des *Anton Reiser* kennt, macht die Lektüre des Romans ratlos, denn er erzählt von einer Sehnsucht nach Erfolg ohne wirklichen Ausweg. Antons Wunsch nach »Ruhm« ist so gewaltig, dass die Realität darunter ständig zerbricht, als sei sie aus Streichhölzern gebaut. In der Phantasie gibt es immer noch Steigerungsmöglichkeiten, so wie in der Realität auch, nur in umgekehrter Richtung, denn man kann immer noch tiefer fallen. Für Anton sind seine Grenzen so oder so bald erreicht. Seine Psyche macht nicht mehr mit, und er erkrankt an dem, was heute als eine Depression diagnostiziert werden würde, zu der sich pathologische Minderwertigkeitsgefühle gesellen. Das ständige Auf und Ab dieser labilen Gefühlslage erzählt der Roman mit kühler Distanz und einem so unbestechlichen Blick in die Abgründe einer Seele, dass der

Leser gelegentlich an die Grenzen dessen stößt, was sich bei der Lektüre noch gut aushalten lässt.

Die gewaltigen Enttäuschungen und Verletzungen, die aus den gewaltigen Hoffnungen entstanden sind, hinterlassen ihre Spuren auf Antons Seele. Mit diesen Lasten seiner »Erfolgsgeschichte« bleibt Anton völlig allein. Im großen Projekt der schönen, glücklichen Zukunftsgestaltung für alle steht er irgendwann am Rand, ein unglücklicher Mensch, der überall Demütigung wittert, der sich von Kleinigkeiten verletzt sieht und den Verdacht hat, immer und überall zurückgesetzt zu werden. Zum Beispiel ist er tagelang niedergeschlagen, als einer seiner Privatschüler es wagt, sich von ihm zu verabschieden, bevor Anton sagen kann, *er* gehe jetzt.

Die Erfolgsgeschichte, die der Roman erzählt, ist in Wahrheit eine Tragödie des Scheiterns, und der begabte, ehrgeizige Junge, der es gegen alle Widerstände an die Universität und zu Ansehen gebracht hat, ist am Ende eher eine »gescheiterte Existenz« als ein Gewinner. Dies ist ganz allein sein Problem, denn nur für das *Gelingen* von Zukunft hatte sich das Projekt Aufklärung zuständig erklären können, nicht für das *Nichtgelingen*. Die Erfahrung des Scheiterns findet mit der Aufklärung ihr kleines, düsteres Gelass in der Psyche des Menschen, dort, wo man sie nur sehr schlecht sieht. Nachdem universelles Glück zur Maxime der Lebensführung geworden ist, wird Scheitern vollständig Privatsache. Es verbindet sich damit jetzt kein kollektives menschliches Erbe mehr, wie etwa Sünde, und der tiefe Fall einzelner Menschen ist auch keine unmittelbare Bedrohung der ganzen Gesellschaftsordnung, wie im Fall von Ödipus. Das Scheitern geht nur noch jeden Einzelnen etwas an. Zur selben Zeit richtet sich der Blick der Gesellschaft fest nach vorn, wo glückliche Menschen kraft ihres Könnens und ihrer Talente sich selbst und die Welt in grenzenloser Fortentwicklung entfalten dürfen.

Die Erfolgsgeschichte der Aufklärung *per se* war der Bildungsroman. Er handelte vom Erwachsenwerden eines jungen Mannes und zelebrierte die Fähigkeit des aufgeklärten Individuums,
etwas aus sich zu machen: seine Talente zu erkennen, aus Fehlern zu lernen und sich zu einer reifen Persönlichkeit zu entwickeln. Das Grundmuster des Bildungsromans war immer dasselbe; die Geschichte begann mit den jugendlichen Irrungen des
Helden, führte durch eine Phase von Auf und Ab und endete
mit der charakterlichen Festigung des Helden beim Eintritt ins
so genannte »Mannesalter«. Am Ende stand dem gereiften Protagonisten die ganze Welt offen. Der junge Mann hatte sich alle
kindischen Flausen selbst ausgetrieben: durch Selbstbildung. Er
hatte ein paar Illusionen verloren und aus seinen schmerzhaften
Enttäuschungen gelernt. Nun war er in der Lage, aus den Lehren und gewonnenen Einsichten zu schöpfen, um alle in Zukunft anstehenden Aufgaben souverän zu bewältigen. Der Held
des Bildungsromans würde ein zufriedenes Leben – und ein an-
gesehenes – führen und nicht zuletzt ein nützliches Mitglied der
Gesellschaft sein.

Der erste und berühmteste »Bildungsroman« des 18. Jahrhunderts ist Goethes *Wilhelm Meisters Lehrjahre*. Wilhelm, ein
Sohn aus gutem Hause, kehrt darin der Welt des respektablen
Bürgertums, in die er geboren worden war, den Rücken und beginnt eine Laufbahn als Schauspieler. Nach einer Reihe Erfolg
versprechender, aber schließlich ernüchternder Begegnungen
mit der Welt des Theaters und nach einigen Verirrungen in der
Liebe wird er Mitglied einer aufgeklärten Gemeinschaft und
findet dort auch die richtige Frau.

Der Roman, der dieses Muster umdreht (oder boykottiert), ist
Gottfried Kellers *Der Grüne Heinrich*, der Mitte des 19. Jahrhunderts erschien. Es ist die Geschichte eines gescheiterten Künstlers. (Den Namen trägt der Titelheld übrigens, weil er als Ju-
gendlicher einen grünen Anzug trägt, den seine Mutter ihm aus

der Uniform seines verstorbenen Vaters hat schneidern lassen.)
Heinrich will Maler werden, aber ihm fehlt die Begabung. Eigentlich könnte er das auch schon zu Beginn seiner vermeintlichen »Karriere« einsehen, aber statt sich dieser schmerzhaften Erkenntnis zu stellen, und weil seine Familie und seine Lehrer ihm eher zu- als abraten, tut Heinrich genau das Gegenteil dessen, was von einem aufgeklärten Individuum erwartet werden konnte. Sein »Selbstbildungsprozess« hat ironischerweise zur Folge, dass aus ihm ein vollendeter »gescheiterter Künstler« wird. Über Jahre verwendet er all seine Intelligenz und Energie darauf, eine Lebenslüge aufrechtzuerhalten: seinen Glauben, er sei ein Maler.

Als man Heinrich als Halbwüchsigen aus der Schule wirft, da man ihn für den Rädelsführer einer turbulenten, aber eigentlich ziemlich harmlosen Attacke auf einen Lehrer hält, beschließt er, eine künstlerische Laufbahn einzuschlagen. Er zieht eine Weile zu Verwandten aufs Land und beginnt dort, Landschaften und Pflanzen zu zeichnen. Halb scherzhaft, halb schmeichelhaft nennen seine Cousinen und Cousins ihn nun »den Maler«. Heinrich misst dieser Bezeichnung viel mehr Bedeutung bei, als sie ursprünglich hat, und beschließt heimlich, diesen Ruf nie wieder aufzugeben.

Doch dann regen sich schon die ersten Zweifel am Talent. Einmal, noch ganz am Anfang seiner »Künstlerlaufbahn«, geht Heinrich in einen Wald, um »nach der Natur« zu malen, so wie das im 19. Jahrhundert üblich war. Schon die Wahl des Motivs wird zum Problem, der Wald scheint undurchdringlich; stundenlang kann Heinrich sich für keinen Gegenstand entscheiden. Schließlich entdeckt er eine gewaltige Buche, und er beginnt, sie zu zeichnen. Nach den ersten Strichen erkennt er, dass das Bild kläglich missglückt.

Aber hastig und blindlings zeichnete ich weiter, mich selbst betrügend, baute Lage auf Lage, mich ängstlich nur an die Partie haltend, welche ich gerade zeichnete, und gänzlich unfähig, sie in ein Verhältnis zum Ganzen zu bringen, abgesehen von der

Formlosigkeit der einzelnen Striche. Die Gestalt auf meinem Papiere wuchs ins Ungeheuerliche, besonders in die Breite, und als ich an die Krone kam, fand ich keinen Raum mehr für sie und musste sie, breit gezogen und niedrig, wie die Stirn eines Lumpen, auf den unförmlichen Klumpen zwingen, dass der Rand des Bogens dicht am letzten Blatte stand, während der Fuß unten im Leeren taumelte. Wie ich aufsah und endlich das Ganze überflog, grinste ein lächerliches Zerrbild mich an, wie ein Zwerg aus einem Hohlspiegel, die lebendige Buche aber strahlte noch einen Augenblick in noch größerer Majestät als vorher, wie um meine Ohnmacht zu verspotten; dann trat die Abendsonne hinter den Berg und mit ihr verschwand der Baum im Schatten seiner Brüder. Ich sah nichts mehr als eine grüne Wirrnis und das Spottbild auf meinen Knien. Ich zerriss dasselbe, und so hochmütig und anspruchsvoll, wie ich in den Wald gekommen, so kleinlaut und gedemütigt war ich nun. Ich fühlte mich abgewiesen und hinausgeworfen aus dem Tempel meiner jugendlichen Hoffnung, der tröstende Inhalt des Lebens, den ich gefunden zu haben wähnte, entschwand meinem inneren Blicke, und ich kam mir nun vor wie ein wirklicher Taugenichts, mit welchem wenig anzufangen sei.

Dies wäre vielleicht der geeignete Zeitpunkt gewesen, sich von seinem Projekt für immer zu verabschieden, aber ganz so einfach ist es eben doch nicht. Die kläglichen Früchte seiner Kreativität werden von der Verwandtschaft zwar mit gutwilligem Spott quittiert, aber sein Onkel ermuntert ihn weiterzumachen, er werde ihm beim Studium der örtlichen Vegetation nach Kräften behilflich sein (der Onkel ist Förster). Und Heinrich ermuntert sich selbst und sagt sich: »Aller Anfang ist schwer.« Ein Schulmeister aus der Umgebung bringt seine Bedenken gegen Heinrichs Pläne vor, findet den Beruf zu unbürgerlich, spricht von brotloser Kunst – und lässt sich am Ende durch Heinrichs Begeisterung mitreißen. Einige Zeit bleibt immer noch ungewiss, was aus dem Jungen denn nun werden soll, dann besorgt Heinrichs Mutter ihm einen Ausbildungsplatz bei einem Kunsthändler. Dieser Fabrikant von Kitsch lässt in einem nahe gelegenen alten Kloster Lehrjungen Ansichten von Schweizer Landschaften kolorieren und verschickt die Bilder *en masse*; nebenbei wird erledigt, was an Aufträgen noch so ins Haus flattert: Portraits, Visitenkarten und Grabinschriften (mit Trauerweiden und weinenden Genien). Für ein Honorar erklärt sich der Kunstmaler gern bereit, Heinrich in zwei Jahren zum Künstler auszubilden.

Weil ihm dieser Lehrer natürlich kaum etwas beibringen kann, macht Heinrich sich schon nach Abschluss des ersten Lehrjahrs selbstständig und zieht jeden Morgen allein in die Natur. Schwer bepackt mit Malutensilien bricht er auf, sucht sich ein schönes Plätzchen, verspeist zuallererst den Proviant, den ihm seine Mutter mitgegeben hat, liest in einem mitgenommenen Buch, döst im Halbschatten und bleibt bis zur Dämmerung draußen. Um seinem Lehrer nach diesen Ausflügen in die Natur irgendetwas vorweisen zu können, zeichnet Heinrich halbherzig Naturbilder aus der Phantasie – was nach den damaligen Maßstäben der traditionellen Kunsttheorie als reinster Pfusch gilt. Dem Lehrer fällt dieser Betrug nicht auf, im Gegenteil, er ist tief beeindruckt von Heinrichs vermeintlichem Können und seinem Blick fürs Außergewöhnliche.

Er gratulierte mir zu meinen Entdeckungen und fand seine Aussprüche über meinen Eifer und mein Talent bestätigt, da ich hiermit beweise, dass ich unverkennbar ein scharfes und glückliches Auge für das Malerische hätte und Dinge auffände, an welchen tausend andere vorübergingen. Diese gutmütige Täuschung erweckte in mir eine üble Lust, dergleichen fortzusetzen und es förmlich darauf anzulegen, den guten Mann zu hintergehen. Ich erfand, irgendwo im Dunkeln des Waldes sitzend, immer tollere und mutwilligere Fratzen von Felsen und Bäumen und freute mich im voraus, dass sie mein Lehrer für wahr und in nächster Umgebung vorhanden erachten würde.

Heinrich ist kein großer Künstler. Er erkennt die Grenzen seiner Begabung sogar selbst, aber er macht sich und anderen etwas vor. Die Menschen, mit denen er zu tun hat, spielen arglos mit: die Mutter, die Verwandten und Freunde und sein Lehrer, sie ermuntern ihn und unterstützen ihn nach Kräften. Und immer wieder gibt es Hoffnung, die Karriere könnte doch noch glücken. Ein reisender Landschaftsmaler, der Heinrich beim Zeichnen in der Natur überrascht, bietet sich an, ihn zu unterrichten. Das Motiv für dieses Angebot ist, wie sich später herausstellt, eindeutig: Der Maler braucht dringend Geld, denn dass der Junge kein großes Talent ist, scheint auch der Maler Römer sofort zu sehen. Er wird eine Weile Heinrichs großes Vorbild, schließlich stand auch seine Karriere zunächst unter schlechten Vorzeichen. Wie Heinrich begann auch Römer in der Malschule eben jenes hoffnungslosen Kunstmalers, bei dem Heinrich mehr schlecht als recht ausgebildet worden ist, und zog dann weiter in die Länder der klassischen Kunstausbildung, nach Italien und Frankreich.

Dieses Zusammenspiel aus scheinbar glücklichen Fügungen, all diese moralischen, finanziellen und fachlichen Unterstützungen, die Heinrich über Jahre erhält, ermöglicht ihm seine »Karriere«, aber nicht die als Künstler, sondern als ein Meister des Selbstbetrugs. Statt anzuerkennen, dass er kein großer Maler ist – und nie einer werden wird –, gerät er immer tiefer in den Strudel eines Lebens, das auf Selbsttäuschungen basiert und neue Täuschungen produziert. Wie damals im Wald auf dem Zeichenpapier fertigt er im Laufe der Jahre ein Bild seines Lebens an, das immer schiefer wird, je länger er daran arbeitet. Natürlich geht das auf Dauer nicht gut. Mit zwanzig zieht Heinrich in die Kunststadt München, um dort als Maler zu arbeiten, lebt vom Geld, das seine Mutter ihm schickt, und verkauft in einem ganzen Jahr nur ein einziges Bild. Allmählich, als er sich bereits hoch verschuldet hat, wird ihm schmerzhaft bewusst, dass sein Lebensplan gescheitert ist. Aber den Entschluss, nun sein Leben irgendwie zu ändern, kann er nicht fassen. Heinrich hat jetzt jenen lähmenden Punkt erreicht, an dem die Änderung seines Lebens unausweichlich ist, an dem aber die Entmutigung wegen des Misserfolgs und die Scham über das eigene Scheitern schon so tief sitzen, dass er sich kaum zu bewegen wagt. Heinrich stellt sich selbst vor die Entscheidung, seine Karriere weiterzuverfolgen (aber viel energischer) oder sie zu beenden. Der Moment ist entscheidend. Er zeigt, dass ein Richtungswechsel angesichts eines schief gelaufenen Lebensplans etwas ganz anderes bedeutet als die Korrektur des Weges, wenn man sich verfahren hat. Die Veränderung kann nicht eben einmal leichtfertig vorgenommen werden, schon deshalb nicht, weil das Ziel ambitioniert war. Darin liegt das Drama des Scheiterns, das die Rede vom »Scheitern als Chance« so elegant wie wenig hilfreich umschifft, weil sie nicht hinter die Kulissen blickt: Wer scheitert, muss sich sofort entscheiden, obwohl er sich momentan gerade dazu gar nicht in der Lage befindet.

Heinrichs Lage erforderte, dass er sich nun allen Ernstes in seinem erwählten Berufe an ein Ziel bringe, entweder seine eingetretene Mutlosigkeit und Täuschung in der Wahl, wenn dieselbe eine vorübergehende war, überwinde oder, wenn er sich darüber klar gemacht, mit raschem Entschlusse ein anderes Bestimmtes ergreife, ehe noch mehr Jahre ins Land gingen. Allein eben zu diesem Entschlusse noch irgend einen hatte er durchaus keine Wahl, weil er sich zu dieser Zeit an Erfahrung und Umsicht tausendmal ärmer fühlte, als früher, da er ein bescheidenes, aber sicher begrenztes Ziel verfolgt hatte.

Erst als seine finanzielle Lage ganz hoffnungslos geworden ist, versucht Heinrich durch Gelegenheitsarbeiten genug Geld zusammenzubekommen, um zurück in seine Vaterstadt zu gelangen. Nachdem er dort auf Umwegen angekommen ist, erfährt er, dass seine Mutter inzwischen in großer Armut gestorben ist, und ihm wird klar, dass er selbst den größten Anteil an ihrer Not trägt. Auf den letzten Seiten des Romans zeigt sich noch, dass

Heinrich durch einen Zufall zu einem kleinen Erbe gekommen ist (ein Trödler, dem er ein paar seiner Bilder verkauft hatte, hat ihm sein Geld vermacht), doch sein Leben nimmt darauf keine plötzliche glückliche Wendung. Heinrich stirbt, sang- und klanglos, desillusioniert und gescheitert.

Warum geht Heinrichs Leben schief? Die Antwort darauf ist einfach: weil er sich einbildet, ein Künstler zu sein, und weil er viel zu wenig Talent und die falschen Berater hat. Aber eine ganz andere Frage ist diese: Warum geht seine Lebenslüge so lange gut? Die Antwort darauf ist nicht so ganz einfach.

Als Schüler gerät Heinrich ein Buch in die Hände, in dem die Rede von der Schönheit der Natur, von Ruhm, Glück und *Genie* ist. Der große »Geniekult«, der gegen Ende des 18. Jahrhunderts die soziale Rolle des Künstlers extrem aufgewertet hatte, ist zu Heinrichs Jugendzeit zwar schon vorbei, aber das Wort übt immer noch Magie auf den Jungen aus. Die Idee vom begnadeten Künstler schlägt ihn in ihren Bann, Heinrich wird von ihr regelrecht verführt. Sie eröffnet ihm von Stund' an ungeahnte Möglichkeiten – aber diese Möglichkeiten sind keine realen Aussichten. Die Idee vom Genie ist für Heinrich nur dies: die Möglichkeit, an eine viel versprechende eigene Zukunft zu glauben.

Das Genie war die letzte große Erfindung der Aufklärung, quasi das Tüpfelchen auf dem i: idealerweise ein gottähnlicher Mensch, der über so außerordentliche Begabungen verfügte, dass sie ihm unermessliche Schöpferkraft verliehen. Ein Genie wurde nicht erzogen, sondern kam als Genie zur Welt. Dort, wo Normalsterbliche hinabsteigen mussten, um das Beste aus ihren mittelprächtigen Begabungen und Talenten zu machen, würde man es nie antreffen, denn die Niederungen des Fleißes, der Ausdauer, der Übung waren ihm fremd. Das Genie schuf mühelos, kraft der ihm verliehenen besonderen Gaben, und brachte auf diese Weise einzigartige, unvergleichliche Werke zustande. Was es erschuf, war überwältigend neu, anders und ungewohnt und auf eine überraschende Weise gekonnt. Zu einer

Zeit, in der man das Schöne in der Kunst von tradierten Regeln ableitete, die vorschrieben, wie eine gute Tragödie oder ein gutes Landschaftsbild aufgebaut sein musste, um als Kunst durchzugehen, war es dem Genie gestattet, diese Fesseln zu sprengen. Shakespeare, den das Zeitalter des Barocks nicht einmal mit spitzen Fingern angefasst hatte, wurde jetzt aus der Versenkung geholt und in England und Deutschland frenetisch als das Genie *per se* gefeiert. Den Zeitgenossen galten die Dramen zwar irgendwie als chaotisch, ruppig und stellenweise sprachlich ziemlich ungehobelt, aber eben deshalb auch als faszinierend ursprünglich und (frei nach Rousseau) als Werke eines reichlich aus seinen natürlichen Gaben schöpfenden Individuums, das es nicht nötig gehabt hatte, sich an Regeln zu halten. Voltaire allerdings brachten die formalen Verstöße des elisabethanischen Dramatikers noch derart in Rage (es kamen Menschen aus dem Volk in zentralen Rollen darin vor! Es herrschte nicht die Einheit von Ort und Zeit!), dass er wütete, Shakespeares Tragödien seien die Werke eines »betrunkenen Barbaren«. Den Zeitgeist beeindruckten Voltaires Anti-Shakespeare Tiraden überhaupt nicht, denn Shakespeare war ein »Original-Genie«. Dies war die Rolle, in der Heinrich sich verloren hatte.

Kant definierte in seiner *Kritik der Urteilskraft*, was ein Genie sei, und stellte zunächst fest, die Haupteigenschaft des Genies sei seine Originalität, also Einzigartigkeit.

Man sieht hieraus, dass Genie 1) ein *Talent* sei, dasjenige, wozu sich keine bestimmte Regel geben lässt, hervorzubringen: nicht Geschicklichkeitsanlage zu dem, was nach irgend einer Regel gelernt werden kann; folglich dass *Originalität* seine erste Eigenschaft sein müsse.

Das Konzept hatte damit aber einen Haken, denn wenn Einzigartigkeit die Haupteigenschaft des Genies war, konnte theoretisch jedes (einzigartige) Individuum in den Verdacht geraten, genial zu sein. Das sollte natürlich nicht sein. Nicht jede Kreativität, die von den gängigen Regeln abwich, ging deshalb gleich als genial durch. Jener Baum, wie ihn Heinrich gemalt hatte, entsprach zwar keiner bekannten Regel und war sicher einzigartig, aber eben überhaupt nicht genial. Auch Kant kam also unverzüglich auf den neuralgischen Punkt der Genie-Idee zu sprechen und schränkte ein: Das Genie muss sich zwar selbst an keine Regeln halten, aber es muss in seinen Werken so außerordentlich gut sein, dass es anderen zum Vorbild dienen kann. Bei Kant lautete dies so:

> 2) Dass, da es auch originellen Unsinn geben kann, seine Produkte zugleich Muster, *d.i. exemplarisch* sein müssen; mithin, selbst nicht durch Nachahmung entsprungen, anderen doch dazu, d.i. zum Richtmaße oder Regel der Beurteilung, dienen müsse.

Hieraus ergab sich aber sofort ein drittes logisches Problem. Denn wenn für das Genie keine Regeln mehr galten, woher sollten dann die Regeln kommen, die es durch seine Werke *anderen* vorgeben würde – wenn nicht allein aus dem Künstler selbst? Der begnadete Maler, Dichter oder Komponist setzte sich die Maßstäbe des Geschmacks und des Schönen ja selbst. Das bedeutete, dass er im Grunde tun und lassen konnte, was er wollte – aber es erklärte noch nicht, wieso sein besonderes Schaffen dann stilbildend für andere sein konnte. Kant erklärte: Im Prinzip war das Genie wirklich frei zu schaffen, was und wie es wollte – aber insgeheim gehorchte es dabei einer höheren Autorität: der »Natur«. Das Genie war quasi deren verlängerter Arm und stand seinem eigenen Können selbst ahnungslos gegenüber. Es schuf qua angeborener Begabung aus sich heraus, ohne dabei so recht zu wissen und beeinflussen zu können, was es tat. Es konnte selbst nicht sagen, nach welchen Kriterien es arbeitete, und die neuen Maßstäbe, die es setzte, wusste am wenigsten es selbst zu benennen. Kant schrieb:

3) Dass es, wie es sein Produkt zustande bringe, selbst nicht beschreiben oder wissenschaftlich anzeigen könne, sondern dass es als Natur die Regel gebe, und daher der Urheber des Produkts, welches er seinem Genie verdankt, selbst nicht weiß, wie sich in ihm die Ideen dazu herbei finden, auch es nicht in seiner Gewalt hat, dergleichen nach Belieben oder planmäßig auszudenken.

Die Aufklärung hatte mit dem Genie eine moderne Rolle erfunden, die keine klaren Grenzen mehr hatte. Für das Genie galten keine Beschränkungen; es war frei von der Tradition der Kunst, die vorschrieb, was schön war und was nicht, und es existierte mit seinen besonderen Gaben auch außerhalb der Ordnung der Stände. Weder in der Kunst noch im Leben war das Genie beschränkt – und so verkörperte es nicht nur eine Person mit einem unendlichen kreativen Potential, sondern auch eine prekäre Rolle. Denn für das Genie gab es keine objektiven Regeln im Außen; es musste die Kriterien für das Gelingen in sich selbst suchen, aber es konnte dabei selbst nicht wissen, was es tat. Dieses ungewisse Territorium der außergewöhnlichen Begabung bot den idealen Nährboden für Fehleinschätzungen und für Selbsttäuschungen. Was war genial, und was war nur neu und ungewohnt, aber alles andere als genial, weil hässlich und zu nichts zu gebrauchen? Die ungeschriebene Geschichte der »gescheiterten Genies«, die an sich selbst scheiterten, wie der Grüne Heinrich, und der »verkannten Genies«, die an der Gesellschaft scheiterten, so wie die Ikone aller verkannten Künstler, Vincent van Gogh, zeugt von der Schwierigkeit, große (oder vermeintlich große) Begabungen richtig einzuschätzen.

Mittlerweile ist die Rede vom Künstler-Genie ganz aus der Mode gekommen, wenn wir von »Genie« sprechen, meinen wir Höchstbegabte, und darunter fallen, anders, als das Kant vorstellbar war, nicht nur Künstler, sondern auch Naturwissenschaftler. Gar nicht verschwunden aber ist die Idee des einzigartigen, ungebundenen Individuums, das ein gewaltiges kreatives Potential in sich trägt. Wir sind zwar keine Genies im Sinne des 18. Jahrhunderts, aber deren Nachkommen, denn wir tragen ein unerschöpfliches Reservoir an Ideen und Fähigkeiten in uns, die nur darauf warten, zum Ausdruck zu kommen. Während Kant das Genie noch als ausschließliche Eigenschaft des (männlichen) Künstlers verstand und betonte, ein Wissenschaftler wie Isaac Newton könne nicht als Genie gelten, weil Kant sich noch nicht vorstellen konnte, dass auch die Naturwissenschaft kreativ sein kann, dürfen wir längst auf allen Ebenen kreativ werden, und nichts und niemand soll uns in unserem Einfallsreichtum und unserer Schöpferkraft hindern. Lehrer sollen auf die Kreativität der Kinder bauen, wenn sie ihnen Mathematik nahe bringen, US-Luftwaffenpiloten sollen im Training lernen, Notsituationen kreativ zu lösen (bloße Intelligenz hilft da nicht, weil sie nur auf Bekanntes zurückgreift), und selbstverständlich sollen Manager beim Problemelösen Kreativität spielen lassen.

Unser Vertrauen in das kreative Potential jedes Menschen ist eine der unschätzbaren Hinterlassenschaften der Aufklärung. Aber wie die meisten richtig guten Dinge hat auch die Kreativität eine Schattenseite. Wer kreativ ist, kann scheitern. Vielleicht an sich selbst, weil die Begabung nicht ausreicht oder weil die Idee ein Flop ist, vielleicht aber auch an der Umwelt, weil der gute Einfall seiner Zeit einfach hoffnungslos voraus ist.

Es gibt einen kleinen Lichtblick aus dieser traurigen Einsicht. Denn seit den Zeiten des Grünen Heinrichs gibt es unterschiedliche Möglichkeiten, auch *mit dem Scheitern kreativ* umzugehen. Davon handelt das nächste Kapitel.

Scheitern verwandeln

Auffallen statt Fallen: Bohemiens

In den dreißiger Jahren des 19. Jahrhunderts entsteht in Paris eine Lebensform, die das ehrgeizige Ziel verfolgt, völlige Unabhängigkeit von Besitz und Karriere zu demonstrieren. Ihre Vertreter sind Künstler und im Geiste Romantiker, darunter die beiden Schriftsteller Théophile Gautier und Gérard de Nerval, beide Söhne aus gutbürgerlichem Hause, die anders leben wollen als ihre Väter. Ihr Motiv ist Langeweile und ein wenig Lebensekel, ihre Ambition geht erstaunlicherweise nach unten, in Richtung Absturz. Der kleine Kreis der Dichter und Maler trifft sich regelmäßig im Pariser Atelier eines befreundeten Malers, und fortan spielen seine Mitglieder die Rolle der von der Gesellschaft Ausgestoßenen. Sie vergleichen sich mit den bohémiens (franz.: Zigeuner), weil sie wie diese frei und bindungslos leben, auf Haus und Hof und sonstigen Besitz verzichten und es durch ihren unkonventionellen Lebensstil darauf anlegen, die Missachtung der etablierten Schichten auf sich zu ziehen. Das Mittelmäßige im Leben der Bourgeoisie ödet sie an, deren Ziele kommen ihnen schal vor; sie selbst suchen die Provokation, und durch ihre expressive Lebensform machen sie auch keinen Hehl daraus. Sie tragen Bärte und langes Haar, weil der Bürger sich rasiert, sie möblieren ihre ausgesucht ärmlichen Wohnungen mit verschlissenem Mobiliar und halten darin sorgfältig Unordnung, sie kleiden sich schlampig und extravagant (jedenfalls nach damaligen Vorstellungen: kirschrote Westen zu schwarzen Samtjacken, breitkrempige Hüte, lose gebundene Krawatten). Sie verabscheuen das Mittelmaß und suchen auch in ihrer permanenten Gefühlslage den Abgrund. Sie dichten über Einsamkeit, Hoffnungslosigkeit und Selbstmord und kultivieren nach Möglichkeit eine blassgrüne Gesichtsfarbe, wobei sich regelmäßige kollektive Besäufnisse als äußerst hilfreich erweisen. Sie sympathisieren mit denen, die an den Rand der Gesellschaft verbannt worden sind, den Prostituierten, Kriminellen, und »Vagabunden«, und sehen sich selbst als Außenseiter und Geächtete.

Diese Söhne aus gutem Hause *stilisieren* ihre Existenzen als ungesichert. Wirkliche existenzielle Bedrohungen kennen sie nicht. Ihr Leben in Armut und Verzweiflung ist eine bloße Attitüde, eine Mischung aus jugendlichem Leichtsinn, romantischem Idealismus und Kritik an bürgerlichen Werten. Während sie zwischen pittoreskem Gerümpel zwanglose Künstlerpartys feiern, tragen sie die Rückfahrkarten in die bürgerliche Welt in den Innentaschen ihrer samtenen Gehröcke. Aber gerade deshalb vermag das selbstbewusste Kokettieren mit den Insignien der »gescheiterten Existenz«, die diese Vertreter der ersten Boheme vorleben, bei nachfolgenden Generationen enorme Faszination auszuüben. Und so taucht mit der Figur des Bohemiens eine Lebensform auf, die sich der Erfahrung des Scheiterns auf höchst eigenartige Weise freiwillig stellt. Er scheint darin keine Bedrohung zu sehen, sondern eher einen ästhetischen Reiz.

In den folgenden Jahrzehnten wird das Leben im Künstlermilieu zum Ideal auch für weniger begüterte junge Männer mit kreativen Neigungen und einem Hang zu ambitionierter Selbstverwirklichung. Der intellektuelle Kick der Lebensweise liegt ausgerechnet darin begründet, dass es sich um eine Existenz am Abgrund handelt, und jeder, der sich auf ein Leben als Bohemien einlässt, weiß das auch. Für die Kunst nimmt man Entbehrungen auf sich. Die Schäbigkeit der Kleidung, der ständige Geldmangel und die chronische Erfolglosigkeit können mit erhobenem Haupt getragen werden, wenn man sich für das abgerissene Outfit und das Leben auf Pump frei entschieden hat.

Manche Bohemiens betreiben mit ihrer Verlotterung geradezu einen Kult.

Im Umfeld der mit dem Scheitern kokettierenden, aber letztlich gegen allzu tiefe Stürze gut abgefederten Bürgersöhne der ersten Stunde erwächst allmählich auch wirkliches Elend. Die viel versprechenden Künstler, die im Quartier Latin in Paris hungern, frieren und in Obdachlosenunterkünften schlafen, weil sie ihre Mansardenwohnungen nicht mehr bezahlen können, bekommen zu spüren, dass das Leben der Boheme nur dann pittoresk ist, wenn man jederzeit daraus zurückkann. Die scheinbar einfache Rechnung lautet: Setze dir ein hohes Ziel (sprich: die Kunst), subtrahiere davon die Fallhöhe (sprich: lebe als Bohemien), und das Ergebnis lautet: Du kannst nicht fallen. Aber diese Gleichung geht nicht immer auf. Für einige der Maler und Dichter hat der erstaunliche Versuch, sich zu einer Existenzform zu bekennen, die *per definitionem* völlig ungesichert ist, dramatische Folgen. Manch gescheiterter Künstler landet auf der Straße und geht an Entkräftung und Krankheiten zugrunde.

Das Spiel mit einem Leben an der Grenze zwischen totaler Selbstverwirklichung und totalem Absturz blieb trotzdem attraktiv – insbesondere dann, wenn man es als ein Durchgangsstadium begreifen konnte, das irgendwann überwunden war, möglichst noch vor dem 30. Geburtstag. 1851 veröffentlichte der Bohemien Henri Murger eine Sammlung von Geschichten über das Leben der Boheme, *Szenen aus dem Leben der Boheme*. Murger kannte das Milieu, über das er schrieb, und da er aus ärmlichen Verhältnissen stammte, hatte er auch dessen weniger malerische Seiten zu spüren bekommen, die ständige Geldnot und den notorischen Misserfolg. In seinen Erzählungen überzog er die harte Realität dann allerdings mit dem süßlichen Firnis eines »heiteren Elends«, und popularisierte auf diese Weise das Bild vom ärmlichen, aber glücklichen Künstlerleben. In seinen Erzählungen leben vier Künstler sorglos ohne Geld und Erfolg und mit wechselnden Geliebten in den Tag hinein, sie sind unzuverlässig, denn wenn sie Geld haben, bezahlen sie davon nicht ihre Schulden, sondern geben für alle anderen eine Runde aus. Wenn ihnen ihre Wohnung gekündigt wird, komponieren sie in einem plötzlichen Anflug von Schaffenskraft ein Lied, statt sich um eine neue Bleibe zu kümmern. Sie leben, wie einst nur die Aristokratie, ständig über ihre Verhältnisse und auf Pump, doch niemals wird die wirtschaftliche Not zur realen Bedrohung, denn wenn das Heizmaterial ausgeht, verheizt man munter das Mobiliar oder – in kaum noch zu überbietendem Größenwahn – das eigene Manuskript. Für Murger bedeutete der enorme Erfolg seines Buches seine Eintrittskarte ins Bürgertum, und die Episoden dienten später als Grundlage für das Libretto zu Puccinis Oper *La Boheme*.

Murgers Kitsch vom farbenfrohen Elend des Künstlerlebens verwandelte die Boheme in den Augen ihrer ärgsten Feinde, den Verfechtern bürgerlicher Tugenden, in einen Zustand, nach dem man sich insgeheim sehnen konnte und den man gleichzeitig auch als Provokation empfand. Der Bohemien lebte in völliger Verantwortungslosigkeit, er arbeitete nicht für seinen Unterhalt, er lebte nicht in einer Ehe, sondern hatte Affären mit Prostituierten, er machte Schulden und dachte nicht daran, sie je zu bezahlen – und das Erstaunlichste war, dass er auf rätselhafte Weise gegen die drängende Not seiner Existenz immunisiert wirkte. Er liebte, lebte, trank und feierte, verzichtete auf alles Mögliche, und er blieb stets frohen Mutes dabei.

Das wirklich Erstaunliche an diesem hemmungslos verklärenden Bild ist nun allerdings, dass sogar noch etwas Wahres daran war. Jenseits aller Anekdoten von Zuckerguss-Armut und feuchtfröhlichen Künstlerfesten verkörperte die Boheme eine Lebensform, die mit dem Misserfolg, der Armut und der existenziellen Bedrohung *anders* umgehen konnte, als das unter normalen Vorzeichen der Fall war.

Für den angehenden Künstler ohne Geld, Ruhm und mit ungewisser Aussicht auf Erfolg schuf das Milieu der Boheme einen außergewöhnlich sicheren Rahmen. In den zugigen Mansardenwohnungen, den Künstlerateliers und den Bierkellern des

Quartier Latin war der freie Fall nicht mehr *ein freier Fall*, sondern eine ziemlich stabile Lage. In gewisser Weise bewegten sich die Bohemiens durch die Gesellschaft des 19. Jahrhunderts wie Astronauten im All: fallend, aber schwerelos. So wie Astronauten in Richtung Erde fallen, aber durch ihre gegenläufige Eigenbewegung im Orbit gehalten werden, so fing die Bohemiens das Bewusstsein ihrer Überlegenheit als Repräsentanten der Kunst auf. Ihr wildes, extrem beschleunigtes Leben jenseits der Konventionen hielt die Bohemiens gewissermaßen auf ihrer Umlaufbahn, der Kunst. Der kompromisslose Glaube an ein Leben für die Kunst und ihr geistiges Nomadentum mobilisierte in ihrem Umfeld eine Art Gegenschwerkraft, die sie vor ganz tiefen Abstürzen schützte, obwohl gleichzeitig alle Härten eines Lebens in Armut und Verzweiflung ganz real auf sie einwirkten und sie durchaus spürbar nach unten zogen. Sie fielen, und fielen doch nicht. »Ich packte die Fetzen meines Lebens und nähte sie mit denen anderer zusammen; wenn ich Lust bekam, so lachte ich, wenn demütigende Erinnerungen mir durch Mark und Bein fuhren, so knirschte ich mit den Zähnen«, beschrieb der Bohemien Jules Vallès den wackeligen Boden, auf dem er stand, aber er tat das immerhin mit einer Verve, zu der eben nur ein Bohemien in der Lage war.

Der Bohemien verwandelte die »gescheiterte Existenz« in eine ästhetische Lebensform, denn mit dem richtigen Blick auf die Welt, mit dem richtigen (schlampigen) Outfit wurden sogar die finanzielle Misere, die berufliche Erfolglosigkeit oder ein katastrophales Liebesleben irgendwie reizvoll. Seine innere Haltung, sein Blick auf die Welt, die ihn nicht wollte (aber die *er* auch nicht wollte), adelten den Bohemien in seinem Elend. Ganz egal, wie arm, erfolglos und chronisch knapp bei Kasse der Lebenskünstler dann tatsächlich war, er befand sich in jedem Fall auf einem Plateau, von dem es sich sogar noch auf jene herabblicken ließ, die sich vom Scheitern hatten kalt erwischen lassen: auf die Bürgerlichen, die andere Ziele verfolgt hatten (aus Sicht des Bohemiens: *banalere)* und dabei auf die Nase gefallen waren.

Man muss den Bohemien nicht mögen, und man kann die Überheblichkeit, mit der er sich von den »Spießern« abgrenzt, die das Scheitern einfach überfällt, sogar belächeln, aber man muss ihm eines schon lassen: Es gibt keine geschicktere Weise, sich vor dem möglichen Scheitern zu schützen, als es von vornherein in die eigene Lebensweise zu integrieren. Die Künstler im Pariser Quartier Latin, so wie später die Maler und Dichter in den Künstlermilieus von New York, Berlin, Zürich, München und vielen anderen Städten der Welt, manövrierten sich selbstbewusst ins Off und erhoben das Nichtarriviertsein zum Nonplusultra.

Mittlerweile sind uns verschiedene Abwandlungen dieses Modells der Lebensführung aus den Jugendkulturen des 20. Jahrhunderts vertraut: In den 50er Jahren des 20. Jahrhunderts traten die Beatniks das Erbe der Boheme an und schmückten sich mit sämtlichen Attributen eines verkorksten Lebens. Sie hatten kein Geld, offenbar auch keine Zukunft, waren unfähig zu dauerhaften Beziehungen, konsumierten Drogen und übernahmen lieber Gelegenheitsjobs anstelle fester Anstellungen. In den 70ern taten es ihnen die Hippies nach, in den 80er Jahren waren es die Punks oder die Aussteiger, und wenn heute die Fantastischen Vier rappen »Bevor wir fallen, fallen wir lieber auf«, wissen wir, was sie meinen, und finden das schon längst nicht mehr provokant, sondern ganz originell, und hören im nächsten Moment schon nicht mehr hin. Aber weil uns das Lebensmodell der Bohemiens mittlerweile kaum noch beeindrucken kann, können wir auch leicht übersehen, wie außergewöhnlich und auch wie *raffiniert,* die Erfindung der Figur des Bohemiens ursprünglich war.

Als die ersten Bohemiens zu Beginn des 19. Jahrhunderts zum ersten Mal aufgetaucht waren und sich zu einem Leben bekannten, das man unter »normalen« Umständen eigentlich nicht wollen konnte, hatten sie noch völliges Neuland betreten. 1830 gab es weder schrille Künstlerenklaven in Großstädten noch Jugendkulturen, noch Aussteigerrollen. Die Bohemiens waren aus der Gesellschaft ausgebrochen, sie hatten eine neue Rolle erfunden und dabei die Unterscheidungen der sozialen Schichten ignoriert. In den Ateliers oder Kneipen trafen sich die Söhne (und später auch die Töchter) aus Kleinbürgertum und Aristokratie, um einen Lebensstil zu zelebrieren, der mit den herkömmlichen Messlatten des beruflichen Erfolgs und des sozialen Status nicht zu bewerten war. Mit ihrer Kleidung, ihren Bekanntschaften aus der Halb- und Unterwelt und ihrer frei gewählten Armut demonstrierten sie den anderen: der Absturz, der euch ängstigt, den zelebrieren wir. Darin lag – und liegt – die Faszination ihrer Lebensform.

Aber das virtuose Spiel mit der Existenz an der Grenze war ein riskantes Spiel auf Zeit. So wirksam das Leben als Bohemien gegen konventionelle Begriffe von Erfolglosigkeit, Scheitern und Versagen schützte, so schnell war dieser Schutz dann auch abgetragen. Der *alternde* oder der *alte* Bohemien war eine lächerliche oder tragische Figur. Mit dem Alter nahm auch das Tempo im Orbit der Kunst ab, und aus der ehemaligen Provokation wurde eine demütigende Existenz, die von anderen belächelt wurde.

Die dauerhaft Erfolglosen schützte also irgendwann auch nicht mehr der Glaube an die Kunst oder an die eigene Individualität vor der bittersten Misere. Nur als Übergangsstadium war die Boheme reizvoll, und nicht zuletzt deshalb hat das Modell vor allem in den Jugendkulturen des 20. Jahrhunderts überlebt. Das Leben der Boheme suggerierte eine verführerische, aber letztlich trügerische Überlegenheit; der Versuch, dem Scheitern ein Schnippchen zu schlagen, indem man so tat, als habe man es gewollt, ging auf Dauer immer schief. Am Ende blieb auch dem Bohemien, der mit seiner Lebensform versucht hatte, den Ehrgeiz und das Erfolgsstreben des Bourgeois zu überlisten, nichts weiter übrig, als selbst lieber etwas *mehr* als weniger erfolgreich zu sein.

Es musste noch andere, bessere, Möglichkeiten geben, das

Scheitern zu verwandeln, um die Angst davor von sich abzuwenden.

Die Latte hoch legen, dann darunter hindurchgehen: Dada und Samuel Beckett

Im Februar 1916 trafen sich in einer Kneipe in Zürich einige Schriftsteller und Maler und veranstalteten einen Kulturabend. Zwei Sängerinnen sangen französische und »dänische« Chansons, der Dichter Tristan Tzara sagte rumänische Verse auf, die er sich während des Vortrags aus seinen Hosentaschen zusammensuchte, ein Balaleika-Orchester spielte russische Volkstänze und -lieder. Die Veranstaltung ging als das *Cabaret Voltaire* in die Kunstgeschichte ein und markierte die Geburtsstunde des *Dada*.

In den folgenden Wochen ging es weiter, und während die Darbietungen noch verhältnismäßig konventionell begonnen hatten, wurden sie nun immer bizarrer. Hugo Ball, der Gastgeber des »Cabaret Voltaire«, sagte so genannte »Lautgedichte« auf, Verse aus Phantasiewörtern ohne semantischen Sinn. An einem Abend stand er bis zu den Hüften in einer blauen Pappröhre auf der Bühne, um die Schultern trug er ein aus Pappe gefertigtes, innen rot- und außen goldfarbenes Cape und auf dem Kopf einen blau-weiß gestreiften Zylinder. Da er sich in seiner starren Pappkonstruktion natürlich nicht bewegen konnte, musste er auf die Bühne getragen werden. Dort aufgestellt wie eine Mischung aus Zauberer und Litfaßsäule, begann er feierlich zu skandieren: »Gadji beri bima glandridi laula lonni cadori...«, und klang dabei, als hätten Reklamebotschaften angefangen durcheinander zu sprechen.

Andere Künstler präsentierten an verschiedenen Abenden »Simultangedichte« und lasen gleichzeitig aus verschiedenen Texten, sodass niemand ein einziges Wort verstehen konnte, erst recht nicht, wenn zwanzig Vortragende zur selben Zeit sprachen. Zur Untermalung des Ganzen wurden Melodien und »Anti-Melodien« gespielt. Auf anderen Veranstaltungen wiederum wurde ununterbrochen eine Trommel geschlagen. An den Wänden hingen statt konventioneller Ölgemälde Collagen aus Papierschnipseln und Abfall.

Was inzwischen, ein knappes Jahrhundert später, ein wenig an den unbeschwerten Dilettantismus der Darbietungen auf Abiturfeiern erinnert, wurde eine der einflussreichsten Bewegungen in der Kultur des 20. Jahrhunderts. Dada veränderte die Perspektive auf die moderne Welt. Niemand konnte später genau sagen, woher der Name eigentlich stammte. Angeblich hatte Babysprache dafür Pate gestanden, und »Dada« sollten die ersten Worte einer neuen Kunst im 20. Jahrhundert sein. Andererseits erinnerten Mitglieder der Bewegung daran, dass »dada« auf Rumänisch »Jaja« und auf Französisch »Steckenpferd« hieß, und erklärten, Dada sei eine Art internationale Kultursprache, die jeder sprechen könne.

Dada entstand, als die moderne Welt in Trümmern lag. 1916 war das katastrophale Ausmaß des Ersten Weltkriegs bereits für jeden zu erkennen, und die Exilanten, die sich in Zürich begegnet waren und dort Dada erfanden, waren Künstler, die den Versuch unternahmen, den ungeheuerlichen Zerstörungen des Krieges etwas entgegenzusetzen. Alle alten Sicherheiten der europäischen Tradition waren in den Schützengräben des Ersten Weltkrieges zertrümmert worden. Die Panzer, Granaten, die Bomben und die Maschinengewehre, diese neuen Technologien der Kriegsführung, die im Ersten Weltkrieg zum ersten Mal eingesetzt wurden, jagten Häuser und Bäume, Straßen und Menschen in die Luft und verwandelten ganze Landstriche in albtraumhafte Trümmerlandschaften mit Kratern, Ruinen und verkohlten Baumgerippen, in denen menschliche Körperteile hingen. Menschlichkeit, Fortschritt, Vernunft als Werte, auf die das Abendland seit der Aufklärung stolz war, schienen zusammen mit dem Rauch über den Schlachtfeldern in Luft aufgegangen zu sein.

Auf grauenhafte Weise schien die Moderne des anbrechenden 20. Jahrhunderts durch den Krieg in Szene gesetzt worden zu sein. Denn seit den letzten Jahrzehnten des 19. Jahrhunderts war die westliche Kultur von tief greifenden technologischen und kulturellen Veränderungen erfasst worden. Jeder hatte diese grundlegenden Veränderungen im Alltag wahrnehmen können, und Künstler und Intellektuelle hatten versucht, sie mit Worten und Bildern zu benennen. Sie brachten ihre Beobachtungen in der Malerei, Dichtung und Philosophie zum Ausdruck und beschrieben die Beschleunigung des Lebens, die Abwendung von Traditionen, die Neuordnung von sozialen Hierarchien, die Fragmentierung der Welt in der Wahrnehmung des einzelnen Menschen und das Gefühl einer existenziellen Unsicherheit. All diese Erfahrungen der Moderne schienen nun noch einmal zum Ausdruck zu kommen: in Form der grässlichen Fratze des Krieges.

Die alte Ordnung der traditionellen europäischen Gesellschaft hatte sich aufgelöst, und der Krieg führte das auf allen Ebenen vor Augen. Ein Indiz für die Umwälzungen der sozialen Welt war nun auch beispielsweise, dass das Militär Uniformen in Tarnfarben trug: Die alte militärische Uniform, einst eines der Prestigeobjekte der aristokratischen Kultur, weil sie den gesellschaftlichen Rang ihres Trägers unmissverständlich zum Ausdruck brachte, hatte nun genauso ausgedient wie die Ständehierarchie. Nun trugen Soldaten und Offiziere im Feld Schlammfarben, und die neuen militärischen Hierarchien kamen gewissermaßen genauso gut getarnt daher wie die schlecht erkennbaren Hierarchien der modernen Gesellschaft.

Im wahrsten Sinne des Wortes zeigte sich an der Front, dass die Moderne ihre Grenzen neu und anders zog. In der Vergangenheit hatte man die Sieger des Krieges daran erkannt, dass sie die Stellung gehalten hatten. Die Befehlshaber hatten dafür sorgen müssen, dass die Kampflinie nicht zurückwich und dass jeder Soldat dort blieb, wo sie ihm befohlen hatten, Stellung zu beziehen – genauso wie das von ihm an seinem Platz in der Gesellschaft erwartet werden konnte. Aber im Ersten Weltkrieg kollabierte das Konzept dieser unflexiblen Front, denn es konnte der Zerstörungskraft moderner Waffen nicht mehr standhalten. Zwar befahlen traditionsbewusste Generäle in den ersten Monaten des Krieges ihren Soldaten immer noch, die Kampflinie zu halten, und waren damit unter anderem auch für die gewaltigen Verluste auf den Schlachtfeldern verantwortlich, doch allmählich setzte sich eine andere Strategie durch. Die Front wurde natürlich immer noch verteidigt, aber sie verlief nun auf drei Ebenen: Es gab die vorderste Front, an der gekämpft wurde, ungefähr zweihundert Meter dahinter verliefen die Schützengräben, in denen die Soldaten wochen- und monatelang in ausgehobenen Erdlöchern lebten, und noch etwas weiter dahinter verlief eine dritte Reserve-Linie. Doch diese Ordnung des Krieges vermochte kaum darüber hinwegzutäuschen, dass der Krieg längst alle Grenzen überschritten hatte. Die Künstler in Zürich hatten dies erkannt. Ihre Antwort darauf war Dada. »Kaputt war sowieso alles, und es galt, aus den Scherben Neues zu bauen«, erklärte später der Dadaist aus Hannover, Kurt Schwitters.

Als Dada in Zürich in die Welt geschickt worden war, hatte einer der Begründer der Bewegung, Richard Huelsenbeck, eine Art Gründungsdokument verlesen, worin stand: »Wir wollen die Welt mit Nichts ändern, wir wollen die Dichtung und die Malerei mit Nichts ändern, und wir wollen den Krieg mit Nichts zu Ende bringen. Wir stehen hier ohne Absicht, wir haben nicht einmal die Absicht, Sie zu unterhalten oder zu amüsieren.« Die Künstler waren sich ihrer beschränkten Mittel nur zu sehr bewusst. Sie lebten als Emigranten im neutralen Zürich, während um sie herum das zivilisierte Europa in die Luft flog, und sie wollten tatsächlich mit Kunst gegen den Krieg kämpfen? Das war lächerlich! Was ließ sich mit den Mitteln der Kunst schon gegen die Gewalt des Krieges tun? *Nichts.*

Und Dada tat nun genau das: Nichts. Die Künstler drehten

den Spieß einfach um und erklärten: Eigentlich ist *alles* möglich, wenn man die Latte nur hoch genug hängt – und dann darunter hindurchgeht. Und aus Schuhsohlen, Straßenbahntickets, Scheuerlappen, Abrechnungen, Bindfaden und Butterbrotpapier wurde Kunst, und aus Wortfetzen wurde Poesie. Zweifellos: Dada war ein ziemlich ehrgeiziges Unterfangen.

Mit den Zerstörungen des Krieges waren für die Dadaisten auch die Anstrengungen der Vergangenheit gestorben, bedeutende Kunstwerke zu schaffen. Ihre eigenen Werke waren Bilder und Texte aus dem Treibgut nach einem Schiffbruch: Collagen aus Papierschnipseln, Zeitungsresten, Flugblättern, Stofffetzen, Holzteilen und Müll. Ihre Sprache bestand aus Wortfetzen und Lauten. Aber hinter einer Provokation eines »Gedichtzyklus« mit dem Titel »Die Hyperbel vom Krokodilchauffeur und dem Spazierstock« stand der unerschütterliche und romantische Glaube an die Fähigkeit des Menschen, auch noch aus dem Kaputten, dem Wertlosen, dem Zerstörten etwas Besonderes zu erschaffen. Die Künstler des Dada zelebrierten den Zufall, for-

cierten den Fehlschlag und hörten dem Rauschen zu. Sie lösten die Grenze zwischen perfekter Welt und Scheitern auf und bewegten sich in einer Welt, in der das Missratene, Absurde und das Wertlose dazu da war, in etwas ganz anderes verwandelt zu werden. Mit expressionistischer Verve erklärte das berühmteste aller dadaistischen »Manifeste« aus dem Jahr 1918: »Die höchste Kunst wird diejenige sein, die in ihren Bewusstseinsinhalten die tausendfachen Probleme der Zeit repräsentiert, der man anmerkt, dass sie sich von den Explosionen der letzten Woche werfen ließ, die ihre Glieder immer wieder unter dem Stoß des letzten Tages zusammensucht.«

Die Nachwehen des Dada reichen bis in die Gegenwartskunst und -kultur. Eine der Faustregeln der Kunst des 20. Jahrhunderts lautet, dass ein intelligentes Understatement größere Aussichten auf Erfolg hat als allzu dick aufgetragene Selbstüberhöhung. Das Monumentale, gar der Drang nach Vollendung wirken in der darstellenden Kunst, in der zeitgenössischen Literatur und auf der Bühne schnell ziemlich peinlich. Mit Vorliebe thematisieren Gegenwartskünstler also das Unfertige und beziehen auch die Spuren eines abgebrochenen Arbeitsprozesses in ihre Arbeiten mit ein. Wir haben als Betrachter deshalb so große Schwierigkeiten, diese Kunst zu verstehen oder gar »schön« zu finden, weil sie uns, natürlich absichtlich, mit einer Idee oder einem Konzept konfrontiert, das erst gar nicht ausgeführt worden ist. Etwas ratlos stehen wir dann also in der Galerie der Gegenwart notorisch vor kreativen Baustellen, hören aus irgendwelchen Ecken kratzende und schabende Geräusche, sehen auf flimmernde Videobildschirme und blicken auf das offensichtlich Nichtgelungene, das den Anspruch, gelungen zu sein, überhaupt nie gehabt hat. Wir sehen Abstraktionen von Absichten und gescheiterten Ausführungen. Ein Student der Photographie erzählte mir, dass er in einem Seminar in Arbeitsgruppen Videofilme gedreht habe. Die Vorgabe der Professorin lautete, dass die Filme der Studenten später Teil einer größeren

Arbeit werden sollten. Der Student habe sie gefragt, was denn passiere, wenn die Filme nicht gut werden, ob sie die dann auch verwenden würde? Die Professorin habe gelacht und geantwortet, ja, natürlich, darum gehe es doch bei dem Projekt: aus dem Material, das da ist, etwas entstehen zu lassen.

Samuel Beckett war kein Dadaist, aber wie die Dadaisten misstraute er den Möglichkeiten der Kunst. Er war der Ansicht, dass beinahe alle Versuche, mit den Mitteln der Kunst etwas aussagen zu wollen, zwangsläufig zum Scheitern verurteilt waren. Für Beckett war die Sprache der Literatur eine renitente Angelegenheit, ein widerspenstiger Gegenstand. Sie widersetzte sich den Absichten des Dichters ständig, nie würde sich das Eigentliche mit ihr ausdrücken lassen. Wenn sich mit der Kunst nichts oder nicht viel sagen ließ, dann war es nur konsequent, dies erst gar nicht zu versuchen. Und wenn in Becketts Texten also ständig der poetische Ausdruck (scheinbar) kollabiert, dann ist dies Ausdruck dieses tiefen Zweifels an den Möglichkeiten der literarischen Sprache. Deshalb finden wir bei Beckett merkwürdig »missratene« Sätze, wie diese Reihung aus seinem Roman *Watt*: »Hier stand er. Hier saß er. Hier kniete er. Hier lag er. Hier bewegte er sich, hin und her, von der Tür zum Fenster, vom Fenster zur Tür; vom Fenster zu der Tür, von der Tür zum Fenster.«

Beckett betrachtete die Literatur, die er selber schrieb, als eine Literatur, die ständig mit ihrem eigenen Unvermögen zu kämpfen hat. Dies brachten auch seine Theaterstücke zum Ausdruck, die sich permanent ihr eigenes Scheitern eingestehen müssen. Die Figuren, die aneinander vorbeireden oder den Eindruck machen, als würden sie drauflos plappern, was ihnen gerade einfällt, die zähe Dramaturgie, in der alles *fehlt*, was man von einem klassischen Theaterstück erwartet, und die Ästhetik des Mangels thematisieren wieder und wieder Becketts Überzeugung, dass in der Kunst letztlich nur Scheitern möglich ist. »Immer versucht. Immer gescheitert. Einerlei. Wieder versuchen. Wieder scheitern. Besser Scheitern«, lautet sein berühmtes Diktum, und es steht sinnbildlich für sein gesamtes Schaffen als Schriftsteller – oder für die Vorstellung, die er selbst davon hatte.

Wenn Beckett, jener letzte große Star der Avantgarde, sich selbst als *scheiternd* bezeichnete, war das keine Koketterie. Er, der das Theater des 20. Jahrhunderts so maßgeblich veränderte wie kein anderer, meinte nämlich nicht: Er selbst, *als Künstler*, sei gescheitert, etwa, weil er vielleicht zu unbegabt gewesen sei oder etwas nicht verstanden habe, oder weil er ständig Fehler machte und so weiter. Beckett meinte: Es ist schier unmöglich, sich als Künstler der modernen Kunst stellen zu wollen, und dabei nicht irgendwie zu scheitern. Die Kunst sei ein Medium, das sich gegen die Absichten des Künstlers immer sträuben werde. Aber Beckett machte trotzdem Kunst. Er nahm das Scheitern und schrieb ein Theaterstück, dem man das Scheitern ansah, dann nahm er das Scheitern wieder auf und schrieb wieder ein Theaterstück, dem man wieder das Scheitern ansah, dann betrachtete er das Scheitern erneut und von einer anderen Seite und machte wieder etwas daraus. Und damit war er, wie wir ja wissen, am Ende ziemlich erfolgreich.

Wir können etwas von Beckett lernen, wenn wir jene Maxime der Moderne anwenden, die besagt, dass jede Lebensäußerung eine der Kunst sei und jede Äußerung in der Kunst eine über das Leben. So wie Beckett nicht als Künstler scheiterte, scheitern wir nicht, weil wir zu dumm, zu unfähig oder zu faul sind, in siebzig bis achtzig Jahren eine astreine Biographie hinzulegen. Wir scheitern, weil die moderne hyperkomplexe Welt äußerst sperrig gegenüber dem Versuch ist, in ihr ungebrochen erfolgreich zu sein. Es gibt darin Erwartungen, Ansprüche, Unausweichlichkeiten, endlose Möglichkeiten, Zufälle, Ungerechtigkeiten, Glück, und all das und vieles mehr können wir genauso wenig jederzeit Punkt für Punkt miteinander koordinieren und im Griff behalten, wie Hamlet das konnte.

Aber es gibt noch die berühmte andere Seite der Medaille: Dieselbe komplizierte Welt, die uns vor die permanente Zumutung stellt, scheitern zu können, kann diese Erfahrung bereits in ganz anderem Maß tolerieren, als das vor fünfzig oder hundert Jahren und in weniger komplizierten Gesellschaftsstrukturen je der Fall gewesen wäre. Unsere Welt hält Abweichung viel besser aus, und sie ist dazu in der Lage, gerade *weil* sie so komplex ist. Ödipus musste aus der Gesellschaft verstoßen werden, weil im antiken Griechenland niemand wusste, wo man jemanden sozial verortet, der so dramatisch gegen die Ordnung und Ehrbegriffe der Gesellschaft verstoßen hatte wie jener bedauernswerte König von Theben. Hamlet musste sterben, weil er so modern dachte, dass er aus dem ideologischen Sumpf seines maroden Dänemarks mit dessen merkwürdigen atavistischen Konzepten wie Blutrache und männlicher Ehre hervorstach wie eine Orchidee aus einem Misthaufen. Sogar der arme Grüne Heinrich wurde von Gottfried Keller auf der letzten Seite des 900-seitigen Romans sang- und klanglos aus dem Verkehr gezogen, weil im starren Moralkodex der bürgerlichen Gesellschaft ein tief greifender Lebensirrtum wie der Heinrichs durch nichts wieder gutzumachen war.

Unsere Gesellschaft ist da toleranter. Zugegeben, in der Alltagskommunikation ist davon noch kaum etwas zu spüren, wir behandeln das Scheitern immer noch mit jener Mischung aus Grauen und Faszination, die schon das antike Publikum ins Theater trieb. Aber der tiefe Fall ist längst nicht mehr das schreckliche Schicksal herausragender Tragödienhelden. Die Erfahrung des Scheiterns ist die unserer Nachbarn, Familienmitglieder, Freunde, Kollegen und unsere eigene. Das Scheitern gehört zu unserem Leben dazu, so wie Beckett fand, dass es ein unauflöslicher Teil seiner Kunst war.

Wir müssen deshalb noch lange nicht so asketisch sein wie Beckett und seine reduzierten Figuren. Wo Beckett aber hilfreich ist: er hat eine Sichtachse durch das Dickicht des modernen Lebens geschlagen. Die ist zwar ziemlich schmal, aber diese veränderte Perspektive hat das Zeug, uns einen völlig neuen Horizont zu eröffnen. Wenn wir um unser Scheitern wissen und sagen können: immer versucht, immer gescheitert, einerlei, wieder versuchen, wieder scheitern, besser scheitern, dann brauchten wir allmählich immer weniger Angst vor dem Scheitern zu haben, und dann müssen wir auch nicht ständig in heller Aufregung davor wegrennen. Es liegt nämlich ein gewaltiger Unterschied darin, ob man sagt: »Scheitern, um Erfolg zu haben«, oder ob man sagt: »Besser scheitern.« Nur im zweiten Fall hat das Scheitern aufgehört, eine Bedrohung für das Leben zu sein.

Das eigene Leben wahrnehmen: Virginia Woolf

Der Erste Weltkrieg ist gerade vorbei, London erwacht an einem Sommertag zu neuem Leben. Die moderne Zivilisation ist zur Normalität zurückgekehrt; auf den Straßen sieht man schon wieder schön gekleidete Frauen, ein Flugzeug brummt über den Köpfen der Passanten und schreibt eine Werbebotschaft in den Himmel. Zwischen Buckingham Palace und Westminster Abbey herrscht reger Automobilverkehr, Menschen gehen ihren Tagesgeschäften nach. So beginnt Virginia Woolfs Roman *Mrs. Dalloway*.

Peter Walsh, Mitte fünfzig, Militärbeamter des Britischen Empire, ist nach Jahren der Abwesenheit aus Indien nach London zurückgekehrt, um seine Scheidung zu regeln. In Indien hat er sich in die 24-jährige Frau seines Vorgesetzten verliebt, und er wird diese Daisy wohl heiraten, obwohl die ganze Angelegenheit eine Katastrophe ist. Für ihn bedeutet sie vorerst das Ende seiner beruflichen Laufbahn, auch wenn er in den Kolonien nur einen unbedeutenden Posten bekleidet hat. Für Daisy wird die Ehe mit Peter Walsh wahrscheinlich die Trennung von ihren beiden Kindern aus erster Ehe zur Folge haben, da die Scheidungsgesetze das so vorschreiben.

An jenem Junivormittag besucht Peter Walsh Clarissa Dalloway. Clarissa, ebenfalls um die fünfzig, Frau eines erfolgreichen Politikers und Mutter einer erwachsenen Tochter, lebt im vornehmen Stadtteil Kensington und verkehrt in den obersten Kreisen der Londoner *Society*. Sie ist berühmt für ihre eleganten Empfänge, und am Abend wird sie wieder die Gastgeberin für einige Mitglieder der *Upper Class* spielen. Angehörige des Hochadels werden ihre Gäste sein, sogar der Premierminister wird erwartet. Clarissa hat Blumen besorgt, das Personal ist damit beschäftigt das Silber zu putzen, Clarissa bringt gerade eine Kleinigkeit an ihrem Abendkleid in Ordnung, als ihr das Dienstmädchen ankündigt, sie habe Besuch.

Dreißig Jahre zuvor waren Peter Walsh und Clarissa ein Liebespaar, dann verliebte sich Clarissa in den freundlichen, unkomplizierten Richard Dalloway. Peter ging mit gebrochenem Herzen nach Indien und heiratete noch auf der Überfahrt eine Mitreisende. Nun trennen Peter und Clarissa äußerlich Welten: Clarissa verfügt über alle Insignien einer Dame der oberen Kreise der Gesellschaft; Peter steht vor den Trümmern seines Lebens. Nicht nur, dass er und Daisy es unter den gegebenen Umständen schwer haben werden, miteinander glücklich zu werden, vielleicht muss Peter nun auch seinen früheren Rivalen Richard Dalloway um einen neuen Posten in London bitten.

»Ja«, sagte Peter. »Ja, ja, ja«, sagte er, als zöge sie etwas an die Oberfläche, das ihm geradezu wehtat beim Heraufkommen. Schweig! Schweig!, hätte er am liebsten gerufen. Denn er war noch nicht alt; sein Leben war noch nicht vorbei; keineswegs! Er war gerade erst fünfzig vorüber. Soll ich es ihr erzählen, dachte er, oder nicht? Er hätte es sich gern von der Seele geredet. Aber sie ist zu kalt, dachte er; näht, sitzt da mit ihrer Schere; Daisy würde recht gewöhnlich aussehen neben Clarissa. Und sie würde mich für einen Versager halten, und das bin ich auch, in ihrem Sinn, dachte er; im Dalloway'schen Sinn. O nein, er zweifelte gar nicht daran, er war ein Versager; verglichen mit all dem – den Marketerietischen*, dem silberbeschlagenen Papiermesser, dem Delphin und den Kerzenleuchtern, den Sesselüberzügen und den wertvollen englischen Farbstichen – was für ein Versager! Wie zuwider mir das Geschniegelte des Ganzen ist, dachte er; Richard ist schuld daran, nicht Clarissa; abgesehen davon, dass sie ihn geheiratet hat. (Da kam Lucy ins Zimmer, brachte Silber, noch mehr Silber, aber sie sah reizend aus, schlank anmutig, dachte er, als sie sich bückte, um es abzustellen.) Und das ist die ganze Zeit so gegangen!, dachte er; Woche um Woche; Clarissas Leben; während ich – dachte er; und sogleich schien alles von ihm auszustrahlen: Reisen; Ritte; Streitigkeiten; Abenteuer; Bridgepartien; Liebesaffären; Arbeit; Arbeit; Arbeit!, und er zog ganz unverhohlen sein Taschenmesser hervor – sein altes Taschenmesser mit den Hornschalen, von dem Clarissa hätte schwören können, dass er es schon dreißig Jahre besaß, – und schloss die Faust darum.

Wie fast alle Dichter der Moderne verfügte auch Virginia Woolf über einen ausgeprägten Sinn für die Möglichkeit, jederzeit selbst als Künstlerin scheitern zu können (übrigens einschließlich der handfesten Befürchtung, zu wenig zu verdienen, um die laufenden Kosten zu bezahlen). Vor allem aber hatte sie, wie kaum ein anderer Dichter der Avantgarde, ein äußerst feines Gespür für die Brüchigkeit moderner Lebensläufe. »Im oder rund um Dezember 1910 veränderte sich der menschliche Charakter«, lautet eines ihrer bekanntesten Zitate, und in allen ihren Romanen fragte sich Woolf, was es für »das Leben« jedes einzelnen Menschen denn jetzt bedeute, in einer Zeit zu leben, die so völlig anders war als das Jahrhundert zuvor; einer Zeit, in der alle moralischen, sozialen und ideologischen Gewissheiten ver-

* Tisch mit Einlegearbeit aus Holz

loren gegangen waren und neu definiert werden mussten. Für die große Ästhetin der Literatur des 20. Jahrhunderts hatte »*life*«, das moderne Leben, eine künstlerische Dimension bekommen: Sie betrachtete es als einen unendlichen Prozess des permanenten Neu-Schaffens und Neu-Erfindens. In einzelnen, immer flüchtigen Wahrnehmungen zerbrach das Leben jedes Menschen von Moment zu Moment, um im selben Augenblick durch eine neue Beobachtung oder eine neue Empfindung weiterzugehen und bereichert zu werden. Diese schwer zu greifenden Wahrnehmungsprozesse, die Menschen einzigartig machen, interessierten Woolf am Leben – an dem ihrer Romanfiguren wie auch an ihrem eigenen.

Blicke nach innen, und das Leben, so scheint es, ist weit von jenem »so sein« entfernt. Prüfe nur einen Augenblick ein gewöhnliches Bewusstsein an einem gewöhnlichen Tag. Das Bewusstsein empfängt eine Unzahl von Eindrücken – triviale, phantastische, flüchtige oder wie mit einem scharfen Stahl gestochene. Von allen Seiten kommen sie, ein unaufhörlicher Schauer unzähliger Atome; und wie sie da fallen, wie sie sich zum Leben am Montag oder Dienstag formen, fällt der Akzent anders als früher, der Augenblick der Bedeutsamkeit kam nicht hier, sondern da.

Dieses Zitat stammt aus Woolfs Essay *Moderne Romane*. Wie der französische Philosoph Henri Bergson war Woolf der Meinung, dass Gefühle und Wahrnehmungen ihre eigene, unverwechselbare Qualität haben. Bergson hatte gegen Ende des 19. Jahrhunderts die Theorie aufgestellt, dass jede Wahrnehmung und jedes Gefühl in der Selbstwahrnehmung eines Menschen unterschiedlich empfunden werden und für jeden Menschen auch etwas anderes bedeuten. Er wandte sich damit gegen eine zeitgenössische These, die behauptet hatte, Sinnesreize und die daraus resultierende Empfindung seien mathematisch zu berechnen. Bergson zeigte, dass es keinen Sinn macht, Glück, Verzweiflung, Enttäuschung oder Überraschung quantitativ messen zu wollen, weil sie natürlich nicht nur in jedem Menschen anders aussehen, sondern weil sie auch durch völlig unterschiedliche Dinge oder Situationen hervorgerufen werden. Dieselbe Situation, die an dem einen spurlos vorbeigeht, kann bei einem anderen eine innere Unendlichkeit von Glücksgefühlen oder tiefe Verzweiflung hervorrufen.

Wie Bergson erklärte auch Woolf: »Lebensqualität« entsteht im Inneren jedes einzelnen Menschen. Die Psyche des Menschen kennt geheime Qualitäten der Welt, von der in der Außenwelt niemand eine Ahnung haben kann.

In dem Gelärm und Getriebe, den Pferdedroschken, Autos und Omnibussen, den Lieferwagen, den Plakatmännern, den wandelnden und wackelnden, den Blechmusikern; den Drehorgeln; dem Jubilieren und Klingen und dem seltsamen hohen Singsang eines Flugzeuges hoch oben – in alledem war, was sie liebte: das Leben; London; dieser Augenblick im Juni.

So begleiten wir Clarissa Dalloway am Vormittag auf dem Weg zum Blumenhändler: In einem einzigen kurzen Moment nimmt sie das Großstadtleben in sich auf, und das Alltägliche, all das, was sonst kaum beachtet vorbeizieht, bekommt plötzlich eine ganz eigene Schönheit und verwandelt sich in ein tiefes Glücksgefühl. Für Woolf liegt in solchen Momenten die wahre Bedeutung des Lebens; in solchen Momenten werden Menschen am lebendigsten. Woolf sah die Aufgabe der modernen Literatur darin, diese Vielschichtigkeiten sichtbar zu machen. In all ihren Romanen gibt es daher Figuren wie Clarissa, die über eine geradezu körperliche Durchlässigkeit für Eindrücke und Empfindungen verfügen. In kurzen, vergänglichen Momenten gelingt es ihnen dann, die Bedeutung und Qualität ihres eigenen Lebens zu empfinden. »Das Leben« spielt sich immer dort ab, wo sich zeigt, was es für den Einzelnen bedeuten kann, und nicht dort, wo es irgendetwas nach außen repräsentiert. Es gibt kein objektives Maß dafür.

Woolf liebte London, so wie Clarissa Dalloway, sie unternahm endlose Spaziergänge durch die Stadt, und nicht zuletzt deshalb schrieb sie mit dem Roman eine Hommage an die englische Metropole. Aber die Großstadtszenen eigneten sich auch hervorragend, um sichtbar zu machen, was Woolf zeigen wollte: die unendliche Vielfalt der Schattierungen des modernen Lebens. Hier, an einem sommerlichen Vormittag in Westminster, werden Menschen in einem kurzen Moment gebündelt, aber im Innenleben jedes Passanten bekommt derselbe Moment eine ganz unterschiedliche Tonlage, eine eigene Farbe, eine andere Intensität. Eine Limousine bleibt mitten im Verkehr liegen, die Jalousien sind vor die Fenster gezogen (ob die Königin darin sitzt?), alle Passanten drehen sich danach um; das Werbeflugzeug surrt über ihren Köpfen, Männer und Frauen blicken in den Himmel, versuchen, die Werbebotschaft zu entziffern (und lesen alle etwas anderes), denken an den Krieg, das Commonwealth, an ihre Einkäufe, an unerfüllte Sehnsüchte (Hatte sie sich nicht schon immer danach gesehnt, fremde Länder zu sehen?, denkt die alte Mrs. Dempster). Solche Szenen sind wie der Blick durch ein Kaleidoskop, eine minimale Veränderung des Blickpunkts erzeugt ständig neue Bilder, und dabei sieht man Bruchteile aus dem Leben unterschiedlichster Menschen. Aber, halt, hier höre ich auf, denn es ist geradezu unmöglich, der Intensität von Woolfs Texten durch bloße Beschreibung gerecht zu werden. Die Autorin schafft es in solchen Episoden, die Einzigartigkeit des Glücks (oder Unglücks) durch die Sprache selbst entstehen zu lassen, und wie ihr dieses Wunder gelingt, wie sie so nah wie möglich an »das Leben« herangeht, ohne dabei die nötige Distanz zu verlieren, muss man am besten selbst lesen.

Was das Leben an jenem Junisommertag ausmacht, sind nicht englische Farbstiche, Silbermesser und Upperclass-Partys. Die

Qualität des Lebens bei Woolf hat überhaupt nichts mit konventionellen Erfolgsvorstellungen oder Status zu tun. Gegenüber klassischen Siegertypen hegte sie sogar ein tiefes Misstrauen (das ein bisschen an das Erbe der Bohemiens erinnert). Entsprechend schlecht kommt das einzige Exemplar dieser Spezies in *Mrs. Dalloway* auch weg: der rasend intelligente, aber erschreckend gefühlskalte Psychiater Sir William Bradshaw, der eine Bilderbuchkarriere hinter sich hat. Er trägt denselben Namen wie die damalige Bezeichnung des englischen Eisenbahnfahrplans, der »the Bradshaw« hieß. Aber Lebenswege wie Eisenbahnfahrpläne waren nicht das, was Woolf Bewunderung abrang. Es war die Fähigkeit, die Einzigartigkeit jedes eigenen Lebens immer wieder neu wahrzunehmen.

Nachdem Peter Walsh, dieser selbst erklärte »Versager«, seinen Besuch bei Clarissa beendet hat, macht er sich auf einen Spaziergang durch London. Niemand außer Clarissa weiß, dass er in London ist, niemand wartet auf ihn, er lässt sich einfach mit dem Strom der Passanten treiben, und wir sehen ihm dabei zu. Als er das Haus verlässt, ist er genervt und gekränkt von Clarissas elitärer Upperclass-Distanziertheit und empfindet dagegen plötzlich umso mehr das Glück, mit Mitte fünfzig ganz unvernünftig verliebt zu sein. In Gedanken mokiert er sich über Clarissas Gebaren – ihre Art zu sprechen, ihre Konventionalität. Aber dann weicht sein Groll allmählich einer ganz anderen Empfindung: seiner Liebe zu Clarissa. Ihm fällt ein, dass sie kürzlich sehr krank gewesen ist, und er spürt, wie unerträglich ihm der Gedanke ist, sie könne sterben. – Ein kleiner Trupp von Pfadfindern marschiert an Peter Walsh vorbei, ihre Munterkeit macht ihm arg zu schaffen – er selbst wird alt, er kann mit ihnen nicht mehr Schritt halten! Am Trafalgar Square stehen die Statuen der großen Kriegshelden Englands; als er selbst noch im Pfadfinderalter war, waren sie einmal seine großen Vorbilder, nun tun sie ihm Leid, die armen großen Helden, mit ihren steinernen Holzbeinen. – Und plötzlich empfindet er seine Fremdheit in London, ein Gefühl, das wunderbar befreiend ist – Indien ist weit entfernt (und Daisy!), und Peter ist ein Abenteurer in einer fremden Kultur, ohne Bindungen, ohne soziale Verpflichtungen, wie ein junger Mann. Er heftet sich an die Fersen einer hübschen Passantin, folgt ihr zwei, drei Straßen weit, bis sie in einem Haus verschwindet, und spinnt sich in Gedanken ein erotisches Abenteuer aus, das seinen größten Reiz darin hat, eine Phantasie zu sein. – Peter erreicht Regent's Park, er setzt sich auf eine Bank und zündet sich eine Zigarre an, sieht den Gouvernanten zu, die mit ihren Schützlingen in den Park gegangen sind, so wie vor fünf Jahrzehnten seine Gouvernante mit ihm in Regent's Park spazieren gegangen ist, und während er dies denkt, schläft Peter ein. Peter, der »Versager«, der vor unseren Augen lebendig geworden ist, der Mann, der mit Mitte fünfzig in eine 24-Jährige verliebt ist und der auch Clarissa immer noch liebt, dem das Älterwerden zu schaffen macht, wie jedem Mann über fünfzig, und den das Alter immerhin vor ein paar Torheiten der Jugend schützt. Und in dem Gelärm und Getriebe, den Pferdedroschken, Autos und Omnibussen, den Lieferwagen, den Plakatmännern, den wandelnden und wackelnden, den Blechmusikern; den Drehorgeln; dem Jubilieren und Klingen und dem seltsamen hohen Singsang eines Flugzeuges hoch oben, hat die Unterscheidung zwischen Gewinnern und Verlierern aufgehört, irgendeine tiefere Bedeutung zu haben.

Charlies heimliche Macht über das Scheitern: Chaplin

Die Bohemiens, Dada und die Avantgarde hatten den konventionellen Blick auf das Scheitern verändert – sie hatten es ästhetisiert, sie hatten es zum einzig möglichen Maßstab des Handelns gemacht und ihm den Stachel genommen. Dann transportierte Charlie Chaplin das von der Angst befreite Scheitern in die Massenkultur.

Niemand hat das Scheitern so unnachahmlich in Szene gesetzt wie Chaplin in Gestalt der Figur *Charlie*, der Tramp. Jeder kennt sie, jeder kann sie vor sich sehen: den kleinen Bowlerhut auf dem Kopf, die viel zu enge Jacke über der schlotternden Hose, die großen, ausgetretenen Schuhe, das Stöckchen. Mit nach außen gestellten Füßen watschelt Charlie eine Straße hinunter und sieht dabei merkwürdig würdevoll aus, wirbelt das Stöckchen ein paarmal herum, als sei nichts einfacher als dies, und dann zieht er mit der Geste verbindlichster Höflichkeit den Hut vor dem Polizisten, der soeben im Begriff steht, ihn aufgrund einer Verwechslung festzunehmen.

In den zwanziger Jahren stand der Tramp aus Pappe oder Sperrholz vor amerikanischen Kinos und verkündete den Vorbeigehenden: »Ich bin heute Abend hier.« Und das Publikum kam und schaute zu, wie er gegen Treppen, Türen und Vorgesetzte kämpfte und wie ihm dabei immer alles danebenging, und es lachte Tränen. Für die etwas mehr als sechzig Minuten Film, in denen Charlie versuchte, sich wie alle anderen in der Welt zu bewegen, und doch nur immer wieder mit dem Ellenbogen in der Suppe landete, war die Notwendigkeit aufgehoben, an das Funktionieren der Welt zu glauben und an die Rationalität von Leistung und Erfolg.

Keine Treppe, die Charlie nicht hinauf- oder hinunterfiel, kaum eine Tür, die sich für ihn nicht irgendwie als tückisch entpuppte, kein Eimer, der nicht Unheil für ihn bedeutete, kein Stuhl, der ihn nicht zum Stolpern brachte, kein Auto, kein Apparat, an dem er nicht scheiterte. Kein Mädchen, in das Charlie sich verliebte, vor dem er sich nicht schrecklich blamierte. Alles ging immer schief, die Karriere, die Liebe, das ganze Leben. Charlie, die Figur, die Chaplin zu Beginn des 20. Jahrhunderts für den Film erfand, war eine Enttäuschung für die moderne Welt, in der jeder seines Glückes Schmied zu sein hatte, und in der man die Dinge nur anpacken musste, um erfolgreich zu sein. Aber diese Welt, in der sich der Wert eines Menschen daran bemisst, wie erfolgreich er ist, war umgekehrt auch eine Riesenenttäuschung für Charlie, denn ganz egal, was er in die Hände nahm – es lief nicht so, wie es sollte.

Es gibt eine unglaublich komische Szene in *Moderne Zeiten* (1936). Charlie wacht eines Morgens auf, er hat in einer Hütte neben einem Gewässer geschlafen, nun tritt er vor die Tür, rekelt und streckt sich, in sichtlich freudiger Erwartung eines erfrischenden Bades. Er dehnt noch einmal die Arme über dem Kopf, nimmt Anlauf von einem kleinen Steg, macht, schwupps, einen Hechtsprung ins kühle Nass und – landet in einer Pfütze. Der »See« ist gerade mal 20 Zentimeter tief. Diese Welt hält nicht das, was sie zu sein vorgibt.

Modern Times, Chaplins Abrechnung mit der Unmenschlichkeit im Arbeitsleben eines modernen Industriearbeiters, trägt im Vorspann den Untertitel: »Eine Geschichte von Fleiß, Unternehmungsgeist und freiem Wettbewerb« über »die Menschheit auf der Suche nach dem Glück«. Chaplin spielt darin einen glück- und erfolglosen Fabrikarbeiter, der, im wahrsten Sinne des Wortes, zwischen die Räder der industriellen Gesellschaft gerät. Das Bild, in dem Chaplin durch das überdimensionale Räderwerk einer gigantischen Phantasiemaschine gedreht wird, gehört inzwischen wohl zu den bekanntesten Ikonen der Filmgeschichte.

Charlie, der Fabrikarbeiter, der Schrauben im Akkord festdrehen muss, erleidet an seinem Fließband einen Nervenzusammenbruch, nachdem er in seiner Mittagspause als Proband bei der Vorführung von »Mr. Billows Ernährungsmaschine« malträtiert worden ist. Das Gerät ist eine sagenhafte Innovation, die das Zeug hat, die Volkswirtschaft zu revolutionieren – wenn sie denn funktionieren würde. Der Arbeiter wird dabei in eine Vorrichtung geklemmt und dann mit Hilfe kleiner Gäbelchen, enormer Greifarme und mechanischer Schiebevorrichtungen gefüttert, das Ganze soll im Idealfall dann die Zeit verkürzen, die ein Arbeiter zum Essen braucht. Aber die Maschine macht nicht das, was sie soll, und Charlie bekommt Suppe über den Kopf gekippt und aus Versehen, zwischen den Sandwichhäppchen, auch eine Schraube zu essen.

Völlig durchgedreht landet Charlie im Krankenhaus. Als er geheilt daraus entlassen wird, ist er arbeitslos. Er macht sich auf die Suche nach einem Job, gerät dabei zufällig in eine Demonstration streikender Arbeiter und wird irrtümlich für deren Anführer gehalten. Charlie hatte eine rote Fahne aufgehoben, die als Markierung für die Ladung von einem Lastwagen gefallen ist, und weil er diese rote Fahne just in dem Moment in den Händen hält, als der Zug der Demonstranten um die Ecke biegt, sieht es für die Polizei so aus, als sei er der »Kommunistenführer«.

So schnell also ändern sich die Dinge. Die Szene ist das Paradebeispiel für den doppelten Boden der Chaplinfilme, die sich immer auf zwei Ebenen bewegen: Man kann sie als simple Aneinanderreihung von Slapstickepisoden betrachten oder aber als komplexe Auseinandersetzung mit den Absurditäten des modernen Lebens. Die Zeichen und Symbole der modernen Welt geben keine wirkliche Sicherheit, und als Orientierungshilfen sind sie mehr als dürftig. Was eben noch die Markierung auf einem Lastwagen war, ist im nächsten Moment ein politisches Statement und unter den gegebenen politischen Umständen eine kriminelle Tat. Charlie, der Kommunistenführer, landet im Gefängnis.

Das Lachen, das Charlie auslöst, ist nicht dieselbe Schadenfreude, die wir empfinden können, wenn wir Dick und Doof zusehen, wie sie sich gegenseitig Torten ins Gesicht schmeißen. Wenn wir über Charlie lachen, versteckt sich darin der Ausdruck einer Komplizenschaft, die wir mit seinem Scheitern eingehen dürfen. Sein notorisches Pech, sein fortwährendes Versagen, seine Unfähigkeit, irgendetwas richtig zu machen, überschreitet die Grenzen der Ungeschicklichkeit, und es ist nicht einfach Klamauk und Slapstick. Charlie, der stolpert, strauchelt, immer alles falsch versteht und falsch verstanden wird, ist darin nicht bloß witzig; mit jedem Schritt, der ihm danebengeht, enttarnt er die Rationalität der Welt ihres eigentlichen Irrwitzes.

Irgendwann ergattert Charlie einen Job als Kaufhausnachtwächter. Abends, nach Ladenschluss mogelt er seine Freundin, die er inzwischen kennen gelernt hat, in das leere Warenhaus, um sich mit den schönen Dingen darin zu vergnügen. Charlie schnallt sich Rollschuhe unter die Füße und saust los – mit verbundenen Augen! Er kann also nicht sehen, dass die Sport-und-Spiel-Abteilung gerade im Umbau befindlich ist und sich neben ihm ein Schwindel erregender Abgrund auftut, an dem es zwei, drei Stockwerke nach unten geht. Charlie dreht Pirouetten, läuft auf einem Bein, und solange er auf diese Weise halsbrecherisch nah am Abgrund Rollschuh läuft und *einfach nicht hinunterstürzt* und im nächsten Moment wieder über jeden Stuhl stolpert, sind alle Regeln der Normalität außer Kraft gesetzt. Die Lächerlichkeit seines Handelns liegt nicht bei ihm selbst, sondern in der Welt, in der er versucht, sich zu bewegen. Charlie enttarnt eine Welt als unverständlich, in der jeder Stuhl ein Hindernis darstellen kann, aber ein Abgrund trotzdem noch kein Abgrund sein muss. In einer Welt, in der eine vom Lastwagen gefallene rote Fahne einen ins Gefängnis bringen kann, ist Charlie dem Zwang, funktionieren zu müssen, entledigt. Und in dem Moment, in dem wir über Charlie lachen, müssen auch wir nicht mehr an die gnadenlose Unausweichlichkeit von Erfolg oder Misserfolg glauben.

Charlie, die Filmfigur, kam als Inversion des Horatio-Alger-Helden auf die Welt. Algers Helden waren Underdogs, verachtete, geschmähte Waisen, Straßenkinder und Schuhputzerjungen, denen es gelang, sich nach oben zu arbeiten. Auch Chaplins Charlie ist immer der Außenseiter, einer, der nie dazugehört und immer so sein will wie die anderen. Die Welt versperrt sich ihm. Charlie bleibt am Rand. Aber er steht dort nicht als der, den man verachtet. Im Gegenteil: Aus Charlies Ungebundenheit erwächst seine subversive Macht. Kurt Tucholsky hat 1926 über die Figur geschrieben, der Tramp brauche nur aufzutauchen, »und alles drum herum hat plötzlich unrecht, und er hat recht, und die ganze Welt ist lächerlich geworden«.

Es gibt eine atemberaubende Szene in *Moderne Zeiten*, die

Charlies heimliche Macht über das Scheitern zeigt. Er ist wegen guter Führung aus dem Gefängnis entlassen worden – gegen seinen Willen, denn im Gefängnis fühlte sich Charlie eigentlich recht wohl. Der Sheriff hat ihm ein Empfehlungsschreiben mitgegeben, das ihm bei der Suche nach Arbeit helfen soll. Er versucht es also bei einer Werft. Im Trockendock liegt das hölzerne Gerippe eines Schiffs, an dem die Werftarbeiter gerade bauen; der Rumpf ist zur Hälfte fertig.

Charlie übergibt dem Vorarbeiter sein Empfehlungsschreiben, und während der sich das Papier durchliest, steht Charlie unter Hochspannung. Chaplin spielt das wunderbar; er trommelt mit den Fingern gegen den Rand eines Fasses, das neben ihm steht, während seine ganze Mimik, sein ganzer Körper die Anspannung der Situation zum Ausdruck bringen. Nervös tritt er von einem Fuß auf den anderen, holt tief Luft wie jemand, dem das Herz im Hals schlägt, grinst den Vorarbeiter verkrampft an – und dann lösen sich die angespannten Gesichtszüge von einer Sekunde zur anderen zu einem befreiten Lächeln, denn der Vorarbeiter hat signalisiert: Na gut, dann fang halt bei uns an. (Man sieht das alles übrigens in stummen Bildern, denn Charlie Chaplin drehte *Moderne Zeiten* zwar als Tonfilm mit Hintergrundgeräuschen, aber alle menschlichen Wesen sprechen darin nicht). Freudig und kindlich bemüht, nun auch wirklich alles richtig zu machen, geht Charlie an die Arbeit. Er legt seinen Hut und sein Stöckchen auf das Fass, zieht seine Jacke aus – und macht auch hier wieder alles falsch, weil er dem Vorarbeiter erst einmal die Jacke hinhält, wie einem Kellner, der sie zur Garderobe bringen soll. »Leg sie dorthin«, gestikuliert der. »Ach ja, … natürlich …«, sieht man Charlie eifrig sagen.

Der Vorarbeiter sagt ihm, er solle mal einen Holzkeil holen. Charlie bückt sich und hebt ein papierdünnes, langes Stück Holz vom Boden auf. »Dies?«, hält er es dem Vorarbeiter hin, der inzwischen schon etwas ungeduldig wird und geradeaus deutet: »Einen *Keil*, habe ich gesagt, verdammt noch mal, schau dort hinten nach.« Charlie folgt der Geste des Vorarbeiters. Er greift nach einem rechteckigen Klotz, wirft ihn weg, das ist schließlich kein Keil. Dann sieht er plötzlich einen Holzkeil am Boden, aber der Keil steckt fest. Charlie nimmt sich einen Holzhammer und schlägt damit den Klotz aus seiner Befestigung heraus.

Tja. Natürlich steckte der Holzkeil fest, weil er bereits verwendet wurde, er hat einen Balken stabilisiert, der das halbfertige Schiff im Trockendock festgehalten hat. Und nun kippt der Balken wie ein Streichholz zur Seite, das Schiffsgerippe gleitet majestätisch ins Wasser hinab und versinkt dort, bis nichts mehr davon zu sehen ist.

Wir blicken in die vor Entsetzen weit aufgerissenen Augen und Münder der Werftarbeiter – und blicken in einen Spiegel. Ihr ungläubiges Staunen ist unser fassungsloses Staunen über solch ein Desaster, solch ein Pech. Daneben steht Charlie, ratlos, den Keil in der Hand, sieht er dem versinkenden Schiff nach, dann dreht er sich um. In einem kurzen, jammervollen Moment zieht nun auch auf seinem Gesicht das jähe Erkennen auf, und mit ihm das Entsetzen angesichts dieses wirklich sehr seltsamen Schiffbruchs. Doch dann geschieht das Unglaubliche: Mit einem etwas schnippischen, entschuldigenden Blick in Richtung der anderen schlüpft Charlie wieder in seine Jacke, ergreift sein Stöckchen, setzt sich den Hut auf und geht davon. Das atemlose Staunen bleibt noch eine Sekunde auf den Gesichtern der Arbeiter – und auf unseren.

In solchen Momenten triumphiert Charlie als der, dem alles passieren kann, ohne dass ihm dabei je etwas geschieht: als der Verlierer, der immer das letzte Wort bekommt, als der Schwache, der nie unterliegt. In ihm wird, wie der Filmkritiker Siegfried Krakauer sagte, Ohnmacht zu Dynamit. Charlie hat Glück und er hat Pech, er verspielt seine Chancen und erwartet keine wundersamen Fügungen des Schicksals. Wahrscheinlich ist es gerade diese eigenartige Mischung aus Verletzlichkeit und Immunität, diese Paradoxie einer Macht der Vergeblichkeit, die die Welt bewegt und dazu führt, dass wir immer noch über Charlie lachen und staunen und von ihm tief berührt werden.

Besser scheitern können

Eine Kultur des Scheiterns, wie sie in aller Radikalität den Bohemiens, den Künstlern des Dada und Beckett vorschwebte, wird natürlich nicht die unsere werden. Und wir werden unseren Alltag auch nicht an jener Ästhetik des Scheiterns ausrichten, wie sie in den Romanen von Virginia Woolf und den Filmen von Charlie Chaplin zu beobachten ist.

Aber wir können dennoch über eine Kultur des Scheiterns verfügen. Es gibt Bilder und Geschichten, die das, was sonst bloß drohend, unaussprechlich und schambesetzt erscheint, lebendig machen. Wie? Indem sie etwa zeigen, wie unterschiedlich das Scheitern aussehen kann: überheblich, wie bei Scott; kläglich, wie beim Grünen Heinrich; heiter, wie bei Mr. Micawber; auf hohem Niveau, wie bei Montaigne; ausweglos, wie bei Anton Reiser; dem Schicksal ergeben, wie bei Ödipus; siegesgewiss, wie bei Odysseus und Rockefeller; mit schlechtem Gewissen, wie bei Robinson Crusoe. Oder die uns erkennen lassen, wie vielfältig die Anlässe und Hintergründe des Scheiterns sein können. Der eine scheitert daran, dass er die Unterscheidung zwischen Fiktion und Realität nicht treffen kann (Don Quijote); ein anderer, weil er nur zu klar sieht, wie unausweichlich katastrophal die Situation ist, in der er sich befindet (Hamlet). Ein nächster, weil er Pläne hat, denen er nicht gewachsen ist (noch einmal der Grüne Heinrich). Und wieder jemand anderer, weil er zwar seinen Zielen gewachsen ist, aber sich selbst nie genügen kann (Anton Reiser, armer Kerl). Erst wenn wir Worte und Bilder für das Scheitern gefunden haben, wird es in unserem Leben handhabbar werden. Erst wenn wir dieses Wort, das wir kaum auszusprechen wagen, mit Bedeutungen und Leben gefüllt haben, werden wir das Scheitern verstehen können. Erst wenn wir Geschichten vom Scheitern kennen (und es gibt natürlich viel mehr, als in diesem Buch erzählt worden sind), werden wir das Scheitern als das wahrnehmen können, was es ist: eine Erfahrung für moderne Menschen.

In der Antike war die Erfahrung des Scheiterns noch als Kampf zwischen dem Menschen und dem Schicksal verstanden worden; als Entscheidung der Götter, die das Leben des Menschen durchkreuzen und ihn vernichten konnte (Ödipus). Nur in seltenen Fällen konnten außergewöhnliche Exemplare dem Urteil der Götter entrinnen (Odysseus). Im Mittelalter war das Scheiten so gut wie abgeschafft, denn solange Menschen von Geburt an verdammt waren, machte es keinen Sinn, wenn sie sich ambitioniert in der Welt bewegen würden. Die Renaissance verabschiedete sich vom Paradigma der Erbsünde und entdeckte einen begabten, ehrgeizigen Menschen, der sich neugierig der Natur und der Gesellschaft nähern konnte. Aber von nun an waren alle menschlichen Projekte der Möglichkeit des Scheiterns unterworfen.

Im 17. Jahrhundert versprach die Aufklärung Lebensglück und Erfolg für alle, ermutigte jeden, sich hohe Ziele zu stecken. Die Philosophen der Zeit dachten über die Bedingungen nach, unter denen alle Menschen etwas aus ihrem Leben machen könnten. Und in England und Frankreich sollten Revolutionen (eine friedliche und eine blutige) die Grundlagen für eine bessere Gesellschaft schaffen. Als Instrument gegen allzu tiefe Abstürze wurde auf Vernunft gesetzt. In dieser optimistischen Kultur kam das Scheitern zwangsläufig immer weniger zur Sprache und fand dafür einen Ort in der Psyche des Menschen (wie das Beispiel Anton Reisers gezeigt hat).

In den folgenden Jahrhunderten wurde allmählich aber auch deutlich, dass weder die Vernunft noch allzu große Glücksversprechungen gegen das Scheitern schützen. Die Bohemiens, und nach ihnen die Künstler der Moderne, suchten nach Auswegen: Sie versuchten, das Scheitern zu verwandeln, und sahen darin nicht mehr eine Bedrohung für das Leben. Sie fingen an, damit zu experimentieren, und betrachteten es sogar als etwas, das einen ganz besonders ästhetischen Reiz hat. Aber sie erlebten es auch als eine durchaus reale Erfahrung, die ganz neue Dimensionen der Wahrnehmung eröffnen konnte. Die Boheme und Dada zeigten, wie aus Mangel und Zerstörung etwas Neues entstehen kann. Samuel Beckett erhob das Scheitern zum Programm seiner Kunst und war anschließend nicht mehr davon bedroht. Virginia Woolf brachte die Angst vor dem Scheitern in kostbaren Momenten zum Verschwinden, in denen sich die Einzigartigkeit des Lebens offenbarte. Und Charlie Chaplin entdeckte gegen das Scheitern die subversive Macht des Lachens.

Dies sind Bruchstücke aus der Kultur des Scheiterns. Wenn wir sie kennen, können wir dem Misslingen anders gegenübertreten, als wenn wir es bloß immerzu fürchten müssen und ahnen, dass es uns den Boden unter den Füßen wegziehen würde, sollte es uns erwischen. Zugegeben, die Geschichten aus der Vergangenheit werden bei uns nicht jene kathartische Wirkung hervorrufen, die Aristoteles sich bei den Zuschauern der Tragödie erhoffte. Wir werden natürlich nicht schlagartig geläutert und gegen Misserfolge imprägniert sein, weil wir die Anatomie des Scheiterns von Hamlet, Ödipus oder Anton Reiser kennen. Aber wenn wir unsere Erwartungen an die Kultur des Scheiterns mit intelligenter Bescheidenheit formulieren, kann etwas anderes dabei herausspringen.

Wir können beispielsweise den Ausspruch »Das Scheitern gehört zum Leben dazu« mit anderen Augen sehen und begreifen, dass er keine hohle Phrase ist. Wir können den Blickwinkel von Charlie, dem Tramp, einnehmen und erkennen, dass nicht diejenigen Recht haben, die dem Verlierer seine Selbstachtung streitig machen, sondern dass der Verlierer Recht hat, wenn er verlangt, geachtet zu werden. Wir müssen das Scheitern nicht als persönlichen Makel verstehen, den nur die tragen, die »selbst schuld« sind. Wenn wir den Boden unter den Füßen verloren haben, wissen wir, dass wir dies auf dem Fundament einer sehr lebendigen, sehr vitalen, äußerst einfallsreichen Kultur tun, die uns nicht so leicht im Stich lassen wird. Und wenn wir diese Puzzleteile zur Verfügung haben, sind wir zwar nicht gegen das Scheitern gefeit, aber haben ein paar mehr Antworten zur Verfügung, um damit umzugehen. Souveräner? Vielleicht. Kreativer? Bestimmt. Selbstbewusster? Hoffentlich.

Sicher, die Unendlichkeit der Psyche bietet jede Menge Platz für Angst, Scham und Unbehagen. Wir können das Scheitern problemlos für immer in unserem Innersten vergraben und es genauso unaussprechlich finden wie die Viktorianer den Gedanken an Sex. Wir können es zur Privatsache erklären, zu einer Erfahrung, die hinter geschlossenen Türen stattzufinden hat. Dann wäre Scheitern etwas, das einzelnen Personen widerfährt, die irgendetwas falsch gemacht haben, das andere Menschen nicht falsch gemacht haben. Oder es wäre der Fehler von Menschen, die bestimmte Eigenschaften nicht ausgebildet haben, die andere Menschen ausgebildet haben. Und auf diese Weise würden wir verschleiern, dass das Scheitern nicht nur das Problem einzelner Menschen ist, sondern vor allem das Problem einer Gesellschaft, die hohe Ansprüche an den Einzelnen stellt.

Die moderne, hochkomplexe Welt, von der wir alles erwarten können, ohne jedoch hellseherische Qualitäten zu besitzen, die uns schützen würden (vor uns selbst?), bringt die Erfahrung des Scheiterns mit sich. Und zwar immer auch noch dann, wenn Politik, Wirtschaft, Erziehungs- und Bildungssysteme ihrer Aufgabe gerecht werden und die Bedingungen schaffen, unter denen Erfolg möglichst vielen Personen zum realistischen Ziel werden kann. Denn die Aussicht auf Erfolg schützt nicht vor dem Scheitern, sondern macht es hochwahrscheinlich. Wir können und wollen das Unwahrscheinliche wagen, das Unkonventionelle denken und das Unerprobte versuchen. Aber es ist besser, dies nicht mit der Befürchtung tun zu müssen, uns zu blamieren, wenn unsere Projekte schiefgehen.

Aber schlimmer noch als die Furcht vor der Blamage ist das Klima der Angst, in dem wir davon ausgehen müssen, in der Achtung anderer zu sinken und die Selbstachtung zu verlieren, wenn wir scheitern. Schwer zu ertragen ist das Klima, in dem die wirkungsmächtigen Metaphern des Scheiterns in erster Linie dazu da sind, diese Angst zu schüren. Es ist lähmend, wenn »Abstieg«, »Absturz« und »Schiffbruch« Begriffe sind, die wir weder historisch einordnen können noch mit Distanz betrachten dürfen, und die bloß drohend in eine Zukunft weisen, die im wahrsten Sinne des Wortes perspektivlos ist.

Statt Angst und Scham zu kultivieren, können wir auch etwas anderes tun: Wir können versuchen zu verstehen, was uns dazu bringt, *so und nicht anders* über das Scheitern zu sprechen und zu denken, wie wir das tun: Welche Konzepte und Ideen kennen wir aus der Vergangenheit und was für unbewusste Beweggründe bestimmen unser Verhalten? Was meinen wir *wirklich*, wenn wir sagen: »Scheitern als Chance«? Wie viel Furcht steckt darin, selber mit dem Scheitern in Berührung zu kommen, und wie viel ernst gemeinte Ermutigung? Warum reiten wir notorisch auf der Differenz zwischen »schuldig scheitern« und »unschuldig scheitern« herum, obwohl niemand sagen kann, wo schuldig scheitern beginnen und wo unschuldig scheitern aufhören sollte?

Erst wer die eigene Kultur kennt, kann sie verstehen. Und nur wer weiß, wie bestimmte Vorstellungen und Überzeugungen entstanden sind, kann ein Bewusstsein dafür entwickeln, dass scheinbar unausweichliche Denkmuster und Empfindungsweisen auch noch ganz anders denkbar sind. Wir können scheitern. Besser scheitern.

Danksagung

Bei allen, die mit mir über das Scheitern gesprochen haben, möchte ich mich hier bedanken. Für wichtige Hinweise und wertvolle Anregungen danke ich insbesondere Frank, Hilmar, Katrin und Bettina. Meiner Lektorin Claudia Negele und meinem Agenten Thomas Hölzl danke ich dafür, dass sie dieses Projekt möglich gemacht haben; die Zusammenarbeit war in jeder Phase der Entstehung des Buches hoch erfreulich. Alexander danke ich für seine unschätzbaren Beobachtungen über Drehbücher, Filme und Cannes. Martin hat wunderbare Nachbarschaftshilfe geleistet. Martina hat, wie immer, ihren unerschöpflichen Einfallsreichtum, ihr Wissen und ihre klare Kritik beigesteuert, wofür ich ihr besonders dankbar bin. Mein größter Dank geht an Thomas, für Zeitungsartikel, Bilder und Ideen, aber vor allem für jene Art der Unterstützung, die man nicht in Bibliotheken findet.

Literaturauswahl

Albright, Daniel; *Beckett and Aesthetics*, Cambridge, 2003

Alger, Horatio Jr.; *Ragged Dick* and *Struggling Upward*, Harmondsworth, 1985

Aristoteles; *Poetik*, aus dem Griechischen von Manfred Fuhrmann, Stuttgart, 1982

Augustinus; *Bekenntnisse*, aus dem Lateinischen von Wilhelm Thimme, München,1982

Banta, Martha; *Failure and Success in America. A Literary Debate*, Princeton, 1978

Barker-Benfield, G.J.; *The Culture of Sensibility, Sex and Society in Eighteenth Century Britain*, Chigaco, 1992

Beil, Ralf; »Das Jahrhundert der Desillusion. Vom Scheitern der Utopien zur Ästhetik des Scheiterns« in: *NZZ*, Nr. 266, 13./14. November 2004, 45

Blumenberg, Hans; *Schiffbruch mit Zuschauer. Paradigma einer Daseinsmetapher*. Frankfurt a. M., 1979

Bolz, Norbert; *Blindflug mit Zuschauer*, München, 2005

Boothe, Brigitte; Marx, Wolfgang (Hg.); *Panne, Irrtum, Missgeschick: Die Psychopathologie des Alltagslebens in interdisziplinärer Perspektive*. Bern, 2003

Bradbury, Malcolm; McFarlane, James (Hg.); *Modernism. A Guide to European Literature 1890–1930*, Harmondsworth, 1976

Bude, Heinz; »Selbstständigkeit und Sorge«, in: *Frankfurter Rundschau*, Nr. 285, 6. Dezember, 2003, 15

Cervantes, Saavedra Miguel de; *Don Quijote von der Mancha*, aus dem Spanischen von Ludwig Braunfels, München, 1979

Chadwick, Henry; *Augustin*, Göttingen, 1987

Chernow, Ron; *Titan. The Life of John D. Rockefeller Sr.*, New York, 1999

Dada Berlin; Texte, Manifeste, Aktionen, Stuttgart, 1977

Dante Alighieri; *Die Göttliche Komödie*, aus dem Italienischen von Ida und Walther von Wartburg, Zürich, 1963

Defoe, Daniel; *Robinson Crusoe*, aus dem Englischen vom Martin Schoske, Frankfurt a. M., 1995

Dickens, Charles; *David Copperfield*, aus dem Englischen von Carl Kolb, Zürich, 1987

Eagleton, Terry; *Sweet Violence. The Idea of the Tragic*, Oxford, 2003

Fitzgerald, Scott F.; *Der letzte Tycoon*, aus dem Amerikanischen von Walter Schürenberg, Frankfurt a. M., 1962

Flasch, Kurt; *Augustin, Einführung in sein Denken*, Stuttgart, 1994

Forster, John; *Charles Dickens' Leben*, Band 1, 1812–1842, aus dem Englischen von Friedrich Althaus, Berlin, 1872

Franklin, Benjamin; *Autobiographie*, aus dem Amerikanischen von Berthold Auerbach, München, 1983

Fuchs, Oliver; »Generation Bankrott«, in: Süddeutsche Zeitung, Nr. 290, 17. Dezember 2003, 11

Gressmann, Markus; *Das Amundsen-Prinzip. Erfolgreiches Management nicht nur in Extremsituationen*, München, 2003

Grill, Markus et al.; »Die neuen Arbeiter«, in: *Stern* 43, 2000, 160–168

Homer; *Odyssee*, aus dem Griechischen von Roland Hampe, Stuttgart, 1979

Hopkins, David; *After Modern Art*, Oxford, 2000

Huelsenbeck, Richard (Hg.); *Dada. Eine literarische Dokumentation*, Reinbek bei Hamburg, 1984

Hume, Kathryn; *American Dream American Nightmare. Fiction Since 1960*, Urbana und Chicago, 2002

Illies, Florian; *Generation Golf zwei*, München, 2003

Isaacson, Walter; *Benjamin Franklin. An American Life*, New York, 2003

Kant, Immanuel; *Kritik der Urteilskraft*, Werkausgabe Band X, hg. von Wilhelm Weidschedel, Fankfurt a. M., 1974

Keller, Gottfried; *Der Grüne Heinrich*, Erste Fassung, Frankfurt a. M.,1978

Kern, Stephen; *The Culture of Time and Space 1880–1918*, Cambridge, Mass., 2003

Kimmich, Dorothee (Hg.); *Chaplin, eine Ikone der Moderne*, Frankfurt a. M. 2003

Krajewski, Markus (Hg.); *Projektemacher*, Berlin, 2004

Kreuzer, Helmut; *Die Boheme. Analyse und Dokumentation der intellektuellen Subkultur vom 19. Jahrhundert bis zur Gegenwart*, Stuttgart, 1971

Montaigne, Michel de; *Die Essais*, ausgewählt und aus dem Französischen von Arthur Franz, Stuttgart, 1984

Moritz, Karl Philipp; *Anton Reiser, Ein psychologischer Roman*, Stuttgart, 1986

Neckel, Sighard; »Die Tragödie des Erfolgs«, in: *NZZ*, 30. April 2004, 46

Neckel, Sighard; »Leistung und Erfolg. Die symbolische Ordnung der Marktgesellschaft«, in: Eva Barlösius (Hg.) *Gesellschaftsbilder im Umbruch*, Opladen, 2001

Ovid; *Metamorphosen*, aus dem Lateinischen von Erich Rösch, München, 1997

Porter, Roy; *English Society in the Eighteenth Century*, Harmondsworth, 1990

Preston, Diana; *In den eisigen Tod. Robert F. Scotts letzte Fahrt zum Südpol*, aus dem Englischen von Sylvia Höfer, Stuttgart, 2000

Richter, Hans; *Dada Kunst und Antikunst. Der Beitrag Dadas zur Kunst des 20. Jahrhunderts*, Köln, 1964

Robbins, Alexandra; Wilner, Abby; *Quarterlife Crisis*, aus dem Amerikanischen von Doris Mendlewitsch und Ute Diemer, Berlin, 2003

Rousseau, Jean-Jaques; *Bekenntnisse,* aus dem Französischen von Ernst Hardt, Frankfurt a. M., 1985

Sauvageot, Marcelle; *Fast ganz die Deine,* aus dem Französischen von Claudia Kalscheuer, München, Wien, 2005

Sennett, Richard; »Amerika und die Macht des Scheiterns«, in: *Freitag.*de/2002/46/02460301.php

Sennett, Richard; *Der flexible Mensch. Die Kultur des neuen Kapitalismus,* aus dem Amerikanischen von Martin Richter, München, 2000

Shakespeare, William; *Hamlet,* aus dem Englischen von A.W. Schlegel, in: Sämtliche Dramen, Band 3, Tragödien, München, 1993

Smith, Zadie; *Der Autogrammhändler,* aus dem Englischen von Ulrike Wasel und Klaus Timmermann, München, 2003

Sontag, Susan; *In Amerika,* aus dem Amerikanischen von Eike Schönfeld, München, 2002

Sophokles; *König Ödipus,* aus dem Griechischen von Kurt Steinmann, Stuttgart, 1989

Spinnen, Burghardt; »Phönix in der Asche«, in: *FAZ,* Nr. 172, 28. Juli 2003, 29

Sussebach, Henning; »Anfang am Ende«, in: *Die Zeit,* Nr. 49, 28. November 2003, 63

Tocqueville, Alexis de; *Über die Demokratie in Amerika,* Band 1 und 2, aus dem Französischen von Hans Zbinden, Zürich, 1987

Uchatius, Wolfgang; »Die neue Unterschicht«, in: *Die Zeit,* Nr. 11, 10. März 2005, 21

Van Doren, Carl; *Benjamin Franklin,* New York, 1938

Vollmer, Gerhard; *Wieso können wir die Welt erkennen?,* Stuttgart, 2003

Weber, Max; *Die protestantische Ethik.* Eine Aufsatzsammlung, hg. von Johannes Winkelmann, Gütersloh, 1984

Weiss, Richard; *The American Myth of Success. From Horatio Alger to Norman Vincent Peale*; Urbana und Chicago, 1988

Wiltshire, David; *The Social and Political Thought of Herbert Spencer,* Oxford, 1978

Wokler, Robert; *Rousseau on Society, Politics, Music and Language: An Historical Interpretation of His Early Writings*, New York, 1987

Woodhead, Linda; *An Introduction to Christianity*, Cambridge, 2004

Woolf, Virginia; *Mrs. Dalloway*, aus dem Englischen von Herberth und Marlys Herlitschka, Frankfurt a. M., 1964

Woolf, Virginia; *Der gewöhnliche Leser*, Band 1, hg. von Klaus Reichert, Frankfurt a. M., 1990

Worsley, Frank Arthur; *Der Untergang der Endurance*, aus dem Englischen von Caroline Costello, München, 2000

Bildnachweis

Seite 22: Bilderbogen *Das Stufenalter der Frau,* um 1900, Chromolithographie 41 x 50,5 cm. Copyright: Sigrid Müller, Deutsches Historisches Museum, Berlin

Seite 23: Bilderbogen *Das Stufenalter des Mannes,* um 1900, Chromolithographie 41 x 50,5 cm. Copyright: Sigrid Müller, Deutsches Historisches Museum, Berlin

Seite 52: Pieter Bruegel, *Der Sturz des Ikarus,* ca. 1555, Leinwand doubliert, 73,5 x 112 cm Brüssel, Musées royaux des Beaux-Arts de Belgique, Copyright: akg-images, Berlin

Seite 65: Robert Falcon Scott und seine vier Begleiter am Südpol, wo Amundsen ihnen zuvorgekommen war, 1912, Fotografie, Copyright: Scott Polar Institute, University of Cambridge

Seite 77: Die Lower East Side in New York, das Zentrum der Einwanderer, um 1890, Copyright: Collection of the New York Historical Society

Seite 129: John D. Rockefeller Sr., am 17. Dezember 1931. Das Foto zeigt Rockefeller, nachdem er an Alopezie erkrankt war. Copyright: Rockefeller Archive Center

Seite 140: Caspar David Friedrich. *Das Eismeer* oder *Die Gescheiterte Hoffnung,* um 1824, Öl auf Leinwand, 96,7 x 126,9 cm. Copyright: Hamburger Kunsthalle, 1051, Foto Elke Walford, Bildarchiv Preußischer Kulturbesitz

Seite 158: Hans Baldung Grien, *Adam und Eva*, 1531, Öl auf Leinwand, 147,5 x 67,3 cm, Museum Thyssen-Bornemisza, Madrid. Copyright: akg-images, Berlin

Seite 189: Pierre-Paul Prud'hon, *Julie wird im Wäldchen ohnmächtig*, 1802, Zeichnung. Copyright : Foto Réunion des Nationaux, Paris/ Michèle Bellot/Vertrieb: bpk, Berlin
Die Zeichnung ist die Illustration einer Szene aus Rousseaus Roman *Die Neue Héloïse*. Saint-Preux, der Liebhaber der Heldin Julie, hat diese soeben zum ersten Mal geküsst, nun sinkt sie, überwältig von ihren Gefühlen, in dessen Arme und in die einer ebenfalls anwesenden weiblichen Verwandten.

Seite 191: Martin Munkacsi, *Auf dem Oberdeck*, 1932. Drei Motive aus einer Serie von sieben Fotografien. Copyright: Marin Munkasci, Ullstein Bild, Berlin

Seite 220: Kurt Schwitters, Neues Merzbild, 1931. Copyright: Stiftung Insel Hombroich, Neuss

Register